Jürgen Weibler (Hrsg.)

Barack Obama und die Macht der Worte

Jürgen Weibler (Hrsg.)

Barack Obama und die Macht der Worte

VS VERLAG

Bibliografische Information der Deutschen Nationalbibliothek
Die Deutsche Nationalbibliothek verzeichnet diese Publikation in der
Deutschen Nationalbibliografie; detaillierte bibliografische Daten sind im Internet über
<http://dnb.d-nb.de> abrufbar.

1. Auflage 2010

Alle Rechte vorbehalten
© VS Verlag für Sozialwissenschaften | Springer Fachmedien Wiesbaden GmbH 2010

Lektorat: Frank Schindler

VS Verlag für Sozialwissenschaften ist eine Marke von Springer Fachmedien.
Springer Fachmedien ist Teil der Fachverlagsgruppe Springer Science+Business Media.
www.vs-verlag.de

Umschlaggestaltung: KünkelLopka Medienentwicklung, Heidelberg
Gedruckt auf säurefreiem und chlorfrei gebleichtem Papier
Printed in Germany

ISBN 978-3-531-17505-8

Danksagung

Die Idee zum Buch kam mir, als das rednerische Talent Barack Obamas überragende Wirkung zeigte – in den Medien wie an der Wahlurne. Selten zuvor ist der Aufstieg zu einer Weltperson so rasant verlaufen. Anlass genug, dem Erfolg nachzuspüren und nach Anregungen für alle an Führung von Menschen interessierte Personen zu suchen.

Ich freue mich, dass es möglich war, Kolleginnen und Kollegen verschiedenster deutschsprachiger Universitäten für das Obama-Projekt zu gewinnen. Ich bedanke mich für Ihr Vertrauen, dies alles zu einem guten Ende führen zu können.

Seitens meines Lehrstuhles habe auch ich dabei vielfältige Unterstützung erfahren dürfen. Seit Anbeginn war mir Dr. Jürgen Deeg ein wie stets verlässlicher und höchst anregender Diskussionspartner. Frau Anna Weischer brachte sich ebenfalls mit viel Initiative und Engagement in den Prozess ein und übernahm zudem koordinierende Aufgaben. Frau Nadine Schumann bewerkstelligte administrative Aufgaben gewohnt souverän. Allen möchte ich meinen herzlichen Dank aussprechen.

Meiner Frau Martina, die mir während der Entstehung des Werkes mit Rat zur Seite stand, widme ich meinen eigenen Beitrag zum Redner Barack Obama.

Hagen, im Juli 2010   Univ.-Prof. Dr. Jürgen Weibler

Inhalt

Jürgen Weibler

Das Obama-Projekt – Einführung

Die Weltperson Barack Obama ist anders. Dies fängt an bei seiner Biographie und zieht sich durch bis zum heutigen Tag in der Ausübung des politischen Alltagsgeschäfts. Wie kaum ein anderer vor ihm hat er Hoffnung auf Wandel geweckt. Er hat ihn versprochen, als machbar eingestuft und einen positiven Ausgang dieses beschwerlichen Unterfangens proklamiert. Inwieweit er die Botschaft des auch moralisch orientierten Wandels in seiner Präsidentschaft mit Leben füllen kann, ist zurzeit noch nicht eindeutig zu bewerten.

Was hingegen feststeht, ist sein aufsehenerregender Aufstieg, zu beobachten zwischen der Ankündigung zur Bewerbung um das machtvollste Amt der westlichen Welt am 10. Februar 2007 in Springfield und seiner Amtseinführung am 20. Januar 2009 in Washington. Und unbestritten sind es seine Reden, die als erstes bei ihm auffielen und ohne die der anfängliche Außenseiter es niemals geschafft hätte, Aufmerksamkeit, Anerkennung und letztendlich mehrheitlichen Zuspruch in den Wahlen zu erhalten.

Dieser Erfolg ist außergewöhnlich, aber nicht zufällig. Mit etwas Abstand möchten wir mit diesem Werk dem ungeheuren Erfolg dieser Reden nachspüren. Damit zeigen wir, wie über eine gelingende Kommunikation erfolgreiche Führung entstehen kann. Also geht es an dieser Stelle auch um grundlegende Einsichten zur Beeinflussung von Menschen. Das betrifft jeden.

Antworten hierzu werden von elf Vertretern verschiedenster Disziplinen und Universitäten gefunden. Unseres Wissens nach zum ersten Mal wird in einem Werk ein solch vielfältiger, aus dem jeweiligen Wissenschaftsverständnis inspirierter Zugriff gewagt. Die Reden sind dabei gemeinsamer Bezugspunkt, werden aber in verschiedenen Beiträgen notwendigerweise über ihren Inhalt hinaus mit dem Redner Barack Obama verbunden. Nur dieses Zusammenspiel ermöglicht ein umfassendes Verständnis des Erfolgs; eine einzelne Perspektive hätte dies nicht leisten können. Genau dies hat den Reiz für alle Beteiligten von vornherein ausgemacht.

Zur Orientierung: Gleich der erste, von mir verfasste Beitrag lenkt das Augenmerk auf die Frage, warum es Barack Obama gelang, durch seine Reden

Zuspruch und Akzeptanz zu finden und damit zu einer Führungsperson zu werden.

Die Rhetorik, die seine Reden im Besonderen kennzeichnet, wird nachfolgend vor der Hintergrundfolie der Jahrtausende alten Redekunst von Joachim Knape analysiert. Erfolgsträchtige rhetorische Figuren und Profile werden so sichtbar. Auch Martin Thunert widmet sich der Redekunst, setzt aber hier bewusst auf computerlinguistische Auswertungen und stellt den Einfluss der Rhetorik differenziert nach Machterwerb und Machterhalt in Kenntnis politischer Systeme dar. Georg Schild greift das Faktum auf, dass Barack Obama der erste afroamerikanische Präsident der Vereinigten Staaten von Amerika ist und legt dar, wie dieser mit Fragen der für ihn höchst kritischen Rassenproblematik und der Bürgerrechte in seinen Reden umgegangen ist.

Thomas Dienberg beschreibt einen zentralen Schlüssel für die Wirkkraft Barack Obamas, nämlich seine Einlassungen zur Spiritualität und Religion. Hier wird exemplarisch deutlich, dass sich Barack Obama Themen bedient, die für Menschen eine existentielle Bedeutung besitzen. Bernd Rieken vertieft diese Stoßrichtung noch, indem er den Redner Barack Obama als eine Identifikationsfläche ansieht, auf die breite Schichten der Bevölkerung ihre Vorstellungen und Wünsche projizieren. Durch sprachliche wie inhaltliche Anleihen aus der Märchenwelt wird ein Heldenmythos offengelegt, der uns seit frühester Jugend sehr vertraut ist und durch Barack Obamas Reden wiedererweckt wird. Wie wichtig das gezeigte Selbstvertrauen von Barack Obama in seinen Reden für seine Wirkung ist, arbeitet Hans Bernhard Schmid heraus. Dabei lotet er auch aus, wo Möglichkeiten und Grenzen eines Appells an andere zu mehr Selbstvertrauen liegen.

Matthias Warstat hat sich die Aufgabe gestellt, das gesprochene Wort mit dem Körper, also mit der u.a. ästhetischen Erscheinung von Barack Obama, zu verbinden. Hier wird sofort klar, warum nur stimmige Inszenierungen Erfolg versprechen und anderenorts zu beobachtende Imitationen ins Leere laufen. Dies wird dann auch durch Jörg Merten anschaulich für die Frage der Stimmigkeit von gehörter Aussage und unbewusst wahrgenommener Mimik des Redners mittels einer Videoanalyse der Inaugurationsrede beispielhaft vorgeführt. Menschen besitzen hierfür ein feines Gespür, das in einer Zuhörerschaft sogar für emotionale Ansteckungen von z.B. Freude, Trauer oder Ärger mit verantwortlich zeichnet. Während sich die Beiträge damit bereits allmählich von der reinen Betrachtung der Rede lösen, vollzieht derjenige von Helena Flam und Catarina Rost den Sprung von der Rede zum Internet, also zu einem anderen Kommunikationsmedium. Sie legen nicht nur offen, wie Barack Obama und die Seinen das Internet zur Verbreitung seiner Reden nutzten, sondern vor allem auch, wie durch die Reden die kreative Kraft des Internets angestoßen wurde, sich damit die Wirkung der Reden potenzierte und ein Jugendbeben auslöste. Eine sehr kurze Nachbetrachtung meinerseits beschließt das Obama-Projekt.

Jürgen Weibler

Obama kam, sprach und siegte – Oder wie Reden Führung begründen

> *„America! Tonight, if you feel the same energy that I do..."*
> *(Boston, 27.07.2004).*

Zur Präsidentschaft in den Vereinigten Staaten haben es bisher vor Barack Obama 43 weitere Personen geschafft. Es müsste einer historischen Analyse vorbehalten sein, die jeweiligen Rahmenbedingungen zu bestimmen, in denen sich die bislang ausnahmslos männlichen Vorgänger bewegten. Aber auch diese Analyse würde nichts daran ändern, festzustellen, dass der 44. Präsident in beeindruckenden Eilschritten den Weg dorthin fand. Plötzlich war er für die allermeisten einfach da, für sie geradezu aus dem Nichts erschienen, als er an einem kalten 10. Februar 2007 vor dem Old State Capitol in Springfield, Illinois, wo bereits Abraham Lincoln seine politische Karriere begann, seinen kurzen Marsch zur Besetzung des wichtigsten Amtes der westlichen Welt ankündigte. Senator Obama tat dies, an diesem Samstag 2007 in Springfield, wie er es bislang immer gemacht hatte: Er kam und hielt eine Rede. An einem wiederum frostigen Tag, dem 20. Januar 2009, hatte er in Washington mit der feierlichen Amtseinführung sein Reiseziel erreicht – und erneut hielt er eine viel kommentierte Rede.

Dass er Reden exzellent zu halten vermochte, war einem vergleichsweise kleinen Kreis politisch Interessierter spätestens seit 2004 bekannt. Hier lieferte er auf dem Nominierungsparteitag der Demokraten sein medial rednerisches Gesellenstück ab, das aber bereits den Glanz der Meisterschaft ausstrahlte. Barack Obama hatte anlässlich der Kür des demokratischen Präsidentschaftskandidaten John Kerry einen eindrücklichen Gastauftritt, der es ihm unbeschadet der Erledigung seines eigentlichen Auftrages, der Stärkung des Kandidaten, ermöglichte, sich selbst über den Tag hinaus in Erinnerung zu halten. Und er tat dies in einer für ihn schon damals charakteristischen Art und Weise: persönlich, wertebewusst, kopf- wie emotionsorientiert, integrierend, traditionsorientiert und doch zukunftsgewandt. Nicht mehr und nicht weniger als seine facettenreiche Interpretation des von ihm gerne zitierten „E pluribus unum: Out of many, one" (Boston, 27.07.2004), dem idealistischen Diktum des US-amerikanischen Nationalgedankens.

Die Resonanz auf seine Reden nahm 36 Monate später mit seinem klug initiierten Wahlkampfstartschuss zu. Die USA und nahezu zeitgleich der Rest der Welt fingen an, Barack Obama zu beobachten. Dank einer medial kommunikativen Vernetzung wurde er binnen eines Jahres dann zur Weltperson – sicherlich, damals wie heute als Person und in seiner Botschaft nicht unumstritten, gerade in den USA selbst. Aber Zweifel, ihn, wie der Amerika-Experte Detlef Junker in einem Interview mit der Süddeutschen Zeitung einen Tag nach seiner Vereidigung im Januar 2009 erklärte, als einen der größten Redner unserer Zeit anzusehen, dürfte es zwischenzeitlich ernsthaft nicht mehr geben. Dieses Faktum allein verdient Aufmerksamkeit. Weit mehr jedoch ist es die Wirkung dieser Reden, die Nachfragen auslöst: Wie und warum ist es möglich, dass so viele Personen mit ihm übereinstimmten und ihm folgten? Mit einem Mal gab es in der westlichen, demokratischen Welt einen politischen Führer, der wie lange nicht mehr bewegte. Sein Führungsanspruch fand weite Gefolgschaft. Besonders bemerkenswert hierbei, nicht nur in Form von passiver Zustimmung, sondern auch in Form eines aktiven, kreativen Übernehmens und Weitertragens seiner Botschaft des Wandels.

Wir beschäftigen uns im Folgenden nicht mit der allgemeinen Frage nach einer erfolgreichen Führung, sondern konzentrieren uns darauf, *wie mit und durch Reden erfolgreiche Führung entsteht.* Warum? Mit Reden, also Kommunikation, fängt jede gehaltvolle Beziehung zwischen Personen an und Reden sind im günstigen Fall Meisterleistungen der Kommunikation, die im Großen offenbaren, was auch im Kleinen von Belang ist. Dennoch sind hiermit durchaus grundlegende Fragen mit immenser praktischer Bedeutung angesprochen: Wann sind Menschen bereit, sich führen zu lassen und wie muss eine auf Führung Anspruch erhebende Person sein bzw. sich verhalten, um als eine herausgehobene Führungsfigur anerkannt zu werden? Und welche Rolle spielen dabei die Umstände? All diesen Fragen werden wir im Folgenden mit über den Einzelfall hinausweisenden Erkenntnissen nachgehen. Und dies anhand des weltweit am intensivsten beobachteten Kampf um die politische Macht der westlichen Welt zwischen 2007 und 2009.

Führung: Wovon wir eigentlich sprechen

Führung bewegt Menschen. Und diese Bewegung ist gleich zweifach zu interpretieren: zum einen veranlasst sie andere zu einem Verhalten, von dem der oder die

Führende der Auffassung ist, dass es wichtigen, oft gar gemeinsamen Zielen
dient, zum anderen weckt sie Gefühle und erzeugt Emotionen, wohlwissend,
dass Kopf, Herz und Hand, wie der große Schweizer Reformpädagoge Pestalozzi
es einmal auf den metaphorischen Punkt brachte, zusammengehören, möchte
man etwas Großes bewegen. Und politische Führung muss etwas Großes bewegen, wenn Herausforderungen große sind. Wie schrieb doch Abigail Adams, die
Frau des zweiten amerikanischen Präsidenten, John Adams, an ihren Sohn, John
Quincy, in den unruhigen 1780er Jahren: „These are times in which a genius
would wish to live. It is not in the still calm of life, or in the repose of a pacific
station, that great characters are formed. The habits of a vigorous mind are
formed in contending with difficulties. Great necessities call out great virtues."
Damit streift sie zugleich eine der Grundfragen der Führung, nämlich die, ob
geborene Führer sich, egal wann und wo, ihre Position suchen oder situative
Konstellationen verschiedene Typen von potentiellen Führern begünstigen.
Obamas Aufstieg ist ein schönes Beispiel für die deutlich überzeugendere Antwort: Situationen prägen die Erwartungen von Menschen an eine als passend
empfundene Führung. Je extremer die Situation, desto eindeutiger die Erwartung. Führungswillige Personen, die diese Erwartung in einem besonderen Maße
erfüllen, finden dann die größte Akzeptanz. Wechselt die Situation, muss der
oder die Führende sich den neuen Anforderungen stellen. In langen Friedenszei-
ten verhallt ein Säbelrasseln. Dies gilt sogar manchmal für den Maßstab des be-
klatschten Führungserfolgs. Wem der eigene Wandel nicht gelingt, wird ent-
machtet. Immer schon. Morgen auch.

John D. Rockefeller soll einmal gesagt haben, dass er für die Gabe des erfolgreichen Umgangs mit Menschen mehr zahlen würde als für jede andere Gabe
unter der Sonne. Vermutlich hatte er dabei vor allem die Führung von Menschen
im Sinn. Aber Führung – und davon müssen wir uns gleich zu Beginn unserer
Betrachtung des medial intensiv begleiteten Aufstiegs von Obama seit seiner
Ankündigung, sich um das Präsidentenamt der Vereinigten Staaten von Amerika
zu bewerben, befreien – wird mit der Umschreibung einer Gabe unzureichend
charakterisiert. Es sind eben nicht nur einige Eigenschaften, schon gar nicht ein
Führungsgen, das Führung hinreichend kennzeichnen würde. Führung entsteht
immer in einer Beziehung zwischen Menschen in bestimmten Situationen. Die
Situation hat einen starken Einfluss darauf, welche Möglichkeiten zur Ausgestaltung dieser Beziehung bestehen und wie die Menschen in diese Beziehung überhaupt hineingehen. Dass faktisch die Berichterstattung dominant um die Führung beanspruchende Person kreist, wie es sehr offensichtlich auch bei den Be-

richten und Kommentaren zu Obama der Fall ist, ist richtig. Es reicht aber nicht, um das Phänomen Obama zu verstehen.

Die Definitionsmacht liegt ausschließlich im Auge des Betrachters. Hiermit fängt jedes Verstehen von Führung an. Führung wird einer Person zugeschrieben. Geführte sind die Personen, die für sich eine solche Zuschreibung auf eine andere Person freiwillig vornehmen. Geführtsein ist also kein Wesensmerkmal von Personen. Es ist hingegen eine temporäre, situationsgebundene, mal fest, mal lose umrissene, jederzeit wieder aufgebbare, aber auch erweiterbare Bereitschaft, einen Beeinflussungsversuch durch eine andere Person spontan oder nach einiger Zeit, teilweise oder in Gänze, anzunehmen. Der Führungsversuch muss akzeptiert werden, soll von Führung und nicht beispielsweise von Leitung, Zwang, Manipulation, List oder Überredung gesprochen werden. Natürlich gelingt es auch mit diesen Zugängen, etwas zu erreichen, aber das interessiert uns hier nicht. Wir reden über Führung. Man kann also nur bereit sein, führen zu wollen, aber ob andere dies zulassen, ist prinzipiell offen. Selbstdeklarationen im Stile eines „ich führe", die sich nicht auf empirische Gewissheit stützen, sind also Unfug. Obama weiß dies, denn er wirbt um Unterstützung für sein Vorhaben („So let us begin. Let us begin this hard work together"), das von Beginn an nur ein Metaziel kennt: „Let us transform this nation" (Springfield, 10.02.2007).

Führung ist immer ein ereignisreicher Prozess, mit dem der oder die Führende Ziele erreichen möchte, die der Unterstützung anderer bedarf. Im günstigen Fall sind es gemeinschaftliche, d.h. von allen Mitwirkenden geteilte Ziele. Dies gilt für die Führung eines Landes ebenso wie für die Führung einer Projektgruppe. Akzeptiert wird der Führungsanspruch dann, wenn man als Person und in seinem Verhalten prototypischen Vorstellungen guter, im Idealfall herausragender Führung entspricht[1]. Jeder von uns hat solche Hinterkopftheorien, die nahezu automatisiert und vielfach ohne aktives Nachdenken hierüber zu einem Urteil über Führung führen. Dies kann ein kognitives oder emotionales Urteil sein. Oft rationalisiert der Verstand erst die Emotion. Diese Hinterkopftheorien sind individuell, situations- und entwicklungsspezifisch. Im Prinzip. Faktisch ist es natürlich so, dass sich in Gemeinschaften ein Kern von geteilten Ansichten darüber ausbildet, wann ein Führungsversuch akzeptiert wird und die betreffende Person beispielsweise als politischer Führer wahrgenommen wird. Die Zuer-

---

[1] Vgl. Lord, R.G./Maher, K.J. (1991), Leadership and Information Processing: Linking Perceptions and Performance, Boston: Routledge; Weibler, J. (2001), Personalführung, München: Vahlen.

kennung von Integrität ist weltweit, um es zu veranschaulichen, so etwas, genau
wie die Abwesenheit von eigennützigem Verhalten zu Lasten anderer.

Aber die aus den Hinterkopftheorien zur Führung abgeleiteten Erwartungen
streuen durchaus. Sie speisen sich aus allgemeiner Lebenserfahrung in Füh-
rungskontexten, spezifischer Gruppen- oder Milieuzugehörigkeit sowie individueller Projektion. Das beste Beispiel ist Obama selbst. Trotz aller Eindrücklichkeit des Aufstiegs hatte er nennenswerte Ablehnungsquoten und war auch in der
eigenen Partei nicht der Wunschkandidat aller. Diese zum Teil recht heftige Polarisierung in der Interpretation seiner doch für alle gleich sichtbaren Reden und
seines Verhaltens setzte sich bis in die einzelnen Medienlager fort. Und bei der
entscheidenden Präsidentschaftswahl wollte ihn alles in allem nur eine recht
knappe Mehrheit als bevorzugten politischen Führer sehen. Oft sind es im Übrigen weniger die konkret erwarteten Eigenschaften (inklusive körperlicher Manifestationen wie beispielsweise des „Schönen") und Verhaltensweisen, über die
man sich streitet, sondern die Art und Weise ihrer Ausprägung. So wird man
„Klugheit" oder „Entscheidungsstärke" von einem Führer erwarten, aber wie
genau dies der Einzelne definiert und worauf er es bezieht, mag schwanken,
interkulturell oft sogar gravierend[2].

Erfüllt gar die betreffende Person nicht nur die Erwartungen einer umrisse-
nen Anzahl von Personen, sondern kann sie ihr Anliegen an Werte und Normen
rückbinden, die ethisch fundiert sind oder zumindest werden könnten, sprechen
wir von einer legitimen Führung. Obama ist denn auch beständig bemüht, seine
unhintergehbare Legitimation durch die Anbindung an die als faktisch legitim
angesehenen Werte der Gründergeneration der Vereinigten Staaten von Amerika
feststellen zu lassen, denen er sich in Fortschreibung der (stilisierten) Tradition
verpflichtet fühlt („It's why I stand here tonight. Because for two hundred and
thirty two years, at each moment when that promise was in jeopardy, ordinary
men and women....found the courage to keep it alive" (Denver, 28.08.2008);
„…We, the People have remained faithful to the ideals of our forbearers, and true
to our founding documents" (Washington, 20.01.2009)). Ergänzt wird dies des
Öfteren durch Verweise, die das eigene Tun mit von ihm geschätzten amerikanischen Präsidenten setzen (v.a. Abraham Lincoln), die in der Bevölkerungsmehrheit als moralisch integer gelten. Daneben ist es seine dezidierte Bezugnahme auf
Gott, die ihn als moralischen Menschen ausweisen soll. Auch diese Bezugnahme

---

[2] Vgl. Weibler, J. (2009), Führung in anderen Kulturen – Ergebnisse der GLOBE-Studie, in:
Rosenstiel, L.v./Regnet, E./Domsch, M. (Hrsg.), Führung von Mitarbeitern. Handbuch für
erfolgreiches Personalmanagement, Stuttgart: Schäffer-Poeschel, 6. Auflage, 484-498.

ist für amerikanische Präsidenten nicht neu, aber gerade deswegen akzeptiert und wirkungsvoll. Typisch hierfür ist das Ende seiner wichtigen Reden, die eine persönliche („God bless you") *wie* eine nationale („God Bless the United States of America") Bezugnahme seiner Glaubensausprägung vorsehen. Der Glaube bindet den Einzelnen und verbindet die Einzelnen gleichermaßen. So war es bei der europäischen Besiedlung des Kontinents und so ist es noch heute.

Führen mit Geschichten

Seit alters her wird über und mit Geschichten kommuniziert, ja, man wird sagen dürfen, dass die Weitergabe von Lebenserfahrung vor allem über das Erzählen von Geschichten begann und bis heute nicht geendet hat. Traditionell war es die mündliche Geschichte, mit der Fakten und Botschaften zwischen Menschen und zwischen Generationen weitergereicht wurden. Später wurde diese Tradition verschriftlicht, zuerst in den Gesellschaften, die sich ausdifferenzierten, also komplexere Wissensbestände anhäuften und weiterzugeben hatten, und die die hierfür notwendige Technik hervorbrachten. Aber die mündliche Rede besitzt weiterhin ihre Wirkung, in der Politik allemal. Dass Menschen durch Reden motiviert, emotionalisiert, aufgeklärt wie fanatisiert werden können, gilt damals wie heute. Führungsansprüche manifestieren sich über Reden und diese Reden tragen zur Einlösung dieses Anspruchs bei. Dort, wo die physische Distanz wie in der politischen Führung zwischen Führenden und Gefolgschaft extrem groß ist, sind (medial vermittelte) Reden von zentraler Bedeutung. Wirkung erzielt dann nicht nur die Rede selbst, sondern auch die sich anschließende einordnende Kommentierung. Diese erfolgt aber wiederum auch nur im Rahmen einer durch die Rede ausgelösten Wirkung.

Geschichten dienten aber nicht nur der Übermittlung von Werten und Wissen, sondern auch der Unterhaltung. Und ein guter Redner verstand es immer schon, beides miteinander zu kombinieren. Man muss die Aufmerksamkeit fesseln, um die Botschaft zu transportieren. Botschaften, die in Geschichten eingebunden sind, also an Personen, Ereignissen oder ungewöhnlichen Begebenheiten angedockt werden können, die gar mit emotionalen Urgewalten dramatisch, tragisch oder hoffnungsgebend verbunden werden können, bleiben besonders im Gedächtnis haften. Wenn es nicht auf Fakten an sich ankommt, ist es nicht wichtig, die komplette Geschichte zu erzählen. Es reicht, anzudeuten, typische Situationen anzusprechen und Verlaufsmuster auszugsweise zu präsentieren. Geschichten werden dann im Kopfe des Zuhörers oder Lesers zusammengefügt, ergänzt und mit seinem eigenen Wissen verbunden. Manchmal ist es sogar gut,

Raum für eine individuelle Interpretation bewusst zu lassen, um die Bedeutung
dieser Geschichte für jeden Einzelnen zu erhöhen. Nur wenn ein überraschendes
Moment eingebaut wird, muss die Geschichte schon runder werden, denn sonst
geht die Pointe verloren. Oft bleibt nur eine Erlebnisqualität zurück, die aber mit
der erzählenden Person verbunden wird. Dies reicht dann für eine entsprechende
Zuschreibung dieser Person in einer Art vermischten kognitiv-emotionalen Ge-
samtwertung wie „gut oder schlecht", „warm oder kalt", „schön oder hässlich"
hinlänglich aus. Und damit ist eigentlich schon fast alles erreicht oder verdorben.

Die positiven Zuschreibungen „gut", „warm und kalt" sind natürlich daran
gebunden, dass eine Geschichte und damit der Geschichtenerzähler als wahrhaf-
tig eingestuft werden. In der Führungsforschung hat sich in der neueren Zeit eine
Diskussion breit gemacht, die der Frage nachgeht, wann eine Person als authentisch empfunden wird. Diese Frage stellt sich deshalb, weil die Ausübung von
Führerschaft sehr an den Eindruck der Vermittlung von Authentizität gekoppelt
ist. Es ist aber eben auch diese Authentizität, die eine notwendige Voraussetzung
dafür ist, dass an der Geschichte und ihrer Botschaft nicht gezweifelt wird und
die Botschaft so ihre Wirkung entfalten kann. Fred Luthans und Bruce Avolio[3],
zwei amerikanische Führungsforscher, haben hier beispielsweise herausgearbei-
tet, dass dem Redner oder der Rednerin Integrität, ein hoher moralischer Stan-
dard und ein Sensorium für Verantwortlichkeit attestiert werden müssen. Aber
auch ein transparentes und eindeutiges Verhalten, erkennbar angelehnt an selbst
deklarierte und/oder allgemein anerkannte Prinzipien, muss hier ebenso hinzu-
treten wie Standhaftigkeit, Optimismus, Selbstvertrauen und eine Langfristorien-
tierung. Aus der führungsbezogenen Forschung zu Narrationen, also zum Wesen, Aufbau und Wirken von Erzählungen, wissen wir wiederum, dass Geschichten, die mit der eigenen Lebensbiografie eng verwoben sind, als besonders authentisch und damit glaubwürdig erachtet werden. Aus diesem Grunde verdie-
nen Autobiografien eine besondere Beachtung. Denn in Autobiografien fließen
vor allem die Informationen ein, die sich im Rückblick als wertvoll und relevant
für die Entwicklung des eigenen Selbst erwiesen und damit für einen selbst auch
eine emotionale und motivationale Bedeutung besessen haben[4]. In diesem Sinne
kann eine Autobiografie als eine selektive Zusammenfassung der eigenen Lebenserfahrung verstanden werden.

---

[3] Luthans, F./Avolio, B.J. (2003), Authentic Leadership: A Positive Developmental Ap-
proach, in: Cameron, K.S./Dutton, J.E./Quinn, R.E. (Hrsg.), Positive Organizational Scholarship, San Francisco: Barrett-Koehler, 241-261.
[4] Bluck, S./Habermas, T. (2000), The Life Story Schema, in: Motivation und Emotion, 24(2),
121-147.

Bei Obama kann man feststellen, dass genau diese Voraussetzung erfüllt ist. Seine erste Biografie legte er bereits 1994 vor, die sich um einen ganz zentralen Kern seiner eigenen Identität dreht, nämlich der Hautfarbe und den Erfahrungen, die damit für ihn und seine Familie verbunden gewesen sind. Die dort berichteten Erfahrungen gehen aber weit über praktische Lebenserfahrungen hinaus. Neben der existenziellen Frage der Identitätsfindung werden weitere existenzielle Lebensbereiche geschildert und mit einer entsprechenden Botschaft besetzt: Die Suche nach Gerechtigkeit, einschließlich des Kampfes gegen das Böse und das kontinuierliche Arbeiten für eine bessere Welt. Die Liebe und Bindung zur Familie. Das Aufstehen nach und das Lernen aus Niederlagen, bis das gute Ende erreicht ist – letzteres frei nach dem Motto: am Ende wird alles gut und wenn noch nicht alles gut ist, ist das Ende noch nicht erreicht. Und, ganz wichtig: jeder (Du!) entscheidet, wann Schluss ist und niemand anderes („I have every confidence that we can steer ourselves out of this crisis. That's who we are. That's what we've always done as Americans" (Elko, 17.09.2008)).

Alles sind klassische Themen, die in den großen Entwicklungs- und Gesellschaftsromanen immer schon verarbeitet und reflektiert wurden. Diese repräsentieren wiederum das, was Menschen umtreibt, zu jeder Zeit, zu jedem Tag. Durch die ergänzende Schilderung von Verhaltensweisen, die bei Obama erfolgreich gewesen sind, werden wertgetriebene Botschaften gleichzeitig mit realen Handlungsoptionen verknüpft. Verstärkt wird die Bedeutung einer solchen Biografie für die eigene Authentizität, wenn sie geschrieben wurde, ohne dass der aktuelle Anlass, für den die Authentizität jetzt so wichtig wird, bereits vorlag. Dies verstärkt sogar die Authentizitätszuschreibung.

Obama versteht es, seine eigenen Geschichten und die anderer in seine sehr gut strukturierten, Verstand und Herz ansprechenden Reden, einzuflechten. Sicherlich, seine intellektuelle Brillanz, die außerhalb der Intuition notwendig ist, um argumentativ klug komponierte Reden zu entwickeln, erschließt sich vordringlich an der Leichtigkeit seiner Reden, an ihrer Eingängigkeit und an ihrer im Nachhinein für viele empfundenen Selbstverständlichkeit ihrer Aussagen. Aber es sind die Geschichten von Menschen, die bewegen. In seiner Chicago Rede am 4. November 2008, die er im Bewusstsein des Sieges über seinen republikanischen Kontrahenten bei angebrochener Nacht hielt, erzählte er beispielsweise eine kleine, ausreichend angedeutete Geschichte über eine sehr glückliche Familie, nämlich der seinigen („Sasha and Malia …And you have earned the new puppy that's coming with us"), eine eben solche Geschichte des Erfolgs eines Außenseiters, nämlich ihm („We didn't start with much money or many endorsements"), oder auch die vielseits in der Zuhörerschaft erlebte Geschichte eines Gerechtigkeitsdefizits, das auszugleichen ist („...we cannot have a thriving Wall Street while Main Street suffers"). Wie Erfolg aussehen kann, demonstrierte er gleich an der Lebensgeschichte der 106 Jahre alten Ann Nixon Cooper, die gerade eine Generation nach der offiziellen Aufhebung der Sklaverei geboren wurde, ihre diskriminierende Kraft aber noch selbst erfahren musste und an diesem Abend wie Millionen andere in der Schlange stand, um ihre Stimme abzugeben. Niemand zweifelt, dass sie ihre Stimme Barack Obama gegeben hat. Dies ist eine hoch interessante Geschichte, die längste in dieser Rede benutzte allemal. Obama nimmt dies zum Anlass, noch einmal den langen Weg des Befreiungskampfes verbal zu gehen. Angelehnt an den legendären Part der großen Rede von Dr. Martin Luther King wird ebenso ein Formelspruch verwendet, um die emotionale und motivationale Kraft dieser Geschichte zu erhöhen: Diesmal ist es das „Yes we can", was gebetsgleich die kurzen historischen Geschichtspassagen unterbricht und umrahmt. Es erfüllt dieselbe Funktion wie damals die „I have a dream" Offenbarung in der King-Rede. Man sei in der Entwicklung, so Obama, inzwischen zwar weiter („America, we have come so far"), doch vom positiven Ausgang noch ein ganzes Stück entfernt („But there is so much more to do"), aber nicht zu weit. Hier verschmilzt die Hoffnung mit der Selbstüberzeugung, dass alles machbar sei, wird nur die Gunst der Stunde genutzt und, orientiert an den bewährten Werten, beharrlich weitergegangen. Worte müssen dann nur noch in Taten übergehen.

Führen in Präsenz

Führen im öffentlichen Raum und insbesondere durch Reden hat sehr viel mit Unmittelbarkeit zu tun. Es ist der Augenblick, der zählt. In solchen ‚magischen' Augenblicken werden Gefühle und Emotionen freigesetzt, die den Gesamteindruck der Situation entscheidend bestimmen. Im günstigen Fall sind sie mit Botschaften gekoppelt, die den Intentionen des Redners entsprechen. Dann wird man sich immer wieder sehr gerne an diese Botschaften erinnern, denn, folgen wir dem Neurowissenschaftler António Damasio[5], speichert unser Gehirn mit den Informationen auch die hierbei erlebten Gefühle und Emotionen. Die Magie des Augenblicks wird so verfestigt. Für die Zuschreibung von Führung reicht es aber schon aus, wenn die erlebten Gefühle und Emotionen mit der Person des

---

[5] Damasio, A. (2009), Ich fühle, also bin ich: die Entschlüsselung des Bewusstseins, München: List.

Redners verbunden werden, ohne dass man sich im Detail noch daran zu erinnern vermag, warum genau dies passiert ist.

So erinnert die Entstehung von Führung sehr an ein Schauspiel. Auch hier hängt der Erfolg eines Stückes, einer Performance, davon ab, ob eine Verbindung zwischen Schauspielerin oder Schauspieler und Zuschauer entsteht. „Der dramatische Künstler", so zitiert Jens Roselt den Theaterwissenschaftler und Theaterkritiker Heinrich Theodor Rötscher (1803-1871), „ist also ganz an die Gegenwart gewiesen; sie ist seine Göttin; was sie ihm nicht gewährt, kann kein tröstender Hinblick auf spätere Zeit ihm ersetzen"[6]. Und wie im Theater gibt es ästhetische Übereinkünfte und Regeln, die mit bestimmen, ob eine solche Präsenz, die einnehmende Wahrhaftigkeit des Augenblicks, empfunden werden kann.

Obama hat sehr früh ein Gespür dafür entwickelt, dass, wie im Theater, ansprechende Inszenierungen die Wahrscheinlichkeit des Auftretens von Präsenz erhöhen. Das Datum, die Stadt, der konkrete Standort, Tag oder Nacht, Halle oder Freiluft, Anzug oder Pullover, als das sind wichtige Äußerlichkeiten einer Rede, die wie ein Bühnenbild das Schauspiel umrahmen. Hinzu treten die Körpersprache, Gestik, Mimik, Stimme und deren Modellierung. Sie alle formen eine Seh-Welt, die laut Thomas Meyer seit Mitte des vorherigen Jahrhunderts wieder an Bedeutung gewinnt und in allen sozialen Handlungsfeldern Einzug hält[7]. Die Revisualisierung der Kultur – diesmal jedoch in Machart und Wirkung auf die Überbrückung von räumlichen Distanzen ausgerichtet – berührt natürlich auch die Präsentation von Anspruch auf und Ausübung von Führung, die immer auch in ihrer Ausgestaltung kulturell überformt wird. So ist es kein Zufall, dass YouTube ein ganz zentrales Inszenierungs- und Kommunikationsmedium für Obama gewesen ist, mit der in dieser Form bislang einmaligen Besonderheit, dass die Inszenierung von anderen für Obama kreativ fortgesetzt wurde, gerade auch von Jungwählern.

Für alle Darstellungsvarianten lassen sich intuitive, anekdotische, aber auch empirische Befunde finden, die für Obama gut ausgehen und ihm dadurch die Führungszuschreibung erleichterten. Herauszustellen ist jedoch, dass, wie im Theater, die Authentizität des Gesehenen und Gehörten in sich stimmig und mit der Botschaft vereinbar sein muss. Wer in Krisenzeiten durchtrainiert wirkt und bei aller gebotenen Seriosität locker und stressfrei daherkommt, jung aussieht

---

[6] Roselt, J. (2009), Seelen mit Methoden – Schauspieltheorien vom Barock bis zum postdramatischen Theater, Berlin: Alexander Verlag.

[7] Meyer, T. (1998), Politik als Theater. Die neue Macht der Darstellungskunst, Berlin: Aufbau-Verlag, 35-36.

und für die Aufgabe tatsächlich vergleichsweise jung ist und verständlich spricht, dabei noch an einen anderen jungen und beliebten Präsidenten im Amte erinnert, ohne ihn zu kopieren, der besitzt diese Authentizität und zwar solange, bis das Gegenteil bewiesen ist oder sich von Misserfolg auf hinter der dann nur vermuteten Maske liegende Brüche und Abgründe vermeintlich schließen lässt.

Obamas Führungskern: Transformationale Ausrichtung der Reden

Als der mit dem Pulitzer Preis und dem National Book Award für seine zweite Franklin D. Roosevelt Biographie ausgezeichnete Politikprofessor James MacGregor Burns 1978 ein grundsätzlich wie historisch ausgerichtetes Werk über politische Führung vorlegte, war nicht sogleich abzusehen, welche fulminante Wirkung damit für die gesamte Führungsforschung verbunden war. Burns plädierte für eine moralische Führung, deren Ziel es ist, dass Führer und Geführte sich in einem gegenseitigen Miteinander als Persönlichkeiten weiterentwickeln und gemeinsam geteilte und bewusst angestrebte Ziele erreichen. Dabei ist das Wissen um die Bedürfnisse der Menschen und ihre Respektierung eine Grundvoraussetzung. Eine Führung ist dann nach Burns „transformativ" (erst später wurde dann stattdessen von „transformational" gesprochen), wenn es dem Führenden gelingt, die Motive, Werte und Ziele der zu Führenden über die Verfolgung persönlicher Interessen hinaus zu bewegen. Wandel und Entwicklung, auch und gerade hin zu höheren moralischen Stufen, zeichnen transformative Führer aus. Es geht dabei um die Weckung eines Bewusstseins für die letzten Werte, die Menschen nach Burns immer schon angestrebt haben wie Freiheit, Gleichheit und Gerechtigkeit – und eben nicht nur um eine reine Machtausübung, wozu schon der politische Berater Niccolò Macchivalli (1469-1572) in seinem Werk „Il principe" (Der Fürst) seine Zeit überdauernde moralfreie Anleitungen gab. Unterstellt werden muss natürlich dabei, dass diese transformativen Führer selbst um die Bedeutung und die Ausprägung einer moralischen Führung wissen und in der Lage sind, diese authentisch zu vermitteln. Sehr wohl ist Burns klar, dass diese nach ihm höchste Form der Führung nicht immer erreicht werden kann. Sie soll vielmehr als ein Ideal angesehen werden, das aufzeigt, wohin die Reise gehen muss.

Einige Jahre später hat dann Bernhard Bass diesen Führungsansatz auf Organisationen bezogen und damit eine weitreichende Forschung angestoßen. Zunächst wertete er die bereits von Burns kontrastierend zur transformativen Führung beschriebene transaktionale Führung auf. Diese Führungsform denkt Führung austauschorientiert. Sie ist am gegenseitigen Nutzen einer Beziehung orientiert. Gute Leistungen werden vom Führenden materiell oder immateriell belohnt, schlechte gegenteilig behandelt. Was „gut" und was „schlecht" ist, ist Konvention, subjektiv gesetzt oder wird gemeinschaftlich zwischen Führenden und Geführten ausgehandelt. Aber auch die transaktionale Führung fußt auf wichtigen Wertüberzeugungen wie Verantwortung, Ehrlichkeit und das Einhalten von Verabredungen. Aber diese Werte – und dies ist ein ganz entscheidender Unterschied – werden nicht um ihrer selbst willen vorausgesetzt, sondern sind wie die Rechtsordnung notwendige Mittel, damit Einigung zur Ausgestaltung einer Führungsbeziehung stattfinden kann. Mit dieser Art der Führung lassen sich Demokratien wie Organisationen sicherlich gut verwalten und Standardleistungen einfordern. Grundlegende Konflikte sind aber durch diese Art der Führung schwerer zu lösen und tiefgreifende Änderungen kaum oder bestenfalls zufällig zu erzielen. Hierzu bedarf es eben einer, wie Bass es nennt, transformationalen Führung, die der Logik der transformativen Führung Burnsscher Prägung entspricht. Bei ihr geht es vor allem um das Bemühen, Eigeninteressen zu überwinden und in den Dienst einer gemeinsamen Sache und von Idealen zu stellen, damit gleichzeitig auch ein moralisch höheres Niveau des Handelns zu erreichen. Zahlreiche der so theoretisch postulierten positiven Wirkungen konnten in der Tat in der organisationsbezogenen, und das heißt vor allem unternehmensbezogenen Führungsforschung, aufgezeigt werden, beispielsweise mit Blick auf die individuelle Zufriedenheit, die Leistung einzelner oder von Gruppen oder auf die Bereitschaft, sich einzubringen[8]. Ein wichtiger Grund hierfür ist, dass eine transformationale Führung das Selbstbewusstsein der Geführten und damit den Glauben an die Möglichkeit der Beeinflussung ihrer nahen Umwelt erhöht. Wichtig ist festzuhalten: Es geht bei der transformationalen Führung nicht um die Ignorierung berechtigter individueller Interessen, sondern um die Erkenntnis, dass diese nicht um den Preis der Vernichtung des Anliegens, um dessen Einlösung man sich ursprünglich einmal zusammengefunden hatte, verfolgt werden dürfen. Bass hat dabei den Zweck einer Organisation vor Augen, Burns den Zweck der Vergemeinschaftung von Menschen in einer Gesellschaft. Verpönt ist bei beiden, durchaus zeitgemäß, der Nutzen weniger zu Lasten vieler. Obama sieht dies genauso: er bezieht es auf das Individuum, auf, gar besonders stark, das Unternehmen und sogar auf die Nation, alles mit Blick auf ihre jeweiligen Verbünde.

---

[8] Vgl. Judge, T.A./Piccolo, R.F. (2004), Transformational and Transactional Leadership: A Meta-Analytic Test of Their Relative Validity, in: American Psychologist, 89(5), 755-768.

Bass und seine Mitstreiter entwickelten im Laufe der Zeit vier Prüffragen, nach denen eine transformationale Führung zu bemessen sei[9]. Diese Fragen können an das Führungshandeln von Verantwortlichen einer Organisation wie Nation gleichermaßen gestellt werden, wodurch nun wieder der Blick auf die politische Führung gelenkt werden kann. Erstens: Besitzt sie eine inspirierende Motivation? Zweitens: Regt sie an, Bisheriges in einem anderen Lichte zu sehen? Drittens: Geht sie auf die Bedürfnisse des Einzelnen ein? Und viertens, systematisch ein wenig aus der Beschreibungslogik herausfallend: Wird sie von einer Person ausgeführt, deren Handeln oder sie selbst gar als Person als charismatisch eingestuft wird oder deren Visionen zumindest charismatisch wirken? Es fällt nicht schwer, diese Prüffragen im Einklang mit dem Führungsentwurf von Burns zu sehen. Diese Prüffragen sind nun wiederum recht nützlich, um eine politische Führung in ihrer Wahrnehmung auf andere zu untersuchen. Bereits 2003 dokumentierte der US-Forscher Rajnandini Pillai mit Kollegen, dass das Wahlverhalten auch von der Einschätzung des Kandidaten (damals Bush und Gore) als mehr oder weniger transformational abhängt; dies in einer Wechselwirkung zu wahrgenommenen Persönlichkeitsfaktoren wie proaktives Verhalten, Leistungsorientierung oder Empathie. Eine grundsätzlich ähnliche Mischung aus Persönlichkeitsvariablen und hier charismatischer Führung, diesmal zur Erhellung verschiedenster Effektivitätsmaße von Führerschaft, konnte eine Forschergruppe um Robert J. House aufgrund einer empirischen Analyse von Reden und Zeitungsberichten über 34 US-Präsidenten schon zu Beginn der 1990er Jahre aufzeigen.

Alles in allem liefert eine als transformational erlebte Führung somit sowohl auf organisationaler als auch auf politischer Ebene einen zusätzlichen Erklärungsbeitrag für den Führungserfolg, d.h. einen Erfolg, der über den einer als nur positiv erlebten transaktionalen Führung hinaus geht (so genannter Zuwachs- oder Augmentationseffekt). Schwieriger zu bestimmen ist der jeweilige Anteil der einzelnen Komponenten am Führungserfolg, doch ist unbestritten, dass das Empfinden einer auch umgangssprachlich bezeichneten „charismatischen Ausstrahlung", die eine Identifikation mit der Person und nicht nur mit ihren Ideen zu bewirken vermag, einen Erklärungsmehrwert besitzt. Etwas unbelasteter und entspannter mag der eine oder andere lieber von empfundener „Faszination" und „Anziehungskraft" sprechen, auch wenn damit nur Schnittmengen des Gemeinten eingefangen werden können.

---

[9] Avolio, B.J./Bass, B.M./Jung, D.I. (1999), Re-Examining the Components of Transformational and Transactional Leadership Using the Multifactor Leadership Questionnaire, in: Journal of Occupational and Organizational Psychology, 72, 441-462.

Die transformationale Führung entfaltet ihre Wirksamkeit dabei vor allem in Situationen, die durch Orientierungslosigkeit, der Auflösung von ehedem stabilen sozialen Beziehungen, existenziellen Bedrohungen und spirituellen Zweifeln geprägt sind. Ein reiner Amtsinhaber, in gewisser Weise das Idealbild einer funktionierenden liberalen Demokratie, kann hier nicht mehr punkten, auch, weil er in einer solchen Rolle nicht in der Lage ist, ihr notorisch „affektives Defizit" zu kompensieren[10]. Vor allem gilt die Wirksamkeit einer transformationalen Führung in einer solchen Situation, wie es der deutsche Jurist und Soziologe Max Weber in seiner ausführlichen Abhandlung zum Wesen und zur Wirkung des Charismas schon in den zwanziger Jahren des letzten Jahrhunderts gezeigt hat[11], für ihre „charismatische Komponente"[12]. Entliehen ist der dort noch etwas zu eigenschaftsorientierte Charismabegriff im Übrigen der jüdisch-christlichen Tradition, die unter Charisma eine Gnadengabe Gottes versteht. Paulus zufolge besteht für den gläubigen Christen die höchste Gnadengabe (ein von Gott geschenktes Vermögen neben anderen Charismen) interessanterweise darin, in der prophetischen Rede die göttliche Botschaft zu verkünden[13].

Obamas Anwendung Transformationaler Führungselemente

Auf genau eine solche schwierige Ausgangssituation traf Obama, als er sich für den Weg ins Weiße Haus wappnete. Die Vereinigten Staaten von Amerika befanden sich politisch, wirtschaftlich wie militärisch in sehr instabiler Verfassung. Im September 2008 brach die Finanzwelt fast auseinander, die Wirtschaft sackte steil ab, Vermögen wurde im unvorstellbar großen Stil vernichtet, die Bevölkerung extrem im Jetzt und vor allem im Morgen belastet, amerikanische Soldatinnen und Soldaten starben immer noch in einem als fragwürdig erlebten oder direkt

---

[10] Vgl. Pelinka, A. (2008), Kritische Hinterfragung eines Konzepts – Demokratietheoretische Anmerkungen, in: Jankowitsch, R./Zimmer, A. (Hrsg.), Political Leadership: Annäherungen aus Wissenschaft und Praxis, Berlin: Polisphere, 43-68.

[11] Weber, M. (1922), Wirtschaft und Gesellschaft. Grundriss der verstehenden Soziologie, Tübingen: Mohr.

[12] Vgl. auch Bligh, M.C./Kohles, J.C./Meindl, J.R. (2004), Charting the Language of Leadership: A Methodological Investigation of President Bush and the Crisis of 9/11, in: Journal of Applied Psychology, 89(3), 562-574.

[13] Gemeint ist mit der prophetischen Rede, Klarheit im Hier und Jetzt zu schaffen, Eingehen darauf, was das Herz bewegt sowie Vereinzelung überwinden. Es ist nicht die Zukunftsvision. Die journalistische, leicht ironische Assoziation zum Messias geht also nicht ganz am Ziel vorbei. http://www.spiegel.de/politik/ausland/0,1518,674482,00.html

abgelehnten Krieg, dies bei kaum sichtbarem militärischen Erfolg, das Ansehen im Ausland war vergleichsweise schlecht und der damalige Präsident hatte mit nur noch 20% Zustimmung den schlechtesten, je für einen Präsidenten erreichten Wert aufzuweisen[14]. Michael Porter, der Übervater des strategischen Managements, diagnostizierte ein „age of anxiety", das viele Amerikaner mit Furcht in die Zukunft blicken ließ[15]. Ein einfaches „Weiter so" ging jetzt nicht mehr. Stattdessen standen die Zeichen auf Veränderung. Sorge und Furcht, gepaart mit – man könnte es ja auch so sagen – miserablen Leistungsdaten förderten geradezu theoriegemäß den Wunsch nach zurechenbarer und klarer Führung[16]. Die Bevölkerung musste und wollte deshalb wählen, welcher der Kandidatinnen und Kandidaten am ehesten dazu geeignet schien, persönliche wie nationale Stärke wiederherzustellen. In diesem Zusammenhang ist, weil es für die transformationale Führung von besonderem Belang ist, besonders darauf zu verweisen, dass auch die moralische Verfasstheit der Politik einen Tiefpunkt erreichte und zu einem Gegenstand zahlreicher medialer und privater Debatten wurde. Die zurückliegenden Skandale, die die moralische Integrität des Landes beschädigten, wurden so bewusst wie selten zuvor weitflächig wahrgenommen. In sehr persönlicher Form zeigten Obamas politische Kurzanalysen Missstände auf („Now is the time to chance our bankruptcy laws, so that your pensions are protected ahead of CEO bonuses, and the time to protect Social Security for future generations" (Denver, 28.08.2008)), sprach unmittelbar vorhandene Ängste und Wünsche an und zeigte eine bessere Welt, die greifbar nahe liegt. („We can do those things" (Springfield, 20.02.2007)).

Man muss hier verstehen, dass Obama sich nicht als Einzelkämpfer begreift. Er sieht sich in einer historischen Linie, die bei den Verfassungsvätern der amerikanischen Demokratie anfängt, über den Kampf von Bürgerrechtlern erneut Gestalt annahm und mit ihm durch das Ringen um ein sich nach vorne entwickeln-

---

[14] CBS News (2008, November 3), CBS News (2008, November 3), Poll: McCain Gains, But Obama Well Ahead,
http://www.cbsnews.com/stories/2008/11/03/opinion/polls/main4566821.shtml; Bligh, M.C./ Kohles, J.C. (2009), The Enduring Allure of Charisma: How Barack Obama Won the Historic 2008 Presidential Election, in: The Leadership Quarterly, 20, 483-492.
[15] Zitiert nach Bligh/Kohles (2009), S. 487
[16] Shamir, B./Howell, J.M. (1999), Organizational and Contextual Influences on the Emergence and Effectiveness of Charismatic Leadership, in: The Leadership Quarterly, 2, 257-283; Mumford, M.D./Friedrich, T.L./Caughron, J.J./Byrne, C.L. (2007), Leader Cognition in Real-World Settings: How do Leaders Think About Crises? in: The Leadership Quarterly, 18(6), 515-543.

des Amerika fortgeführt wird. Insbesondere seine Rede „A More Perfect Union" vom 18.03.2008 in Philadelphia steht in dieser Tradition. „Two hundred and twenty one years ago, in a hall that still stands across the street, a group of men gathered and, with these simple words, launched America's improbable experiment in democracy". Hier vergisst er nicht zu betonen, dass damit vor allem eine Absicht verbunden war, die im weiteren Verlauf der Geschichte noch auszufüllen gewesen ist. Und hieran habe sich prinzipiell nichts geändert. Dies ist eine für seine Argumentation notwendige Feststellung, entspricht sie zum einen der Wahrnehmung vieler Bürgerinnen und Bürger, die sich benachteiligt fühlen, verleiht sie ihm aber überhaupt erst seinen Handlungsauftrag. Diese Rede konkretisiert beispielsweise einen spezifischen Handlungsauftrag: die Integration der afroamerikanischen Bevölkerung in eben diese Gesellschaft. Es geht also um gelebte Demokratie im Hier und Jetzt. Die Annäherung hieran war besonders heikel, da seine symbolträchtige Umarmungsgeste von ehedem Verfolgten mit den Verfolgern aufzubrechen drohte. Der Spaltpilz nahm in Form seines früheren Mentors, Reverend Jeremiah Wright, menschliche Gestalt an. Dieser war durch für amerikanische Verhältnisse radikal kritische Äußerungen zur Stellung der Afroamerikaner in der amerikanischen Bevölkerung aufgefallen. Hieraus konnte dem Wahlkämpfer Obama schnell ein Strick gedreht werden, da seine vormals bekundete Wertschätzung für diese Person die Authentizität seiner eigenen Sprachregelung für den Umgang mit Rassendiskriminierung potentiell erodierte. Leicht wäre ein Einfallstor zur Beschädigung seiner Person geöffnet gewesen. So musste er sich einerseits von der Radikalität dieser Äußerungen distanzieren, andererseits durfte er mit seiner eigenen Vergangenheit nicht brechen, schon gar nicht Reverend Wright als Person beschädigen oder gar ausgrenzen.

Er löste dies geschickt. Neben einigen notwendigen Interviews setzte er seine stärkste Waffe ein, die friedvoller nicht sein konnte. Er hielt natürlich wieder eine Rede, die eine mit Spannung erwartete und nachher hoch gelobte Grundsatzrede wurde. Und wieder offenbart sich ein Muster, was die Zuhörer fesselte und ihn als politischen Führer kräftigte. Der aktuelle Konflikt war der Anlass, aber er wurde in eine übergeordnete Erzählung, eben die der Sklaverei und der Diskriminierung eingebunden und unauflöslich mit anderen, kleineren Geschichten verwoben. Diese kleinen Alltagsgeschichten sind aber die eigentlichen Sinn- und Emotionsträger. Wieder einmal spielt Dr. Martin Luther King, der von Obama regelmäßig, fast immer dann über sich selbst hinaus verweisend, metapherngleich, in seine Argumentation eingeführt wird, eine – diesmal allerdings nur sehr kleine – Rolle. Eine ihm zu Ehren von Obama gehaltene Geburtstagrede war nämlich nur der Anlass, um die eigentliche Geschichte eines aufopferungsvollen weißen Mädchens, Ashley Baia, zu erzählen, die, noch Kind, ihrer kranken Mutter half und heute, jetzt als Unterstützerin von Obama, einen älteren, schwarzen Mann durch ihr tapferes Vorbild sowie ihres späteren gemeinnützigen Einsatzes zum Mitmachen bewegen konnte. Alltag schlägt Ideologie, Teil II. Teil I war da schon beim Zuhörer lanciert. Dort brach Obama mit der Gleichsetzung von Diskriminierung und Rassenkonflikt und nahm den Zorn der verarmten weißen Mittelschicht als vergleichbaren Anlass des Gefühls einer Zurücksetzung, wie es die Afroamerikaner empfanden und vielfach noch empfinden, mit auf („In fact, a similar anger exists within segments of the white community"). Und plötzlich fanden sich Weiß und Schwarz in einem Boot wieder und die Rassenproblematik war nur noch eine Facette der Ungerechtigkeit an Menschen schlechthin. Und hierauf dürfe man hinweisen, sagte Obama, nicht so spaltend, wie es sein ehemaliger Pastor tat, aber ins Analytische gewendet, sehr wohl.

Eine andere Lektion zum Umgang mit Menschen erteilte Obama bereits ebenfalls sehr früh in seiner Rede. Sie lautet: man kann und muss sich von einer wertgeschätzten Person, deren Aussage man nicht, wie die von Reverend Jeremiah Wright geäußerte, teilt, nicht distanzieren. Man kann sie hierfür schelten, in die inhaltliche Kontroverse gehen, aber man sollte versuchen, die Gründe für die Einlassung zu verstehen und das Lebenswerk wie die Person nicht zu zerstören. „Wer ist frei von Schuld", klingt es hier durch, genau wie die Aufforderung, auch die mit Respekt zu behandeln, die sich plötzlich auf einem falschen Weg befinden. So wird viel über Menschenführung ausgesagt, z.B. auch, dass über andere kein schneller eigener Vorteil gesucht werden darf. So endet die Rede, die einen Abtrünnigen auf dem Weg zur Integration des amerikanischen Volkes zum Anlass hatte und als eine Erzählung über die Rassendiskriminierung startete, als eine lehrreiche Geschichte vom Umgang mit Menschen. Die abschließende Botschaft in der Rede klingt für die Ungeduldigen versöhnlich, denn Obama reklamiert ausdrücklich Fortschritt im historischen Geschichtsverlauf des Zusammenwachsens („This union may never be perfect, but generation after generation has shown that it can always be perfected") und verweist dann auf die produktive Kraft einer konsequenten Fortführung des eingeschlagenen Weges („our union grows stronger"). Alles in allem, orientiert man sich an der weiten Zustimmung zur Rede, ein gelungenes Lehrstück darüber, wie man Angriffe ins Leere laufen lässt und gestärkt aus ihnen hervorgeht.

Charismazuschreibung als besondere Komponente Transformationaler Führung

Die Rede verkörpert wie viele andere eine Rhetorik, die von den Führungsforschern wie Boas Shamir und anderen[17] und jüngst Viviane Seyranian und Michelle Bligh[18] mit der Erzielung von charismatischen Effekten in Verbindung gebracht wird: (1) gleich zu Beginn die Betonung der Ähnlichkeit von Redner und Zuhörern, aber auch der eigenen Identifikation mit den Zielen der Zuhörer, (2) ausdrücklich Verweise auf die gemeinsame Geschichte und die Kontinuität zwischen Gegenwart und Zukunft, (3) Hinweise auf gemeinschaftliches Interesse und eine alle verbindende Identität anstatt Heraushebung des Individuums und seines Selbstinteresses, (4) Erhöhung des Selbstwirksamkeitsgefühls des Einzelnen, also des Einflusses, den der Einzelne auf relevante Umweltereignisse nehmen kann und damit (5) die Darstellung der unbedingten Notwendigkeit zum Handeln, auch mit sprachlichen Negationen, wie eben etwas nicht ist und doch sein sollte, nebst einer Demonstration eigener Handlungsstärke (proaktives Denken[19]), (6) Herausstellung von Werten und moralische Rechtfertigungen des eigenen Tuns, (7) geringe Bezugnahme auf handfeste Ergebnisse, sondern Darlegung von entfernten Zielen und Entwürfen einer gemeinsamen, besseren Zukunft und damit auch (8) ausreichend viele Verweise auf die Kategorien Hoffnung, Vertrauen und Glauben angesichts einer als deutlich untolerierbar gekennzeichneten Gegenwart[20].

Wir können an dieser Stelle nicht alle Elemente seiner charismatisch empfundenen Rhetorik nachzeichnen. Sie liegt ihm sicherlich kraft Veranlagung, ist

---

[17] Shamir, B./Arthur, M.B./House, R.J. (1994), The Rhetoric of Charismatic Leadership. A Theoretical Extension, a Case Study, and Implications for Research, in: The Leadership Quarterly, 5(1), 25-42.

[18] Seyranian, V./Bligh, M.C. (2008), Presidential Charismatic Leadership: Exploring the Rhetoric of Social Change, in: The Leadership Quarterly, 19(1), 54-76.

[19] Vgl. Deluga, R.J. (1998), American Presidential Proactivity, Charismatic Leadership, and Rated Performance, in: The Leadership Quarterly, 9(3), 265-291.

[20] Siehe zu den Punkten 1-8 auch Willner, A.R. (1984), The Spellbinders: Charismatic Political Leadership, Yale University Press, New Haven, CT; Conger, J. (1991), Inspiring Others: The Language of Leadership, in: Academy of Management Executive, 5(1), 31-45; Den Hartog, D.N./Verburg, R.M. (1997), Charisma and Rhetorics: Communicative Techniques of International Business Leaders, in: Leadership Quarterly, 8(4), 355-391; Fiol, M./Harris, D./House, R. (1999), Charismatic Leadership: Strategies for Effective Social Change, in: The Leadership Quarterly, 10(3), 449-483.

aber auch von ihm vielfach bewusst eingeübt worden, später dann von seinen Redeschreibern angereichert. So mögen einige wenige aussagekräftige Stellen der viel beachteten Chicago Night Speech am 4. November in Chicago genügen. Ein eindrucksvoller Beleg seiner moralischen Orientierung findet sich in der Behandlung von ehemaligen politischen Gegnern. Schon wie auf dem Nominierungsparteitag der Demokraten gegenüber Hillary Clinton würdigt er ausdrücklich die Leistung seines Konkurrenten Senator McCain („fought long and hard in this campaign …even longer for the country that he loves … I congratulate him") und macht ihm das Angebot einer zukünftigen Zusammenarbeit. Immer wieder betont er gemeinsame Werte, die seiner Meinung nach alle teilen („we all share"). Mit Lincoln wiederholt er das Gemeinsame der Amerikaner („that we have never been just a collection of individuals or a collection of red states and blue states. We are, and always will be, the United States of America") und stellt damit das Trennende zurück („we are not enemies but friends"). Er unterstreicht, dass es sich hier nicht um ein Zweckbündnis handelt, sondern dass man durch ein Band der Zuneigung miteinander verbunden ist. Vertrauen in die eigene Handlungsfähigkeit („America can change") wird genau so hervorgehoben wie die Einzigartigkeit des Augenblicks („This is our moment"), den es zu nutzen gilt.

Andere Transformationale Führungselemente

Bislang haben wir die sicherlich besonders illustre Komponente der transformationalen Führung, die Charismazuschreibung, hervorgehoben. Dennoch sind unweigerlich bei den oben beschriebenen Redeauszügen und Interpretationen die anderen drei Komponenten (inspirierende Motivation, geistige Anregung, Eingehen auf den Einzelnen) unvermeidlich mitgeschwungen. Bei der „inspirierenden Motivation" geht es verkürzend um eine optimistische, überzeugende Zukunftsvision, die mit Begeisterung vorgetragen wird („because there is no obstacle that can stand in the way of millions of voices calling for change" (Washington, 18.01.2008)), beispielsweise bezogen auf Weltsicherheit, Gleichberechtigung oder Nachhaltigkeit. Alle entscheidenden Reden von Obama sind mit solchen Hoffnungen auf eine attraktive Zukunft durchsetzt. Ihre Wertgeladenheit, aber auch Vagheit in der Zielerreichung, besitzt den Vorteil, dass sich ein jeder das ausmalen kann, was ihm assoziativ vorschwebt („through hard work and sacrifice each of us can pursue our individual dreams but still come together as one American family, to ensure that the next generation can pursue their dreams as well" (Denver, 28.08.2008)). Tagespolitische Vorstellungen, seltener dabei genaue Wege, schon eher Zeitpunkte ihrer Umsetzung, sind naturgemäß nüchterner, finden sich dosiert jedoch immer wieder (Steuerpolitik, Truppenabzug, soziale Sicherung, Energieversorgung.).

Aber seine Begeisterung schlägt woanders durch, beispielsweise wenn er von der in seinen Augen bewundernswerte Leistung der Pioniergeneration und all derer, die stets einen Neuanfang gewagt haben, spricht („...it has been the risk-takers, the doers, the makers of things...(Washington, 20.01.2009)). Da verneigt sich Obama unmittelbar vor den Tiefen der idealisierten amerikanischen Psyche und lenkt das Augenmerk sodann auf die Veränderung des Status quo. Konkret zu werden, ist hier schwierig, da nicht alle von dem forschen Voranschreiten einzelner – historisch und aktuell gesellschaftspolitisch betrachtet – profitierten. Ebenso wissen wir, dass mit einer metaphysisch anmutenden Verklärung des Fortschrittgedankens strenggenommen noch gar nichts über die Legitimation der Macher von gestern und heute ausgesagt ist. Aber der Inspiration der Zuhörerschaft tut dies keinen Abbruch.

Auch finden sich Belege dafür, seine Zuhörerschaft dadurch gewinnen zu wollen, sie anzuregen, etwas aus einem anderen Blickwinkel als bisher zu sehen. Wir hatten angeführt, dass dies transformationale Führer ebenfalls auszeichnet. Es geht dann aber vor allem um die Anerkennung berechtigter Bedürfnisse anderer, sehr durchzogen von dem Gedanken der Solidarität. Das ist sicherlich eine Aufforderung zur Verschiebung der Wahrnehmung bei verschiedensten Gruppen, aber das war es dann auch im Kern. Damit einher geht die Relativierung des Materiellen. Dennoch: Was sonst typischerweise mit dieser Komponente in Verbindung gebracht wird, „neue Wege" zu weisen, trifft trotz der grundlegenden „Change Metapher" zumindest aus europäischer Sicht auf keine wirklich neue Perspektive. Ganz im Gegenteil: Die Wege, die Obama anderen zu gehen empfiehlt, sind die alten Wege der Geschichte Amerikas, die nur verschüttet waren. Es gilt also, das bewährte Alte wiederzuentdecken.

Wesentlich stärker richtet sich Obama auf die dritte Komponente der transformationalen Führung, das Eingehen auf den Einzelnen, aus. Ihm gelingt dies auf drei Wegen: Erstens, noch nicht so spektakulär, anerkennt er stellvertretend für andere die berechtigten Wünsche seiner eigenen Familienmitglieder, indem er beispielsweise verdeutlicht, wie oft er sich schweren Herzens darüber hinweg hat setzen müssen. Aber er zeigt bereits in seiner Autobiographie dankbar auf, wie wichtig seine Frau gewesen ist, um die Entwicklung zu einer einseitig denkenden Persönlichkeit zu vermeiden. Diese Wünsche der Familie sind die einer ganz normalen, intakten Familie. Dann vor allem, indem er bemerkenswerte oder typische Einzelschicksale namentlich herausgreift („Ann Nixon Cooper is 106 years old" (Chicago, 04.11.2008)) und deren Menschsein (und eben nicht nur

Wählersein) veranschaulicht. Dabei vergisst er nicht herauszustellen, was diese
Personen für Amerika oder ihn (eine durchaus intendierte Assoziation) getan
haben oder was er an ihnen bewundert. Auch versäumt er nicht, die Gemeinsam-
keit zwischen ihm und seinen Zuhörern anzudeuten und damit Nähe zu (Einzel-
schicksalen) zu schaffen („When I listen to another worker...I remember all those
men and women ...who I stood by and fought for two decades ago..." (Denver,
28.08.2008)). Dann, in einer abstrakteren Kategorie, indem er Personen indirekt
durch ihre sie in ihrer Identität formenden Merkmale anspricht: „It's the answer
spoken by young and old, rich and poor, Democrat and Republican, black, white,
Hispanic, Asian, Native American, gay, straight, disabled and not disabled –
Americans..." (Chicago, 04.11.2008). Dieses Muster der verschiedenste Identitä-
ten integrierenden Aufzählung taucht in seinen Reden immer wieder auf, gerne
auch mit geographischen Referenzen. Hinter diesen Merkmalen stehen Zuhörer
und deren unterschiedlichste Bedürfnisse. Ein politischer Redner kann diese
notgedrungen nicht im Einzelnen benennen, was zudem gerade nicht zu einem
guten Ende führen würde. Denn das Detail ist der Tod des großen Wurfs. Das
rhetorische Stilmittel des „You" and „We" weist Unmittelbarkeit in der individuellen Ansprache aus. Diese Vereinnahmungsrhetorik, die widerstreitende
Interessen programmatisch ausblendet, entspringt dem kollektiv-kulturellen
Hintergrund der Nation. Aber sie korrespondiert zumindest auch mit dem indi-
viduell-kulturellen Hintergrund der Person Obama, die sich ebenfalls aus bemerkenswert Unterschiedlichem ausformt: Verfolgter und Versöhner, Underdog und
Harvard Absolvent, Zuhörer und Sprecher, fehlbar und integer, Schwarz und
Weiß, Amerikaner und Weltbürger, um es einmal in Ausschnitten zu skizzieren.
In seiner Person trifft sich die Vielfalt Amerikas. Es hilft einem Redner, zu wissen,
worüber man bei allem Pathos redet.

Alles in allem kann eine transformationale Ausrichtung seiner Reden gut
nachgewiesen werden. An der Hoffnung des Gelingens einer Transformation,
einer Veränderung zum Besseren, mangelt es nicht, denn „this is our chance to
answer that call" (Chicago, 04.11.2008). Wiederholungen gehören, dies zum Abschluss an dieser Stelle, zum Programm in seinen Reden. Für jemanden, der alle
Reden verfolgt, ist dies teilweise etwas ermüdend. Vermutlich rechnet Obama
nicht damit, dass zu viele Zuhörer (außerhalb der Medien und seiner Konkurrenten) alle seine Reden verfolgen. Aber selbst wenn; bereits Napoleon soll in diesem
Zusammenhang angemerkt haben: „Die einzig wirksame Redeform ist die Wiederholung". In dieser Absolutheit, wie wir zeigen können, wird dies der Redefi-
guren Obamas nicht gerecht, aber als Teilelement hat er diese Erkenntnis integriert.

Schlussbetrachtung

Ziel unserer Überlegungen ist es gewesen, zu ergründen, wie Führung durch Reden entsteht und damit mehr über den Erfolg von Obama auf dem Weg ins Weiße Haus zu lernen, auch Grundsätzliches. Wir haben gesehen, dass der Erfolg der Reden von Barack Obama nicht zufällig ist. Verstand, Gefühl und Umsetzung tragen je ihren spezifischen Teil zu diesem Erfolg bei. Seine Reden waren vor seiner Präsidentschaft die Basis, ihm Führungsfähigkeit und Führungswillen zuzuschreiben. Von erfolgreicher Führung ist bereits vor seiner Präsidentschaft insofern zu sprechen, als Obama (1) Gefolgschaft in Form von auffallender Zustimmung für seine Person und seine Position fand und (2) letztendlich Millionen von Personen sich veranlasst fühlten, ihn zu wählen. Mehr war und musste bis zur Übernahme des Präsidentenamtes am 20. Januar 2009 nicht erreicht werden. In diesem Sinne war sein Führungserfolg umfassend.

Wer verstehen möchte, wie man einen Führungsanspruch artikuliert und wie man dann eine Zuschreibung von Führung auf die eigene Person provoziert, kann sich einiges abschauen, beispielsweise als Politiker, als Manager oder auch für Alltagssituationen. Blind kopieren sollte er oder sie jedoch nicht. Neben dem „Was" kommt es auch auf das „Wie" an. Grenzen sind also stets mitzubedenken. Wir haben eine Situation kennengelernt, in der die Notwendigkeit von Wandel, von Veränderung, empfunden wurde. Hier kann eine von uns identifizierte transformationale Führung ihre Stärken voll entfalten. Dort, wo alles recht gut funktioniert, sind andere, weniger spektakuläre Führungsformen effektiver.

Seine als transformational rekonstruierte Führung passte also perfekt zu den Anforderungen der schwierigen und unsicheren Zeit, da sie die Bedürfnisse einer wählenden Bevölkerungsmehrheit ernst nahm. Insbesondere eine ihrer Komponenten, die Charismazuschreibung, spielte eine besonders auffällige Rolle, die natürlich bei ansonsten ausgewogenen Verhältnissen zwischen Konkurrenten besonders in den Vordergrund tritt. Sie sollte jedoch nie isoliert gesehen werden. Beispielsweise schließt dies nicht aus, ganz im Gegenteil, dass man dem Kandidaten auch einen gewissen Pragmatismus in seinem Führungsverhalten zutrauen muss (im Sinne eines kleinteiligen, tagtäglichen Problemlösens[21]). Unabhängig davon ist sie zumindest bei US-Präsidenten in jüngerer Zeit des Öfteren Gegen-

---

[21] Vgl. Mumford, M.D./Van Doorn, J.R. (2001), The Leadership of Pragmatism: Reconsidering Franklin in the Age of Charisma, in: The Leadership Quarterly, 12, 279-309.

stand von Führungsanalysen gewesen[22]. Nach einer aktuellen Studie von Viviane Seyranian und Michelle Bligh[23] wurden aus den US-Präsidenten im 20. Jahrhundert Theodore Roosevelt, Franklin D. Roosevelt, John F. Kennedy, Ronald Reagan sowie mit deutlichen Abstrichen, Bill Clinton, als charismatisch empfundene Persönlichkeiten ausgewiesen. Barack H. Obama wird nach bisheriger Erkenntnis hier einzureihen sein.

Ihnen gemeinsam war, ihrem Handeln Sinn geben zu können. Viktor Frankl[24] charakterisierte einst den Menschen als Wesen auf der Suche nach Sinn. Sinn verweist in letzter Konsequenz auf die Anbindung und Einbindung des Einzelnen in größere Zusammenhänge und enthält damit auch eine existentielle, für nicht wenige damit sogleich spirituelle Dimension. Obama bietet Sinn an. Auch deshalb wurde sein Führungsanspruch akzeptiert. Dabei funktioniert eine Charismazuschreibung, um das Augenmerk nochmals hierauf zu lenken, dank medialer Vermittlung auch, manche sagen, gerade auch auf Distanz[25]. Dies ist eine interessante Botschaft nicht nur für Politiker, sondern auch für alle, die den Erfolg von Organisationen ohne regelmäßigen Kontakt zu den Mitgliedern verantworten müssen. Aber man tut dennoch gut daran, bei einer Alltagsbetrachtung hier nicht zuviel von sich selbst zu erwarten.

Was Obama konzeptionell von vielen positiv gesehenen, aber vor allem auch von bekannten unlauteren oder gar verbrecherischen Personen mit anfänglicher Anziehungskraft (Charisma) drastisch unterscheidet, ist die Aufforderung, sich nicht einem von ihm verordneten Gemeinschaftsgedanken zulasten der Individualität blind und dumpf unterzuordnen. Auch ist bislang keine narzisstische Persönlichkeitsstruktur auszumachen, die der Psychologieprofessor Ronald Deluga[26] bei vielen als charismatisch empfundenen US-Präsidenten fand. Obama tritt in seinen Reden hingegen unprätentiös und befreit von Allmachtsphantasien auf („…that I might play a small part in building a better America" (Springfield,

---

[22] Zu Alternativen siehe auch Simonton, D.K. (1988), Presidential Style: Personality, Biography, and Performance, in: Journal of Personality and Social Psychology, 55, 928-936.

[23] Seyranian, V./Bligh, M.C. (2008), Presidential Charismatic Leadership: Exploring the Rhetoric of Social Change, in: The Leadership Quarterly, 19(1), 54-76.

[24] Frankl, V. (2008), Der Mensch vor der Frage nach dem Sinn: Eine Auswahl aus dem Gesamtwerk, München: Piper.

[25] Vgl. auch Yagil, D. (1998), Charismatic Leadership and Organizational Hierarchy: Attribution of Charisma to Close and Distant Leaders, in: The Leadership Quarterly, 9(2), 161-176.

[26] Deluga, R.J. (1997), Relationship among American Presidential Charismatic Leadership, Narcissism, and Rated Performance, in: The Leadership Quarterly, 8, 51-67.

10.02.2207)). Statt egoman zu denken, ist er insofern emanzipatorisch, als er andere ermuntert, ihr eigenes Leben nach eigenen Vorstellungen zu leben. Er entwirft keine Ideologie, die droht, ausgrenzt oder verletzt. Er steht für Ausgleich und Gleichberechtigung. Dies ist ein neuer Führungstyp, der mit allen Mustern charismatischer Zuschreibung bricht, wie es vor ihm bereits Nelson Mandela vorgelebt hatte. Beide haben selbst die Beschränkungen freier Entfaltung der Persönlichkeit erfahren und sich mühsam von einer diskriminierenden Ideologie befreit, Mandela selbstredend mit größeren persönlichen Opfern. Aber wir wissen aus der Forschung, dass selbst erfahrenes Leid oder zumindest die glaubwürdige Versicherung, es zu tragen, die Zuschreibung von Authentizität und damit auch Legitimität erhöht[27].

Obama strebt mit seinem Plädoyer für Vielfalt und Toleranz eine *aufgeklärte* Führung an. Diese aufgeklärte Führung respektiert die Geführtenseite und ermuntert zur Eigenständigkeit. Sie nimmt Bedrohungen zur Kenntnis, benützt sie aber nicht zur Manipulation und zur Absicherung egoistischer Interessen. Aber Obama macht dem Einzelnen dabei schon klar, dass sein Freiraum nur beständig zu leben ist, wenn der Weg gemeinsam mit anderen gegangen wird. Das erinnert an eine fernöstliche Philosophie, die Unterschiedliches problemlos zusammen denkt. Das solidarische Miteinander ist nach ihm der beste Garant zur Verwirklichung der eigenen Träume („We cannot walk alone" (Denver, 28.08.2008)). Aber seine Gefährten, vermutlich für Obama der treffendere Begriff als Folger, Geführte oder Gefolgschaft, müssen diesen Weg eben nicht alleine gehen, weil er bereit ist, anzuschieben und die formale Verantwortung zu tragen. So kommt es nicht von ungefähr, dass das „We" in seinen Reden auffällig häufig auftaucht, beispielsweise in seiner ersten Rede als Präsident über 50-mal, ein „I" hingegen nur 3-mal. „We" ist hier nicht nur Abstraktion, sondern ein zusammendenkendes „Du" und „Ich". Derjenige, der dieses „We" im besonderen Maße verkörpert, tritt hervor. Einem Führungsansatz von Hogg[28] folgend, wird einer solchen Person bevorzugt gefolgt.

Natürlich, aus deutscher Sicht sind die immer wieder anzutreffenden nationalen Töne, ggf. auch die gelegentliche Vermengung vom Politischen mit Religiösem in seinen Reden, hier und da irritierend. Ein spezielles Kennzeichen sind sie mit Blick auf seine Vorgänger jedoch nicht. Gerade im Vergleich zum vorherigen

---

[27] Z.B. Choi, Y./Mai-Dalton, R.R. (1999), The Model of Followers' Response to Self-Sacrificial Leadership: An Empirical Test, in: The Leadership Quarterly, 10, 397-421.
[28] Hogg, M.A. (2001), A Social Identity Theory of Leadership, in: Personality and Social Psychology Review, 5(3), 184-200.

Präsidenten erscheinen sie sogar abgemildert. Dennoch drücken sie in Teilen ein anderes Selbstverständnis aus, als es viele europäische Staaten artikulieren würden. Dies ist vielleicht ein guter Punkt, an dem man eine grundsätzliche Gefahr derartiger politischer Führer demonstrieren kann. Johannes Steyrer und Heinz Stahl weisen hier zurecht darauf hin, dass diese politischen Führer einen Balanceakt zu bewältigen haben, der sich zwischen einem Zuwenig an sozialer Dramatisierung einerseits und einem Zuviel der sozialen Inszenierung bewegt: Verliert man seine hervorstechende Präsenz, wird man austauschbar, übertreibt man in den Augen anderer zu sehr, überschreitet also eine Empfindungsgrenze, „wirkt das, was über lange Strecken hindurch imponierte, abstoßend, und das, was lange Zeit beeindruckte, grotesk und hypertroph"[29].

Wir haben zurückliegend viele Argumente dafür gefunden, warum Obama mit und durch Reden führen konnte. Wir haben in den Reden und natürlich durch die mediale Vermittlung und Kommentierung einen entscheidenden Faktor für seinen Wahlerfolg erblickt. Empirisch ungewiss ist aber, welchen Stellenwert diese Reden im Vergleich zu anderen Faktoren besitzen. Zu denken ist beispielsweise an eine Parteienpräferenz, an finanzielle Mittel, an demographische Verschiebungen im Wählerpotential, an die öffentliche Kontroverse um die von McCain auserkorene Vize-Präsidentin oder auch an die Rolle seiner Frau, Michelle Obama. Strenggenommen sind einige derartiger Faktoren bei einer dynamischen Betrachtung wechselseitig voneinander abhängig. So lagen, um dies kurz zu zeigen, die gewaltigen Spenden nicht vorab auf dem Wahlkampfkonto, sondern wurden durch seine Führungsambitionen und die geschaffene Zustimmung generiert, was ihn wiederum in die Lage versetzte, mehr Personen in seinen Wahlkampf einzubinden und Anzeigen zu schalten. Auch ist die Antwort auf die Frage, wie groß die Distanz zum wie hier unbeliebten Vorgänger im Amt oder zum Konkurrenten sein muss, um sich positiv vom Hintergrund abzuheben, nicht quantifizierbar[30]. Sie muss aber nennenswert sein, sonst wird der Wille zur Veränderung und die notwendige Unabhängigkeit hierfür, nicht zugeschrieben. Hillary Clinton wird dies inzwischen am besten verstehen. Dennoch: Die Reden waren der Anfang und der Motor, gestützt allerdings auf eine Lebensgeschichte, die ihnen von Anfang an Authentizität verlieh.

---

[29] Steyrer, J./Stahl, H. (2008), Die Inszenierung von Führung: Narzissmus und Charisma in der Politik, in: Jankowitsch, R./Zimmer, A. (Hrsg.), Political Leadership: Annäherungen aus Wissenschaft und Praxis, Berlin: Polisphere, 203-234.
[30] Vgl. Shamir, B. (1995), Social Distance and Charisma: Theoretical Notes and an Exploratory Study, in: The Leadership Quarterly, 6(1), 19-47.

Wohin geht die Reise?

Wenngleich die Entstehung von Führerschaft durch Reden hervorragend durch den Aufstieg von Obama nachgezeichnet werden kann, fragen sich inzwischen viele, wie es wohl weitergeht. An dieser Stelle nur so viel: Seine Ausgangslage im Amt war Januar 2009 denkbar schlecht. Hohe Erwartungen seiner Wähler, ein insgesamt nur knapper sechsprozentiger Vorsprung an Wählerstimmen, der ihn ins Amt hievte, eine mächtige Gruppe, die um alles auf der Welt – und dies darf man wörtlich nehmen – seinen Misserfolg will, wirtschaftliche Labilität, außenpolitische Fallstricke und Zuspitzungen in bemerkenswertem Ausmaß und vergleichsweise wenig eigene Erfahrungen mit der Administration sowie – vermutlich – geringere Einbindungen in politisch relevante Netzwerke als für diese Position üblicherweise sonst vorliegend, stehen für einen sehr begrenzt gewährten Führungskredit[31].

Die Erfolgsregeln des Aufstiegs in eine Führungsposition sind nur teilweise dieselben wie die der Erhaltung und der Ausbau einer Führungsposition. Vieles bleibt, das wissen wir, beispielsweise die Bedeutung von Respekt im Umgang mit Menschen, die Anerkennung verdienter Leistung oder Zuversicht zur Bewältigung des Kommenden. Anderes tritt hinzu, wie beispielsweise Verhandlungsstärke in konfliktären Situationen. Auch das Medium der Rede verliert an Bedeutung. Nicht grundsätzlich, sie kann immer noch im entscheidenden Moment das Spiel gewinnen lassen, ist aber als Alltagsinstrument untauglich – im Gegensatz zu einem anderen Kommunikationsmedium, dem Gespräch. Gemeinsame Erfolgsformen zwischen beiden gibt es natürlich.

Der entscheidende Unterschied ist, dass die Geführten, im politischen Bereich die eigenen Anhänger und Wähler (und die anderen sowieso), nun die Lösung von Problemen und die Mehrung des eigenen Wohlstandes unter Wahrung von Werten wie vor allem Gerechtigkeit durch Entscheidungen erwarten. Eine im Wahlkampf bevorzugte Catch-All Strategie läuft dann schnell ins Leere. Es kann oftmals nur, wenn überhaupt, um eine sequentielle Befriedung verschiedenster Interessen gehen. Und welche situativen Erfordernisse in der Novemberwahl 2012 die Wählrinnen und Wähler erwartungsbildend und damit führertypbildend beeinflussen werden, ist im schnelllebigen politischen Geschäft jetzt noch nicht hinlänglich abzusehen. Faktisch sind die Handlungsspielräume eines

---

[31] Vgl. Hollander, E.P. (2008), Inclusive Leadership: The Essential Leader-Follower Relationship, New York: Routledge.

Präsidenten in einer Demokratie sowieso begrenzt[32]. Institutionen entfalten da ihre eigene Kraft, im Übrigen ja auch bewusst zur Begrenzung von Einfluss eingerichtet – auch zur Begrenzung des Einflusses von als charismatisch erlebten Persönlichkeiten. Der Zufall tut sein Übriges. Die transaktionale Führung, die austauschorientiert, also durchaus im Geschäft des machtorientierten Gebens und Nehmens denkt, gewinnt hier zwangsläufig an Bedeutung. Charisma ist keine Alltagswährung. Sie ist in ihrer Wirkkraft eben besonderen Situationen verpflichtet, wie es beispielsweise ein zeitlich begrenzter Wahlkampf bei einer bestimmten Ausgangslage darstellt. Dann, im Amt, ist man nicht mehr allein. Dennoch wird man immer wieder an dem, auch an dem Moralischen, gemessen werden, was man auf dem Weg dorthin aussprach. Es ist eine in nicht wenigen Fällen dilemmatische Situation.

Wie auch immer: mit politischer Führung wird trotzdem Einfluss auf das Geschehen verbunden. Diese immerwährende Hoffnung auf Leadership wird dabei durch die Neigung zur Romantisierung von Führung unterstützt[33]. Hiernach werden Geschehnisse und Ereignisse auf das Wirken von Führungspersonen überproportional einseitig zurückgeführt und Zwänge der Situation, die Mitarbeit anderer oder gar der Zufall systematisch vernachlässigt. In komplexen Wirkkonstellationen nimmt diese Neigung sogar noch zu. Bei Obama hatte sich gezeigt, dass viele Menschen einen Wohlfahrtsverlust, einen Verfall von Sitten und einen Zerfall von Gemeinschaften eben nicht als unabwendbar ansehen, sondern durch einen (in dieser Situation transformational agierenden) politischen Führer als umkehrbar betrachten. Der Glaube an Veränderung durch Führung wird so nicht schwinden. Doch dies kann sich bei Misserfolg sehr schnell gegen die Person Obama richten. Dann profitiert zukünftig ein anderer davon.

Aber soweit ist es noch nicht. Obama selbst ist bereits wieder auf dem Weg, denn er weiß, dass Führung dynamisch und nicht statisch ist. Der Kampf um die Präsidentschaft in 2013 hat schon begonnen. Die Worte, die er bei einer kommenden Gelegenheit als Bekenntnis hierzu finden wird, hat er bereits bei seiner Ankündigungsrede zur Bewerbung um das machtvollste Amt der westlichen Welt, damals, an diesem kalten 10. Februar 2007 in Springfield, voller Zuversicht formuliert und braucht sie nur wieder aufzunehmen: „I want to win the next battle".

---

[32] Vgl. Crouch, C. (2008), Postdemokratie, Frankfurt am Main: Suhrkamp.
[33] Vgl. Meindl, J.R./Ehrlich, S.B./Dukerich, J.M. (1985), The Romance of Leadership, in: Administrative Science Quarterly, 30, 78-102.

Joachim Knape

Lincoln und Obama als Redner.
Rhetorische Profile zweier amerikanischer Präsidenten

Abraham Lincoln (Präsident der USA 1861-65) ist eine der wichtigsten Bezugs-größen des seit 2009 amtierenden amerikanischen Präsidenten Barack Obama.[1] In seinen Reden nimmt Obama nicht nur explizit auf Lincoln Bezug, sondern orientiert sich auch in seiner Rhetorik an ihm. Beide sind von Beruf Juristen und sammeln vor ihrem politischen Aufstieg reiche Rede- und Argumentationserfahrung in ihrer praktischen Arbeit. Beide sind durch das Band der amerikanischen Geschichte verbunden, deren wichtigste innenpolitische Problematik für beide in den durch die Sklaverei ausgelösten Schwierigkeiten des Zusammenlebens von schwarzen und weißen Bürgern liegt. Und für beide Präsidenten wird das Thema der amerikanischen Union beherrschend. Während es bei Lincoln angesichts von Sezession und Bürgerkrieg noch ein an den Lebensnerv des Staates rührendes Überlebensthema der Vereinigten Staaten von Amerika ist, bekommt die *union*-Frage bei Obama einen anderen Charakter, wird als Topos aufgerufen und dann inhaltlich mit neuem Gehalt versehen. Bei Obama geht es nun um die kulturelle Einheit der Bürgergemeinschaft Amerikas über alle Grenzen von Parteien, ethnischen Zugehörigkeiten und Milieus hinweg.

Im Folgenden werden jeweils vier Reden der beiden Präsidenten analysiert. Dabei schälen sich Rednerprofile heraus, die kontrastiert, nicht im eigentlichen Sinn verglichen werden. Zwischen den Präsidentschaftskampagnen Lincolns und Obamas liegen rund 150 Jahre und sowohl die Persönlichkeiten der Redner als auch beider Umweltbedingungen sind sehr different. Trotzdem ergibt sich aus der Gegenüberstellung der überraschende Eindruck einer bemerkenswerten

---

[1] Pickler, N. (2007), Remember Lincoln, Obama Allies Say, <http://www.washington post.com/wp-dyn/content/article/2007/01/16/AR2007011601168.html>, 16.01.2007; und Gerste, R. D. (2009), Renaissance für Abraham Lincoln. Die Wahl Barack Obamas macht das Lincoln-Jahr zum Großereignis, <http://www.nzz.ch/nachrichten/kultur/aktuell/ renaissance_fuer_abraham_lincoln_1.1913169.html>, 06.02.2009.

Kontinuität präsidentialer Rhetorik, der seine Ursache zweifellos in einem ähnlichen politischen Impetus findet.

Vier rhetorische Meisterstücke des Redners Abraham Lincoln

Abraham Lincoln kam schon früh mit rhetorischem Elementarwissen in Berührung.[2] Er war in jungen Jahren Mitglied eines Debattierclubs in New Salem und konnte seine Überzeugungsfähigkeiten in vielen Prozessen vor Gericht trainieren. Die Modelle der drei großen klassischen Funktionalgattungen der Rede, die ihn später in seiner politischen Laufbahn immer wieder herausforderten, waren ihm also bekannt: Die politische Beratungsrede, die Gerichtsrede und die in Staatsakten auftretende Vorzeigerede. Im Folgenden möchte ich entsprechende Beispiele analysieren.

House Divided-Speech (Springfield, Illinois, 16.06.1858)

Der Provinzrechtsanwalt Lincoln unternahm mit fünfzig Jahren die entscheidenden Schritte zu seiner weiteren politischen Karriere.[3] Er trat 1858 gegen Senator Stephen A. Douglas in Illinois als Senatskandidat der Republikaner an. Die politische Hauptfrage war zu dieser Zeit, ob man den neugegründeten Staaten im Westen auf Wunsch die Möglichkeit zur Einführung der Sklaverei einräumen sollte oder nicht. Der damalige Präsident James Buchanan war dafür, Senator Douglas aus Illinois verhielt sich betont neutral. Das war die politische Ausgangslage für Lincolns Gegenposition, die er in seiner ersten Wahlrede entwarf. An dieser Wahlkampfrede arbeite er, „abgeschlossen von der Welt, Tage hindurch. Notizen zu ihr hatte er lange vorher schon im Hut umhergetragen." – „Es war die erste Rede seines Lebens, die er nach einem vorbereiteten Manuskript

---

[2] Zu Lincolns Rhetorik sind zahlreiche Arbeiten erschienen. Hier sei nur auf folgende Arbeiten verwiesen: Angle, P. M. (1981), Lincoln's Power with Words, in: Journal of the Abraham Lincoln Association, 3(1), 8-27; Braden, W. W. (1988), Abraham Lincoln, Public Speaker, Baton Rouge/London: Louisiana State University Press; Myers, M. (2004), „Rugged Grandeur": A Study of the Influences on the Writing Style of Abraham Lincoln and a Brief Study of His Writing Habits, in: Rhetoric Review, 23(4), 350-367; Briggs, J. C. (2005), Lincoln's Speeches Reconsidered, Baltimore/London: The Johns Hopkins University Press; Borritt, G. (2006), The Gettysburg Gospel: The Lincoln Speech That Nobody Knows, New York: Simon & Schuster.

[3] Zur Biographie siehe unter anderem Schild, G. (2009), Abraham Lincoln. Eine politische Biographie, Paderborn et al.: Ferdinand Schöningh.

hielt."[4] Sie ist von solch einer Entschiedenheit der Position gekennzeichnet, dass sie unter seinen Freunden kaum Zustimmung fand. Sie wird heute nach ihrem Kernsatz die *House Divided*-Rede genannnt. Douglas baute an Hand dieser rasch verbreiteten Rede ein Lincoln-Feindbild auf und forderte Lincoln zu insgesamt sieben Rededuellen heraus (vgl. Abb. 1).

Abbildung 1:   Lincoln in einer seiner Debatten mit Douglas

Quelle: Leib Image Archives, abgedruckt in: Einhorn, L. J. (1992), Abraham Lincoln, the Orator. Penetrating the Lincoln Legend, Westport, CT/London: Greenwood Press, 22 (= Great American Orators; 16).

---

[4] Richter, W. (1952), Abraham Lincoln. Mensch und Staatsmann, München: Bruckmann, 100.

Die *House Divided*-Rede[5] gehört zur klassischen Redegattung der politischen Beratungsrede, die Bürgern ein Urteil bzw. eine Entscheidung über den zukünftigen Weg ermöglichen soll. Lincoln bringt dieses Redeanliegen gleich im ersten Satz auf die Formel: „what to do, and how to do it". Dazu bedarf es aber, sagt er, erst einmal einer Lageanalyse: „where we are". Die herrschende Politik seines Gegenspielers hat dazu geführt, dass im Staate Illinois die Sklaverei vor der Tür steht. Versprochen wurde, der „slavery agitation" ein Ende zu machen, doch faktisch wurde sie nicht nur nicht beendet, sondern sogar noch ausgeweitet. Warum? Weil Senator Douglas, Lincolns Gegenspieler, eine „care not policy" betreibe. Nichtstun, Nichtbeachten und Unentschiedenheit aber, so erfahren wir im weiteren Verlauf der Rede, begünstige immer mehr die Sklaverei, bis sie in alle sklavenfreien Staaten diffundiert sei. Bevor Lincoln dies im Hauptteil seiner Rede als schleichenden Prozess beschreibt, bringt er zunächst einmal vorab all das, was ihn umtreibt, was er prognostiziert und intendiert, auf den prägnanten Punkt: Die ganze Sklavereiproblematik und ihr zunehmendes Konflikpotential werden nicht eher verschwinden „until a crisis shall have been reached, and passed". In dieser Prognose steckt Lincolns ganzes politisches Anliegen, sein Programm und letztlich seine dramatische Vision, wie sich im Rückblick zeigt, und mithin der Grund, warum diese Rede so berühmt wurde.

Das Schlüsselwort ist ‚Krise'. Es ist ein auch unter Medizinern geläufiger Begriff, der den plötzlichen Umschlag, die Wende zur Besserung in einem hitzigen Fieber oder einer schweren Infektion bezeichnen kann, natürlich auch die Wende zum endgültigen Aus. Diese Krise muss, so Lincoln, erreicht und durchgestanden werden.

Ist diese Behauptung des noch relativ unbekannten Provinzpolitikers Lincoln eine Anmaßung? Was macht die Analyse glaubhaft? Lincoln bedient sich zweier rhetorischer Methoden: Die erste besteht im Heranziehen biblischer Autorität. Die zweite Methode entfaltet er ausführlich im Hauptteil seiner Rede. Sie besteht in einer fakten- und datenreichen Darstellung der schrittweisen, in sich widersprüchlichen und daher gefährlichen Gesetzgebung der vergangenen Jahre zur Sklavenfrage. Er setzt in Juristenmanier auf Klarheit, Folgerichtigkeit und den zwanglosen Zwang der logischen Argumentation, wenn er ausführlich nachweist, dass dieses Schwanken und auch die von Douglas und anderen vertretene „care not policy" Teile einer unerbittlichen Maschinerie sind („piece of machine-

---

[5] Die folgenden Verweise und Zitate beziehen sich auf: Lincoln, A., „A House Divided": Speech at Springfield, Illinois, in: Basler, R. P. (Hrsg.) (1953), The Collected Works of Abraham Lincoln, Bd. 2, New Brunswick, NJ: Rutgers University Press, 461-469.

ry"), die nur die Sklaverei begünstigen und zu ihrer Verbreitung in der ganzen Union führen werden.

Seine erste strategische Maßnahme jedoch platziert Lincoln ganz am Anfang, indem er gleich nach seinem Krisensatz eine zweite Formulierung wählt, die das Krisentheorem in einen autoritativen Rahmen stellt und damit zugleich zur einprägsamen und eindringlichen Gedankenfigur erhebt, wie die Rezeption dieser Rede ja gezeigt hat. Dieser auf den Krisensatz folgende Satz lautet: „A house divided against itself cannot stand." Dieser Satz hat der Rede ihren Namen gegeben.

Lincoln macht hier etwas für ihn auch später Typisches und für Amerikaner zu dieser Zeit eigentlich auch nichts Ungewöhnliches. Er zitiert einen Bibelspruch aus Matthäus 12,25: „Jedes Reich, das in sich gespalten ist, geht zugrunde, und keine Stadt oder Haus (*civitas vel domus*), die in sich gespalten ist, wird Bestand haben." Ohne weitere komplizierte Ausdeutungen kann Lincoln mit diesem Bibelwort die Eigenart der Krankheit der amerikanischen Union charakterisieren. Die Union ist vom bösen Geist besessen. Als Jesus angeklagt wurde, mit dem Austreiben der Dämonen das Werk des Satans zu verrichten, spricht er die Maxime vom geteilten Haus aus, um den Kritikern zu demonstrieren, dass sie nicht logisch argumentieren. Wenn der Teufel so etwas gegen sich selbst tun würde, würde sein Haus nicht bestehen können. Ergo kann Jesus kein Satansjünger sein. Lincoln braucht hier nichts zu erläutern. Seine Zuhörer kennen diese Bibelstelle. Sie sind selbst in der Lage, das Haus mit der amerikanischen Union problemlos zu identifizieren. Die amerikanische Besessenheit ist die Sklaverei. Und wer ist der Krankenheiler bzw. Austreiber der Besessenheit? Nun, Lincoln lässt seinen Zuhörern auf jeden Fall die Möglichkeit, in ihm selbst den Heiler und Befreier zu sehen, auch wenn er all dies nicht genau ausführt. Die Zuhörer müssen ihre eigenen Deutungen des Bibelspruchs vornehmen.

Einmal eingeführt, kann Lincoln ihn aber bei der weiteren Argumentation als topisch-autoritativen Vergleichspunkt noch einmal aufrufen. Er fährt nämlich mit seiner Analyse ohne weiteres Zitieren der gesamten biblischen Geschichte direkt wie folgt fort: „Ich erwarte nicht, dass die Union aufgelöst wird – Ich erwarte nicht, dass ‚das Haus' fällt – doch ich erwarte, dass es aufhört, geteilt zu sein. Es wird entweder nur die eine Sache ganz und gar sein oder aber ganz und gar die andere. Entweder werden die Gegner der Sklaverei deren weitere Verbreitung anhalten ... oder ihre Verteidiger werden sie vorantreiben, bis sie in allen Staaten gleichermaßen rechtmäßig sein wird...".

Die zwei Entwürfe der First Inaugural Address (Washington, 04.03.1861)

Lincoln war durch den Wahlkampf gegen Douglas und die *House Divided*-Rede bundesweit bekannt geworden, trat bald danach zur amerikanischen Präsidentenwahl an und gewann sie im November 1860. In den fünf Monaten bis zur Vereidigung wurde sich Lincoln seiner neuen Rolle deutlich bewusst. Äußeres Zeichen wurde die Tatsache, dass er sich nun einen Bart wachsen ließ (vgl. Abb. 2).

Abbildung 2:   Lincoln in Washington zehn Tage vor seiner ersten Amtseinführung
Quelle: Mathew B. Brady, Meserve Collection, No. 68, abgedruckt in: Basler, R. P. (Hrsg.) (1946), Abraham Lincoln: His Speeches and Writings, Cleveland/New York: The World Publishing Company, 446.

Der Text seiner Inaugurationsrede wurde zum Gegenstand sorgfältiger Vorbereitung. Er hielt die *First Inaugural Address* am 4. März 1861 in einer Hauptstadt Washington, die in keiner Weise mit der heutigen Metropole verglichen werden kann. „Am Kapitol baute man bereits seit sechzig Jahren; immer noch war es von Sandhaufen, Kalkgruben, Gerüsten umgeben. Offen wie der Krater eines Vulkans klaffte die Kuppel, und ein Kran, weithin sichtbar, krönte sie. Von dem großen Obelisken zum Gedächtnis George Washingtons war erst der unter Schaft vorhanden."[6] Der unfertige Zustand der Hauptstadt kann als Symbol der anbrechenden Amtszeit Lincolns gelten. Noch ist die amerikanische Union nicht fertig, laboriert an einer entscheidenden Existenzfrage. Auf den Treppen dieses unfertigen Kapitols, vor einem Kran, der wie ein großer Galgen über Lincoln schwebt, hält er bei der Amtseinführung seine erste Rede als Präsident. Es ist eine Rede, die das große Thema der meisten Reden seiner künftigen Präsidentschaft vorwegnehmend anstimmt: Wie kann die Union der Staaten zusammengehalten werden?

Im Folgenden möchte ich nur den Schluss der *First Inaugural Address* analysieren, um daran den Stil und die Denkweise Lincolns zu erläutern. Methodisch kommt uns dabei zu Hilfe, dass wir dies durch einen Vergleich veranschaulichen können, denn sein designierter Außenminister William Henry Seward, ein hoch gebildeter und weltläufiger Mann, lieferte zunächst einen Entwurf, den Lincoln dann sorgfältig überarbeitete.[7] Lincoln fasst dabei im Schluss dieser Rede noch einmal konklusiv seine Kernbotschaft zusammen: Das Land steht zwar am Abgrund des Bürgerkrieges, doch es darf nicht auseinanderfallen. Lincoln will dies eindringlich und klar sagen. Darum kürzt und strafft er die Schlusspassage gegenüber dem Entwurf des designierten Außenministers, vereinfacht den Satzbau und wählt einfache direkte Aussagen. Die 38 Wörter der ersten drei Sätze von Seward formt er in vier Sätze mit nur 29 Wörtern um. Der Schlusssatz wird völlig verändert. Stilistisch greift er zudem in den Wortschatz ein, um ein populäres Wir-Gefühl zu erzeugen. Lincoln macht den Schlussabschnitt gegenüber der

---

[6] Richter, W. (1952), Abraham Lincoln. Mensch und Staatsmann, München: Bruckmann, 135.

[7] Siehe dazu Basler, R. P. (1939), Abraham Lincoln's Rhetoric, in: American Literature, 11(2), 167-182, hier 181f. und Brice, M. M. (1966), Lincoln and Rhetoric, in: College Composition and Communication, 17(1), 12-14. Die Quellen, auf die im Folgenden auch mit Zitaten rekurriert wird, lauten jeweils: Lincoln, A., First Inaugural Address – First Edition and Revisions, in: Basler, R. P. (Hrsg.) (1953), The Collected Works of Abraham Lincoln, Bd. 4, New Brunswick, NJ: Rutgers University Press, 249-262; Lincoln, A., First Inaugural Address – Final Text, in: Basler, R. P. (Hrsg.) (1953), The Collected Works of Abraham Lincoln, Bd. 4, New Brunswick, NJ: Rutgers University Press, 262-271.

Seward-Vorlage geschmeidiger und zugleich in den Aussagen viel direkter. Er tilgt den Bildungswortschatz, um den Ton der einfachen Leute besser zu treffen. Deutlich verändert Lincoln das Schlussbild. Die hier erwähnte Symbolfigur eines schützenden Engels war bei Seward ein Schutzengel der Nation („the guardian angel of the nation"). Lincoln holt ihn in seiner Überarbeitung gewissermaßen auf den Boden der Tatsachen herab, denn er will an die irdischen Menschen seines Landes appellieren, an ihre eigenen Empfindungen und ihr Denken. Daher ersetzt er im Schlusssatz das von Seward eingefügte *religiöse* Engelsbild mit seinen religiösen Konnotationen zugunsten einer teils moralisierenden, teils psychologisierenden Vorstellung. Ihm geht es um „the better angels of our nature", und damit um das moralische Bewusstsein in den Bürgern selbst.

Lincolns Gettysburg Address (19.11.1863)

Anders als Lincoln oder seine Zeitgenossen vielleicht gehofft hatten, kamen Amerika keine der erwähnten Engel zu Hilfe. Schon einen Monat nach seiner Vereidigung als Präsident beginnt jener grausame Bürgerkrieg zwischen den Nord- und Südstaaten der USA, der Lincolns weitere Amtszeit überschatten und erst am 26. April 1865, wenige Wochen nach seiner Ermordung, beendet werden wird.

Lassen Sie uns von diesem Datum zurückblicken auf den Höhepunkt des amerikanischen Bürgerkrieges, auf das Ende der Schlacht bei Gettysburg im Juli 1863 und Lincolns Ansprache zur Einweihung des Gefallenfriedhofs auf dem Schlachtfeld von Gettysburg vom 19. November 1863. Der Sieg des Nordens in Gettysburg, eines kleinen Ortes in Pensylvania, wurde zum Wendepunkt des Krieges. Darum wurde Lincolns Ansprache im Nachhinein ein historischer Rang zugesprochen. Im Moment des Auftritts sahen das die Zeitgenossen allerdings noch anders. Die Stimmung war insgesamt kritisch. Viele wünschten sich nun endlich Frieden. Lincoln wurde überhaupt erst im letzten Moment als Redner eingeladen.[8]

Seine äußerst kurze Rede gehört vom Anlass her zur Gattung der Funeralrede, also der Leichenrede, die schon in der Antike ganz spezifisch auf das Begräbnissetting bzw. das öffentliche Totengedenken in Staatsakten geeicht war. Man hat das konkrete Redesetting in Gettysburg wie folgt beschrieben: „Es war ein trüber Novembermorgen, als die Prozession sich über das Schlachtfeld be-

---

[8] Vgl. Wills, G. (1992), Lincoln at Gettysburg: The Words That Remade America, New York et al.: Simon & Schuster.

wegte, Offiziere, Soldaten, Beamte, Kongreßmänner, Bauern, deren Felder in der Schlacht zertrampelt worden waren, Bürger von Gettysburg, deren Friedhof zerschossen worden war, – an der Spitze Lincoln zu Pferde, das, wie immer, zu klein für seine Riesengestalt aussah, in langschößigem Rock, Zylinder, hellen Stulpenhandschuhen. Die Obstgärten, die im Sommer schon voller Früchte gehangen hatten, streckten ihre von Kugeln verstümmelten Zweige entlaubt in den nebelfeuchten Himmel. Nur oberflächlich waren die Gefallenen begraben worden, so daß sich sehr wohl erraten ließ, wovon die zahlreichen Geier lebten, die sich jetzt vor der nahenden Menschenmenge in langsamen Kreisen erhoben. Fünfzehn Minuten etwa dauerte der Marsch; jede Minute dröhnte ein Kanonenschuß als Trauersalut."[9] Der greise Edward Everett, einst Senator, Botschafter und Gouverneur, hielt die Hauptrede und „sprach zwei Stunden lang, Lincoln nur zwei Minuten, in klarem, scharfem Diskant, das Manuskript in seiner Hand kaum beachtend. Viele Zuhörer fühlten sich enttäuscht. Seward [Lincolns Außenminister] sagte: ‚Es war ein Mißerfolg. Die Rede war unter seinem Niveau.‛ Und Everett: ‚Es ist nicht das, was ich von ihm erwartete.‛ Den Zeitgenossen also, an voluminösere Rhetorik gewöhnt, war die Hoheit dieser wenigen, ineinander verspannten und gefestigten Sätze noch schwer zugänglich."[10]

Die *oratio fünebris*, die Begräbnisrede, ist Teil des gesellschaftlichen „discours de la mort"[11] und findet damit, wie es Philippe Ariès sieht, als ein Element des rituell gezähmten Todes zu bestimmten sprachlich-öffentlichen Ausprägungen.[12] Der antike Rhetor Menander erwähnt unter den Typen der Vorzeigerede auch den *epitáphios lógos* (die Grabrede) „mit dem Lobe der Verstorbenen und dem Trost für die Hinterbliebenen im öffentlichen Leben, wo die Rede den für das Vaterland gestorbenen Mitbürgern gilt"[13]. Diesem Auftrag der Gattung folgen der Hauptredner Everett und der Zusatzredner Lincoln (vgl. Abb. 3).

---

[9] Richter, W. (1952), Abraham Lincoln. Mensch und Staatsmann, München: Bruckmann, 315.

[10] Richter, W. (1952), Abraham Lincoln. Mensch und Staatsmann, München: Bruckmann, 315.

[11] Vovelle, M. (1983), L'histoire des hommes au miroir de la mort, in: Braet, H./Verbeke, W. (Hrsg.), Death in the Middle Ages, Leuven: Leuven University Press, 1-18, hier 4 (= Mediaevalia Lovaniensia; Series I, Studia IX); siehe Eybl, F. (1996), Funeralrhetorik, in: Historisches Wörterbuch der Rhetorik 3, 478-484, hier 478.

[12] Vgl. Ariès, P. (1980), Geschichte des Todes, aus dem Französischen von Henschen, H.-H./Pfau, U., München/Wien: Hanser, 30 bzw. 42 (= Hanser Anthropologie); vgl. Eybl, F. (1996), Funeralrhetorik, in: Historisches Wörterbuch der Rhetorik 3, 478-484, hier 478.

[13] Martin, J. (1974), Antike Rhetorik. Technik und Methode, München: C. H. Beck'sche Verlagsbuchhandlung, 208 (= Handbuch der Altertumswissenschaft; Abt. 2, Teil 3); siehe

Abbildung 3:   Lincoln auf dem Podium bei seiner *Gettysburg Address*

Quelle: Illinois State Historical Society, abgedruckt in: Einhorn, L.
J. (1992), Abraham Lincoln, the Orator. Penetrating the Lincoln
Legend, Westport, CT/London: Greenwood Press, ii (= Great
American Orators; 16).

Lincolns gut überlegte rhetorische Kalküle sind ganz auf die konkreten Umstände der Redesituation, sodann auf den *kairós*, also den einmaligen und besonderen
Zeitpunkt, schließlich auf seine eigene Rolle und Aufgabe als Orator abge-
stimmt.[14] Diese Kalküle erklären die Struktur der Rede. Was heißt das konkret?

Zu den Umständen gehört, dass er nach einer extrem langen Vorrede Eve-
retts von zwei Stunden selbst nur noch einen Schlussakzent setzen muss. Der
Kairos besteht darin, dass die Kontingenz des Kriegsverlaufs hier an diesem

---

Menander, Ars rhetorica, cap. 11, in: Spengel, L. (Hrsg.) (1856), Rhetores Graeci, Bd. 3,
Leipzig: Teubner, 418-422.
[14] Die Rhetorik bezeichnet den kommunikativ handelnden Akteur, also den *Kommunikator*,
dann als einen *Orator*, wenn er in einen Persuasionsakt, d.h. in eine rhetorische Überzeu-
gungshandlung eintritt. Zum Orator siehe Knape, J. (2000), Was ist Rhetorik?, Stuttgart:
Philipp Reclam jun., 33-45; zur Persuasion siehe Knape, J. (2003), Persuasion, in: Historisches Wörterbuch der Rhetorik 6, 874-907.

bislang unbekannten Ort überraschend zu einem bedeutsamen, letztlich entscheidenden Schlachtengeschehen im Ringen um die Vormachtstellung in den USA geführt hat und dass dies das Thema bestimmt. Die Oratorrolle Lincolns schließlich ist nicht die eines normalen Begräbnisredners. Diese Rolle kam Everett zu. Mit Lincoln spricht der Präsident, der das Geschehen entsprechend in eine politische Dimension zu stellen hat.

Abraham Lincoln Address delivered at the Dedication of the Cemetery at Gettysburg, November 19, 1863

Die *Gettysburg Address* deutsch

Four score and seven years ago our fathers brought forth on this continent, a new nation, conceived in Liberty, and dedicated to the proposition that all men are created equal.

Now we are engaged in a great civil war, testing whether that nation, or any nation so conceived and so dedicated, can long endure. We are met on a great battle-field of that war. We have come to dedicate a portion of that field, as a final resting peace for those who here gave their lives that that nation might live. It is altogether fitting and proper that we should do this.

But, in larger sense, we can not dedicate – we can not consecrate – we can not hallow – this ground. The brave men, living and

Vor acht Jahrzehnten und sieben Jahren gründeten unsere Väter auf diesem Kontinent einen neuen Staat – gebildet in Freiheit, und dem Gedanken geweiht, daß alle Menschen gleich geschaffen sind.

Gegenwärtig sind wir in einen großen Bürgerkrieg verstrickt, in dem es sich erweisen wird, ob dieser Staat, oder irgendein anderer, so geschaffen und solchem Gedanken geweiht, Bestand haben kann. Wir sind hier zusammengekommen, auf einem großen Schlachtfeld dieses Kampfes. Zusammengekommen, um einen Teil dieses Schlachtfeldes jenen zu widmen, die ihr Leben gaben, damit dieser Staat leben könne. Daß wir es so halten, ist nur recht und billig.

In einem höheren Sinn freilich können wir diesen Boden gar nicht weihen, segnen oder heiligen. Die tapferen Männer, die hier gekämpft haben, Lebendige wie Tote,

dead, who struggled here, have consecrated it, far above our poor power to add or detract. The world will little note, nor long remember what we say here, but it can never forget what they did here. It is for us the living, rather, to be dedicated here to the unfinished work which they who fought here have thus far so nobly advanced. It is rather for us to be here dedicated to the great task remaining before us – that from these honored dead we take increased devotion to that cause for which they gave the last full measure of devotion – that we here highly resolve that these dead shall not have died in vain – that this nation, under God, shall have a new birth of freedom – and that government of the people, by the people, for the people, shall not perish from the earth.[15]

gaben ihm eine Weihe, die weit über das hinausgeht, was unsere Kraft hinzutun kann oder wegzunehmen vermag. Was wir hier sagen, die Welt wird's wenig beachten und nicht lang in Erinnerung halten; aber was jene taten, das kann sie nie vergessen. Doch ist's an uns, den Lebenden, sich an dieser Stätte der unvollendeten Aufgabe zu weihen, die sie so heldenmütig begonnen, damit wir von diesen ehrwürdigen Toten innigere Hingabe empfangen an jenes Anliegen, für das sie hier das letzte, volle Maß an Opfer darbrachten. Damit wir uns hier hochgemut geloben, daß sie nicht vergebens gefallen sein sollen, daß diese Nation unter Gottes Führung zu neuer Freiheit geboren werde und daß die Regierung des Volkes, durch das Volk und für das Volk nicht von dieser Erde verschwinde.[16]

Die *Gettysburg*-Rede gibt dem Blutzoll der Gefangenen Sinn. Das ist der Kern der schlicht und knapp formulierten Rede, die sich in ihrer Disposition am Zeitpunkt, am Ort und an den Teilnehmern orientiert.

---

[15] Lincoln, A., Address Delivered at the Dedication of the Cemetery at Gettysburg – Final Text, in: Basler, R. P. (Hrsg.) (1953), The Collected Works of Abraham Lincoln, Bd. 7, New Brunswick, NJ: Rutgers University Press, 22f.

[16] Lincoln, A., Rede anläßlich der Einweihung des Nationalfriedhofs von Gettysburg über den Sinn der Opfer (>Gettysburg Address<), in: Musulin, J. (Hrsg.) (1961), Proklamationen der Freiheit. Dokumente von der Magna Charta bis zum Ungarischen Volksaufstand, 41.-52. Tausend, Frankfurt am Main/Hamburg: Fischer Bücherei, 122ff., Redetext: 123f.

1. Zeitpunkt

Gettysburg steht in einer Zeit des Bürgerkriegs, der die erst vor wenigen Jahrzehnten gegründete, noch junge Nation erschüttert. Die Erschütterung liegt auch moralisch vor, denn der Kampf geht um zwei Grundprinzipien: Freiheit und Gleichheit aller Menschen. Lincoln fragt im zweiten Absatz, ob der hierauf gegründete Staat wohl Bestand haben kann und gibt zunächst keine explizite Antwort.

2. Ort

Lincoln spricht nun vom Ort des Geschehens. Der Redner steht, so ebenfalls der zweite Absatz, „auf einem großen Schlachtfeld dieses Kampfes" um die moralischen Grundlagen der USA. Und hier findet Lincoln nun auch die Antwort auf die oben aufgeworfene Frage nach dem Bestand der Union. Wenig später heißt es, dass die Gefallenen zu Märtyrern und damit mystischen Garanten der Nation werden, „die ihr Leben gaben, damit dieser Staat leben könne".

3. Die Teilnehmer am Festakt

Lincoln spricht von den Anwesenden, doch lenkt er den Blick gleich von ihnen ab: Wir hier können diesen Boden „gar nicht weihen, segnen oder heiligen", sagt er, und: „Was wir hier sagen, die Welt wird's wenig beachten und nicht lang in Erinnerung halten". Mit dieser Relativierung der Bedeutung aller Anwesenden, einschließlich seiner eigenen Person, kann Lincoln die Idee des über dem Schlachtfeld mystisch schwebenden Geistes der eigentlichen Hauptpersonen, der Garanten der Nation weiter ausspielen: Wichtig sind nämlich nur „die tapferen Männer, die hier gekämpft haben, Lebendige wie Tote". Ausdrücklich unterscheidet Lincoln nicht zwischen den Soldaten der Nord- und Südstaaten. Beide Seiten gehören für ihn zur Nation.

Nun wiederholt er im vorletzten Absatz den schon eingeführten entscheidenden Ausdruck aus dem Sakralbereich: Die Kämpfer haben diesen Ort „geweiht/consecrated". Es ist damit ein heiliger Ort der Nation. Noch einmal spricht Lincoln die Idee des Märtyrertums, also des Blutopfers für den Glauben an die Nation aus, wenn er am Schluss sagt, dass sie hier für das große Anliegen der Nation „das letzte, volle Maß an Opfer darbrachten". Hier wie auch sonst bei Lincoln ist der religiöse Subtext unverkennbar. Auf der Oberfläche jedoch ist es eine säkularisierte Religion der Einheit des Staatsvolkes.

Der hier sprechende Präsident Lincoln beschließt die Rede mit drei unterschiedlichen Sprechakten: Auftrag, Gelöbnis und Mahnung. Zunächst leitet er aus dem Märtyrertum der Kämpfer einen Auftrag an die Teilnehmer der Feier

und alle Bürger ab: Sie sollen sich nun ihrerseits ebenfalls der „unvollendeten Aufgabe" der USA weihen („to be dedicated here to the unfinished work"). Von diesem Auftrag geht Lincoln am Schluss der Rede zunächst zu einem Gelöbnis über: Alle sollen geloben, sich angesichts des Opfers der Gefallenen für die Freiheit als höchstes Gut der Nation einzusetzen. Und er endet mit einem indirekten Sprechakt der Warnung: Wenn dies nicht geschieht, könnte das hier betroffene Volk von der Erde verschwinden. Zum geflügelten Wort entwickelte sich der von Lincoln eindrücklich ans Ende gestellte Dreifachparallelismus:

> „government of the people,
>   by the people,
>   for the people".

Lincolns Second Inaugural Address (Washington, 04.03.1865)

Tatsächlich nahm der Bürgerkrieg seit Gettysburg eine positive Wendung für die Nordstaaten, so dass Lincoln im November 1864, fast genau ein Jahr nach seiner *Gettysburg*-Rede, mit großer Mehrheit als Präsident wiedergewählt wurde. Am 4. März 1865, ungefähr einen Monat vor seiner Ermordung, fand dann Lincolns zweite Amtseinführung statt. „Wieder, wie vor vier Jahren, war der Himmel voll dunkler Regenwolken, die Straßen aufgeweicht, die entlaubten Bäume von sausenden, rauschenden Frühjahrswinden geschüttelt. Eine unübersehbare Menschenmenge hatte sich vor dem Kapitol angesammelt; Kleider waren im Gedränge von oben bis unten zerrissen worden, und der Schlamm der Straße war bis auf Schultern und Hüte gespritzt. Erst gegen Mittag, als der Präsident zur Eidesleistung aus dem Kapitol ins Freie trat, teilten sich die Wolken und ließen die Sonne in breitem Strom hervor. Lincoln sah besorgt und abgespannt aus. An der Tür hatte er anordnen müssen, den neuen Vizepräsidenten Johnson unbedingt am Sprechen zu hindern, da er kurz zuvor, offenbar angetrunken, im Senat eine verwirrte Rede gehalten hatte, worin er mit drohenden Fäusten und heiserer Stimme seine ‚plebejische Herkunft' unermüdlich rühmte [...]. Die Szene hatte in Lincoln einen bösen Eindruck hinterlassen. Nun wühlte er ein wenig in seinen Papieren, setzte die Brille auf und begann"[17] (vgl. Abb. 4).

---

[17] Richter, W. (1952), Abraham Lincoln. Mensch und Staatsmann, München: Bruckmann, 364f.

Abbildung 4:   Lincoln hinter einem Tisch bei seiner *Second Inaugural Address*

Quelle: Leonard Everett Fisher, in: Lincoln, A. (1963), The Gettysburg Address. The Second Inaugural, illustrated by Fisher, L. E., introduced by Sandburg, C., New York: Franklin Watts, 14.

Abraham Lincoln
Second Inaugural Address

Antrittsrede bei der Übernahme der zweiten Präsidentschaft

[Fellow Countrymen:]

At this second appearing to take the oath of the presidential office, there is less occasion for an extended address than there was at the first. Then a statement, somewhat in detail, of a course to be pursued, seemed fitting and proper. Now, at the expiration of four years, during which public declarations have been constantly called forth on every point and phase of the great contest which still absorbs the attention, and engrosses the enerergies [*sic*] of the nation, little that is new could be presented. The progress of our arms, upon which all else chiefly depends, is as well known to the public as to myself; and it is, I trust, reasonably satisfactory and encouraging to all. With high hope for the future, no prediction in regard to it is ventured.

On the occasion corresponding to this four years ago, all thoughts were anxiously directed to an impending civil-war. All dreaded it – all sought to avert it. While the inaugeral address was being delivered from this place, devoted altogether to *saving* the Union without war, insurgent agents were in the city seeking to *destroy* it without war – seeking to dissol[v]e the Un-

Mitbürger!

Bei diesem zweiten Auftritt zur Leistung des Eides für das Präsidentschaftsamt besteht weniger Anlaß zu einer längeren Ansprache als beim erstenmal. Damals schien eine etwas ausführlichere Darlegung des einzuschlagenden Weges angebracht und gerechtfertigt. Jetzt, am Ende von vier Jahren, während derer laufend öffentliche Erklärungen abgegeben wurden über jeden Punkt und zu jeder Phase des großen Kampfes, welcher immer noch die Aufmerksamkeit der Nation in Anspruch nimmt und ihre Kräfte steigert, jetzt ist wenig Neues zu sagen. Der Erfolg unserer Streitkräfte, von denen alles Weitere hauptsächlich abhängt, ist der Öffentlichkeit ebenso gut bekannt wie mir selber und er ist, so glaube ich, wohl zufriedenstellend und für alle ermutigend. Mag die Hoffnung auf die Zukunft noch so groß sein, so erlaubt sie aber doch keine Voraussage.

Bei diesem selben Ereignis vor vier Jahren richteten sich alle Gedanken ängstlich auf einen drohenden Bürgerkrieg. Jeder fürchtete ihn, jeder dachte ihn abzuwenden. Während die Antrittsrede von diesem Platz aus gehalten wurde, gänzlich darauf bedacht, die Union ohne Krieg zusammenzuhalten, waren aufrührerische Agenten in der Stadt am Werke, sie ohne Krieg aueinanderzusprengen – nämlich die Union aufzulösen und die

ion, and divide effects, by negotiation. Both parties deprecated war; but one of them would *make* war rather than let the nation survive; and the other would *accept* war rather than let it perish. And the war came.

One eighth of the whole population were colored slaves, not distributed generally over the Union, but localized in the Southern part of it. These slaves constituted a peculiar and powerful interest. All knew that this interest was, somehow, the cause of the war. To strengthen, perpetuate, and extend this interest was the object for which the insurgents would rend the Union, even by war; while the government claimed no right to do more than to restrict the territorial enlargement of it. Neither party expected for the war, the magnitude, or the duration, which it has already attained. Neither anticipated that the *cause* of the conflict might cease with, or even before, the conflict itself should cease. Each looked for an easier triumph, and a result less fundamental and astounding. Both read the same Bible, and pray to the same God; and each invokes His aid against the other. It may seem strange that any men should dare to ask a just God's assistance in wringing their bread from the sweat of other men's faces; but let us judge not that we be not judged. The

Kräfte durch Verhandlungen zu schwächen. Beide Parteien wiesen den Krieg weit von sich, aber die eine zog den Krieg dem Bestand der Nation vor und die andere nahm lieber den Krieg an als den Untergang der Nation – und so brach der Krieg aus.

Ein Achtel der ganzen Bevölkerung waren farbige Sklaven, nicht gleichmäßig über die Union verteilt, sondern in ihrem südlichen Teil angesiedelt. Diese Sklaven stellten einen eigenen, mächtigen Faktor dar. Jedermann weiß, daß diese Frage in gewissem Sinne der Anlaß zum Kriege war. Diese Interessen zu verschärfen, zu verfolgen und auszudehnen, war die Absicht, um deretwillen die Aufständischen die Union sogar durch Kriege spalten wollten, während die Regierung nur das Recht beanspruchte, ihre territoriale Ausdehnung einzuschränken. Keine Partei erwartete für den Krieg die Ausdehnung und Dauer, die er nun schon erreicht hat. Keine sah voraus, daß der Streitgrund mit oder sogar vor dem Streit aufhören könne zu existieren. Jede bemühte sich um einen leichteren Sieg und ein weniger grundsätzliches, verblüffendes Ergebnis. Beide lesen dieselbe Bibel und beten zum selben Gott, und jede ruft Seine Hilfe gegen die andere an. Es mag seltsam erscheinen, daß irgendjemand es wagen kann, eines gerechten Gottes Beistand zu erbitten, wenn er sein Brot erpreßt aus dem Schweiß vom Angesicht anderer Menschen – aber laßt uns nicht richten, auf daß wir nicht gerichtet werden. Beider Gebete konnten nicht erhört werden. Kei-

prayers of both could not be answered; that of neither has been answered fully. The Almighty has His own purposes. „Woe unto the world because of offences! for it must needs be that offences come; but woe to that man by whom the offence cometh!" If we shall suppose that American Slavery is one of those offences which, in the providence of God, must needs come, but which, having continued through His appointed time, He now wills to remove, and that He gives to both North and South, this terrible war, as the woe due to those by whom the offence came, shall we discern therein any departure from those divine attributes which the believers in a Living Gold always ascribe to Him? Fondly do we hope – fervently do we pray – that this mighty scourge of war may speedily pass away. Yet, if God wills that it continue, until all the wealth piled by the bond-man's two hundred and fifty years of unrequited toil shall be sunk, and until every drop of blood drawn with the lash, shall be paid by another drawn with the sword, as was said three thousand years ago, so still it must be said „the judgments of the Lord, are true and righteous altogether"

With malice toward none; with charity for all; with firmness in the right, as God gives us to see the right, let us strive on to finish the

nes ist vollkommen erhört worden. Der Allmächtige hat seine eigenen Pläne. „Wehe über die Welt um der Missetaten willen, denn Missetaten müssen gewißlich kommen, aber wehe dem Mann, der die Missetat begeht." Wenn wir annehmen, daß die amerikanische Sklaverei eine dieser Missetaten ist, die nach der Vorsehung Gottes kommen müssen, die Er aber, nachdem sie eine bestimmte Zeitlang fortdauerten, jetzt abschaffen will, wenn wir weiter annehmen, daß Er beiden, dem Norden und dem Süden, diesen schrecklichen Krieg gegeben hat als das 'Wehe' für jene, von denen die Missetat kam, so brauchen wir darin wohl keine Abweichung von jenen göttlichen Eigenschaften erblicken, welche die, die an einen lebendigen Gott glauben, Ihm immer zuschreiben! Wir hoffen tief, wir beten inbrünstig, daß diese gewaltige Geißel des Krieges schnell vorübergehen möge. Wenn aber Gott will, daß sie fortbesteht, bis der Wohlstand aus der zweihundertfünfzigjährigen unbelohnten Mühsal der Sklaven verflogen ist, und bis jeder Blutstropfen durch die Peitsche bezahlt ist von einem Blutstropfen durch das Schwert, so muß immer noch zugegeben werden, wie es vor dreitausend Jahren hieß: „Die Urteile des Herrn sind wahr und gerecht allesamt."

Ohne Bosheit gegen irgend jemanden, voller Barmherzigkeit gegen alle, mit Entschlossenheit im Recht, sofern Gott uns gibt das Rechte zu sehen, laßt uns

work we are in; to bind up the nation's wounds; to care for him who shall have borne the battle, and for his widow, and his orphan – to do all which may achieve and cherish a just, and a lasting peace, among ourselves, and with all nations.[18]	nach der Vollendung des Werkes streben, das wir begonnen haben: die Wunden der Völker zu heilen, uns um den zu kümmern, der die Schlacht trug und um seine Witwe und sein verwaistes Kind – alles zu tun, was einen gerechten und dauernden Frieden untereinander und mit allen Nationen vollenden und erhalten kann.[19]

„Wieder einmal waren die Hörer enttäuscht. Sie hatten ein weitläufiges Programm erwartet. Sie fanden die Rede, die in ihrer gedrängten Schlichtheit eine der klassischen Reden Lincolns geworden ist – ebenso wie die von Gettysburg –, nur mittelmäßig oder gar, wie die radikalen Widersacher in der eigenen Partei, einfach schwächlich, furchtsam und verächtlich."[20] Was aber hat diese zweite Inaugurationsrede dann später doch so berühmt gemacht? Natürlich ist es wieder das historisch Einmalige des Geschehens, gute fünf Wochen vor Lincolns Ermordung, gute zwei Monate vor dem Ende des Bürgerkriegs.[21] Dies gibt Lincolns Worten eine besondere Aura. Aber der Text kann auch als Muster für die typische Struktur von Lincoln-Reden stehen, die ihren Verfasser zum vielgelesenen Musterredner werden ließen. In der Diktion ganz einfach gehalten, ist sie von einer klaren Gliederung geprägt, die in sich einen folgerichtigen Gedankengang zur Entfaltung bringt, der alles enthält, was ein kluger Politiker in solch einer Lage leisten muss: nämlich Analyse der gegenwärtigen amerikanischen Lage, Apologie des Bürgerkrieges und programmatische Weisung für die Zukunft. Es fehlen wortreiche Beschimpfungen oder geißelnde Abrechnungen, aber auch blumige Belobigungen und emphatisch vorgetragene Siegerträume. Der hohe, überbordende Stil ist nicht Lincolns Sache. Seine Rede ist eine kurze, bei näherem Hinsehen aber dennoch deutliche Standortbestimmung.

---

[18] Lincoln, A., Second Inaugural Address, in: Basler, R. P. (Hrsg.) (1953), The Collected Works of Abraham Lincoln, Bd. 8, New Brunswick, NJ: Rutgers University Press, 332f.

[19] Lincoln, A., Antrittsrede bei der Übernahme der zweiten Präsidentschaft. Gehalten vor dem Kapitol zu Washington. 1865, in: Peter, K. H. (Hrsg.) (1963), Reden die die Welt bewegten, 4. Aufl., Stuttgart: Cotta, 127-130, Redetext: 128ff.

[20] Richter, W. (1952), Abraham Lincoln. Mensch und Staatsmann, München: Bruckmann, 366.

[21] Vgl. Wills, G. (1999), Lincoln's Greatest Speech?, in: The Atlantic Monthly, 284(3), September 1999, 60-70.

Zu Beginn thematisiert Lincoln selbst die Kürze der Rede. Sie ist kurz, weil sich alles verändert hat und (das lässt der Text durchblicken) weil Lincoln und sein Publikum in ihrem Innersten längst wissen, dass der Krieg für den Präsidenten gewonnen ist. Diese innere Gewissheit bestimmt auch den Gedankengang der Rede.

Gute Reden erhalten ihre gedankliche Wucht immer dann, wenn sie nicht thematisch zerfasern, sondern einen klaren thematischen Kern haben und ihn prägnant entfalten. So ist es auch bei der *Second Inaugural Address*. Sie erhält ihre kommunikative Eindrücklichkeit durch zwei Komponenten: Erstens bezieht sie ihre Struktur aus dem *genus iudiciale*, der Gerichtsrede als Verteidigungsrede. Dabei steht die Frage im Mittelpunkt, ob eine zurückliegende Tat gerechtfertigt war oder nicht. Es ist klar, dass diese Tat der Eintritt in den Bürgerkrieg und dass der Angeklagte und Verteidiger in einer Person Lincoln selbst ist. Das macht die psychologische Brisanz der Sache aus. Hier rechtfertigt sich nicht nur der Staat, sondern auch sein höchster Repräsentant.

Zweitens ist die Rede auf die minimale Bedingung der Gattung Rede verkürzt, die schon Aristoteles im dritten Buch seiner *Rhetorik* formuliert. Für ihn braucht die Rede nur zwei Teile: das Beweisziel und den Beweis. Und genauso so klar und einfach legt Lincoln seine zweite Inaugurationsrede an. Sie zielt nur auf einen Punkt ab: den Beweis, dass der Bürgerkrieg unvermeidlich war. Im Mittelpunkt steht also die drängende Frage: War dieser Krieg gerechtfertigt? Lincoln hat sich diese Frage immer wieder selbst gestellt, und hier gibt er angesichts des nahenden Sieges eine öffentliche Antwort, die von einer politischen Prämisse regiert wird: Der Erhalt der Union ist und war das höchste Gut staatlichen Handelns, und dieses Gut steht in Verbindung mit den universalen moralischen Imperativen menschlicher Freiheit und Gleichheit.

Der Jurist Lincoln beginnt ganz klassisch mit einer Sachverhaltsdarstellung, einer Erzählung bzw. Narratio, die die Ausgangstatbestände schildert: Ein Achtel der Bevölkerung waren vor vier Jahren schwarze Sklaven; ein Bevölkerungsanteil, den man in seinen Interessen schützen musste, insbesondere auch in Anbetracht der bekannten moralischen Imperative. Die Gegenseite der Südstaaten fasste als Lösung der Konfliktlage eine Abtrennung, auch auf dem Verhandlungswege ins Auge. Das wäre für den Norden zwar eine theoretische Möglichkeit gewesen, jedoch von Moral und Staatsraison her inakzeptabel. Der Norden hatte bei all dem nur eine einzige Maßgabe: „lieber den Krieg ... als den Untergang der Nation" („accept war rather than let it [the nation] perish").

Nun kommt, wiederum ganz klassisch, die Argumentatio. Lincoln strebt eine Apologie, eine Rechtfertigung des Bürgerkriegs an. Dabei bedient er sich eines

Argumentations- und Beweisverfahrens, das wir schon aus der *House Divided*-Rede kennen. Er stellt eine Bibelsentenz, wieder aus dem Matthäus-Evangelium, in den Mittelpunkt seiner Begründung. Es ist der berühmte Ärgernissatz aus Matthäus 18,7, in dessen Mittelpunkt das *skándalon/*"offence" steht (Luther spricht von Ärgernis). Lincoln wählt damit also wieder den Autoritäts-Topos in Gestalt einer Bibelverheißung bzw. Vorhersage, die Luther in seiner deutschen Originalübersetzung nach der Bibelausgabe von 1545 wie folgt formuliert: „WEh der welt / der ergernis halben. Es mus ja ergernis komen / Doch weh dem Menschen / durch welchen ergernis kompt" (Mt 18,7).

Schnörkellos macht Lincoln klar, dass, wenn zwei zum selben Gott um Kriegserfolg beten, nicht derjenige Erfolg haben kann, der Unrecht tut, indem er sein „Brot erpreßt aus dem Schweiß vom Angesicht anderer Menschen". Darum konnten beider Gebete nicht gleichermaßen erhört werden. Zwar indirekt, aber doch unmissverständlich wird hier die Idee des Gottesgerichts aufgerufen und geltend gemacht. Für einen Juristen eine gewagte Denkfigur, für einen Politiker im bibelfesten Amerika keineswegs.

Diesmal schließt Lincoln seine Deutung explizit an das autoritative Zitat in Form zweier logisch-argumentativer Schlussformen, die der Rhetoriker Enthymeme, also rhetorische Syllogismen nennt. Stilistisch wirkungsvoll ist dabei, dass er die Sentenz nicht noch einmal zitiert, sondern metonymisch (stellvertretend) auf den einleitenden Ausruf (die Exclamatio) „Woe/Wehe" reduziert. Damit wird ein Wehruf doppeldeutig, aber rhetorisch effektvoll zum Subjekt gemacht. Hier nun die Syllogismen: „Wenn wir annehmen, daß die amerikanische Sklaverei eines dieser biblischen *skándala*, also ein Ärgernis vor Gott, eine dieser Veranlassungen zum Sündigen ist," sagt Lincoln, „die nach der Vorsehung Gottes („in the providence of God") kommen müssen, die Er aber, nachdem sie eine bestimmte Zeitlang fortdauerten, jetzt abschaffen will, wenn wir weiter annehmen, daß Er beiden, dem Norden und dem Süden, diesen schrecklichen Krieg gegeben hat als das ‚Woe/Wehe' für jene, von denen das Ärgernis kam, so brauchen wir darin wohl keine Abweichung von jenen göttlichen Eigenschaften erblicken, welche die, die an einen lebendigen Gott glauben, Ihm immer zuschreiben!"

Die Pointe der ganzen Argumentation nun liegt in einer unausgesprochenen Implikatur. Lincolns Methode der intertextuellen Bibelreferenz konstituiert nämlich nicht nur Autoriät, sondern führt auf dem Wege einer gezielten Aussparung noch zu raffinierten Weiterungen. Man nennt die von ihm an dieser Stelle der Rede gewählte rhetorische Figur eine Aposiopese, womit eine bewusster Abbruch einer Äußerung gemeint ist. Der Abbruch besteht darin, dass Lincoln den Ärgernissatz des Matthäus nicht zu Ende zitiert, sondern erwartet, dass ihn seine bibelfesten Hörer selbständig ergänzen. Damit aktiviert er das Publikum mental. Der Ärgernissatz enthält nämlich nicht nur die zitierte Prognose, sondern auch noch eine rabiate Handlungsanweisung zur Ausmerzung von Ärgernissen, die Jesus in bildhaften Vorschlägen zu Gewaltakten der Selbstverstümmelung ausdrückt. Ich zitiere wieder Luthers deutsche Originalübersetzung nach der Bibelausgabe von 1545: „So aber deine Hand / oder dein Fus dich ergert / so hawe jn abe / vnd wirff jn von dir. Es ist dir besser / das du zum Leben lam oder ein kröpel eingehest / Denn das du zwo hende oder zween Füsse habest / vnd werdest in das ewige Fewr geworffen" (Mt 18, 8: ‚Wenn dich aber deine Hand oder dein Fuß ärgert, so haue ihn ab und wirf ihn von dir. Es ist für dich besser, wenn du ins ewige Leben als ein Lahmer oder als ein Krüppel eingehst, als dass du zwei Hände oder zwei Füße hast und damit ins ewige Höllenfeuer geworfen wirst').

Was die Hörer ergänzen müssen und auch können, lautet mithin: Vertilge alles an deinem eignen Körper, d.h. am Körper der amerikanischen Nation, was für dich und Gott Ärgernis bedeutet. Das ist ein göttliches Gebot mit Strafandrohung: Wenn du dies nämlich nicht tust, wirst du ins ewige Höllenfeuer geworfen. Besser kann Lincoln den Krieg implizit kaum rechtfertigen. Explizit, also im Fortgang der Rede, nimmt er sofort auf diesen implizit mitgedachten Gewaltimperativ seinerseits in Form eines Wunsches Bezug. Dabei wählt er für den Krieg als Vorstellungsbild das göttliche Straf- und Folterwerkzeug der „Geißel", d.h. einer Peitsche: „Wir hoffen tief, wir beten inbrünstig, daß diese gewaltige Geißel des Krieges schnell vorübergehen möge." Wenn es aber noch lange dauern müsste, „bis jeder Blutstropfen durch die Peitsche bezahlt ist von einem Blutstropfen durch das Schwert", dann ist das ebenfalls Gottes gerechter Wille und entspricht – nun macht Lincoln den Gedanken des Gottesgerichts explizit – den „Urteilen des Herrn/judgments of the Lord". Auf diese Weise steht der Präsident als Vollstrecker göttlicher Urteile aus höchster Rechtsvollkommenheit da, der am Schluss auch nicht zögert, noch einmal ganz klar auf seine Festigkeit und „Entschlossenheit im Recht/firmness in the right" hinzuweisen.

Den Abschluss der zweiten Inaugurationsrede bilden dann aber doch in einem kurzen Appendix politisch und menschlich versöhnliche Töne, die eine Friedensvision enthalten. Lincoln streckt angesichts des vor der Tür stehenden militärischen Sieges der Nordstaaten die Hand zur Versöhnung aus. Er ruft zur gemeinsamen „Vollendung des Werkes" auf, das darin bestehen soll, „die Wunden der Völker zu heilen, uns um den zu kümmern, der die Schlacht trug und um seine Witwe und sein verwaistes Kind – alles zu tun, was einen gerechten und dauernden Frieden untereinander und mit allen Nationen vollenden und erhalten kann".

Lincolns Rechtfertigung wurde nicht von allen akzeptiert und sein Aufruf zur Versöhnung nicht von allen verstanden. Am 14. April 1865, 41 Tage nach dieser Rede, wurde Lincoln ermordet.

Rhetorik des Wahlkampfredners Barack Obama 2004 bis 2008

Die Wahlreden Barack Obamas finden gegenüber jenen Abraham Lincolns in einer anderen Zeit und Welt, doch in einem gewissen Sinn immer noch im selben Amerika statt. Sie sind naturgemäß je nach Anlass und Situation verschieden. Auch Obamas *Democratic Convention Presidential Nomination Acceptance Address* vom 28. August 2008 hat einen ganz eigenen, kämpferischen und von konkreter Parteiprogrammatik geprägten Charakter, weil sie an ein spezielles Parteitagspublikum gerichtet und ganz auf die Konfrontation mit dem republikanischen Gegner, insbesondere dem Gegenkandidaten John McCain eingestellt ist. Die anderen großen Reden bis zur Präsidentschaftswahl, die werbend an ein breites Publikum adressiert sind, verzichten auf zu viel konkrete Politik und setzen auf zwei Grundstrategien[22]: Einerseits soll die Persönlichkeit Obamas profiliert werden, andererseits soll das Gefühl eines gruppenübergreifenden Integrationsanliegens vermittelt werden. Tagespolitische Problematiken und die parteipolitische Programmatik treten dagegen deutlich zurück. Diese Reden arbeiten mit einigen wenigen, aber geschickt gewählten rhetorischen Mitteln.

Da sind zunächst die Argumentationsmuster und ihre Komponenten. Man kann sagen, dass Obama ganz bewusst auf Einfachheit und Klarheit setzt, um seine unterschiedlich gebildeten Zuhörer im Saal, vor allem aber auch vor den Bildschirmen, auf unkomplizierte Weise erreichen zu können. In der prototypischen Boston-Rede von 2004 bringt er dieses Konzept des eingängigen und unkomplizierten Gedankens auf den Punkt, wenn er sagt, es gehe ihm um den Glauben an die einfachen Träume der Menschen („faith in simple dreams"). Freilich kann Obama dabei nicht auf bestimmte rationale Konstruktionen verzichten. Die Reden werden stets von einer antithetischen gedanklichen Grundstruktur bestimmt, die Aussagen über die „reality" auf der einen Seite mit den politischen Programmatiken, den „promises" und „obligations" auf der anderen Seite kontrastiert, welche sich ihrerseits wieder an bestimmten Normen orientieren. Diese Normen stecken in bestimmten Aussagen oder werden ihrerseits wieder auf bestimmte Aussagen zurückgeführt, von denen alle Schlussfolgerungen plausibel

---

[22] Zur rhetorischen Zentralkategorie *Strategie* siehe Knape, J./Becker, N./Böhme, K. (2009), Strategie, in: Historisches Wörterbuch der Rhetorik 9, 152-172.

abhängig gemacht oder auf die alle Gedankengänge schlüssig hingeführt werden können. Die Rhetorik spricht hier von Topoi als Obersätzen für Schlussfolgerungen. In ihrer Summe konstituieren sie die Obama-Wahlkampf-*Topik*. Ein solcherart in den Obama-Argumentationen verarbeiteter Topos ist ein signifikanter gedanklicher, häufig in einer Textreihe (hier in Obama-Reden) vorkommender Inhaltskern, der auf gewichtige Quellen oder Autoritäten bzw. auf den *common sense* einer Gesellschaft rekurriert (Bornscheuer spricht daher auch von Verdichtungen „gesellschaftlicher Einbildungskraft").[23] Sprachlich werden solche Allgemeinplätze, auf die sich Argumentationen, Sollenssätze oder Postulate und Versprechen aller Art gut stützen lassen, häufig in Schlüsselbegriffen (Catchwords), in Sentenzen, Sprichwörtern oder Autoritätenzitaten kondensiert. Obama knüpft das an Begriffe oder Slogans wie

> pride, faith, belief, values,
> unity, national unity, our union,
> greatness of our nation, America can change,
> dream, American dream,
> freedom, Yes we can
> bzw. Bibelzitate und patriotische Sentenzen.

Die amerikanische politische Rhetorik kann mit großem Gewinn auf derartige Topoi rekurrieren, weil Bibelfestigkeit und Verfassungspatriotismus relativ stabile Bezugsgrößen, Bestandteile des gesamtamerikanischen Ideen-Tunings sind und reichhaltige Topiken für Redner ausgeprägt haben. Eine Besonderheit stellt der bei Obama regelmäßig auftauchende *kairós*-Topos dar. In der Rhetoriktheorie ist der oben bereits erwähnte Kairos der einzigartige wichtige und richtige Moment, in dem etwas gesagt und getan werden muss. Obama unterstreicht immer wieder die Bedeutung seiner Mission und die große Bedeutung des Augenblicks seiner Rede durch die emphatische Einführung dieses für ihn typischen Topos.

Das zweite wichtige Argumentationsmittel und ein Plausibilitätshersteller erster Güte ist die Evidenz, die Veranschaulichung. In fast jeder Rede kommt

---

[23] Zu den Findekriterien von Topoi in Textreihen (Supertexten) siehe Knape, J. (2000), Die zwei texttheoretischen Betrachtungsweisen der Topik und ihre methodologischen Implikaturen, in: Schirren, Th./Ueding, G. (Hrsg.), Topik und Rhetorik. Ein interdisziplinäres Symposium, Tübingen: Niemeyer, 747-766, hier 758-762 (= Rhetorik-Forschungen; 13); siehe auch Bornscheuer, L. (1976), Topik. Zur Struktur der gesellschaftlichen Einbildungskraft, Frankfurt am Main: Suhrkamp.

daher eine Kurznarration mit Beispielfunktion vor, sei es aus der amerikanischen Geschichte allgemein oder speziell aus der black community. Das wichtigste anschauliche Beispiel freilich liefert Barack Obama selbst mit seiner Lebensgeschichte, die daher auch regelmäßig eingeführt wird. Solche kleinen Geschichten machen das Abstrakte nicht nur konkret, sondern haben darüber hinaus immer auch einen hohes emotionales Identifikationspotenzial. Obama und sein Redenschreiber Jon Favreau haben das stets berücksichtigt. Schon Aristoteles hat im zweiten Buch seiner *Rhetorik* dem Orator solche Exempel als Komponente des Induktionsbeweises anempfohlen, also des Beweises mittels Einzelbeispielen.

Was die sprachkünstlerische Seite der Reden bzw. ihre Eloquenzrhetorik angeht, also die sprachlich-stilistische Virtuosität, so hält sich der Aufwand betont in Grenzen.

Im Folgenden sollen nun, wie im Falle Lincolns, vier ausgewählte Reden genauer analysiert werden.

My own story-Rede (Boston, 27.07.2004)

„Vor vier Jahren stand ich vor Ihnen und habe Ihnen meine Geschichte der kurzen Verbindung zwischen einem jungen Mann aus Kenia und einer jungen Frau aus Kansas erzählt, die weder wohlhabend noch weithin bekannt waren, aber den Glauben daran teilten, dass ihr Sohn in Amerika all das erreichen kann, was er sich vorgenommen hat." Mit dieser Bemerkung nimmt Barack Obama bei seiner Nominierung als Präsidentschaftskandidat in Denver am 28. August 2008 Stellung zu einem lange zurückliegenden Auftritt, den er bei der Nominierung des demokratischen Präsidentschaftskandidaten John Kerry im Juli 2004 übernommen, und in dem er auch schon über seine eigenen Eltern gesprochen hatte.

Obama war lediglich als Gastredner eingeladen worden, doch seine nur 17-minütige Grußadresse für John Kerry wurde zur Sensation (vgl. Abb. 5). Diese Rede „galvanized the delegates" und „electrified a nationwide televison audience", wie es David Bernstein in „The Speech" ausgedrückt hat.[24] Im Rückblick gesehen muss man sagen, dass diese Rede bereits den Prototypus späterer eigener Wahlreden Obamas darstellt. Obama hat diese Rede selbst geschrieben und

---

[24] Bernstein, D. (2007), The Speech, in: Chicago Magazine, June 2007, <http://www. chicagomag.com/core/pagetools.php?pageid=4309&url=%2FChicago-Magazine%2FJune-2007%2FThe-Speech%2F&mode=print>.

damit das Modell für viele spätere, teils auch von seinen Redenschreibern verfasste Reden geliefert (Abb. 6).[25]

Abbildung 5:   Obama hinter der Bühne kurz vor seinem Auftritt in Boston

Quelle: David Katz, in: Bernstein, D. (2007), The Speech, in:
Chicago Magazine, June 2007,
http://www.chicagomag.com/core/pagetools.php?pageid=4309&u
rl=%2FChicago-Magazine%2FJune-2007%2FThe-
Speech%2F&mode=print.

---

[25] Zur Entstehung der Rede siehe Saslow, E. (2008), The 17 Minutes That Launched a Political Star, <http://www.washingtonpost.com/wp-dyn/content/article/2008/08/24/AR200808
2401671.html>, 25.08.2008.

Abbildung 6: Obama beim Schreiben seiner Rede 2004

Quelle: M. Spencer Green/AP Photo, in: Bernstein, D. (2007), The Speech, in: Chicago Magazine, June 2007, http://www.chicagomag.com/core/pagetools.php?pageid=4309&url=%2FChicago-Magazine%2FJune-2007%2FThe-Speech%2F&mode=print.

Alle wichtigen Komponenten der „typischen" Obama-Wahlkampfrede sind in der Boston-Address bereits vorhanden und man könnte meinen, ja, vielleicht ist es auch so, dass Obama hier schon eine erste eigene Wahlrede fürs Präsidentenamt gehalten hat. Gleich zu Beginn stellt Obama einen historischen Bezug zum Sklavenbefreier Abraham Lincoln her, der sich in späteren Reden wiederholen wird: In Boston tritt Obama als Senator von Illinois („Land of Lincoln") auf und, das kann das Publikum mitdenken, wie Lincoln wird auch er wohl seinen Weg von Illinois aus in weitere, höhere Ämter nehmen.

Nach dieser kurzen Anspielung kommt sofort die Obama-Story. Unvermittelt erzählt Obama von seiner Familie und von sich, ohne den Hinweis zu vergessen, sein ungewöhnlicher Name Barack heiße übersetzt „blessed". Ein Name als Verheißung. Obama erzählt die Geschichte einer ungewöhnlichen Genealogie und zugleich eines Aufstiegs, der als Exempel und Beweis dafür dient, dass „der Glaube an die Möglichkeiten dieser Nation ((„faith in the possibilities of this nation") immer noch berechtigt sei. Obamas Leben ist Teil der „larger American story", die bei ihm wie anderen „the greatness of our Nation" beweise. Hier zeige sich „the true genius of America", der in Begriffen wie „simple dreams" und „small miracles" fassbar werde.

Nun geht Obama zur Aufzählung seiner politischen Programmpunkte über, die er zunächst wertetheoretisch in dem abstrakten Ziel „to reaffirm our values and our commitments" zusammenfasst. Dann schließen sich die konkreten Punkte an, die, wie später auch immer, in Grenzen gehalten werden, aber nie fehlen. Und, wie später auch immer üblich, werden sie in Form anaphorisch angelegter Aufzählungen dargestellt.[26] Das erzeugt kompakte Wucht und nimmt – wie schon gesagt – Rücksicht auf die Merkfähigkeit der Hörer:

> „more work to do ...",
> „more to do for the father ...",
> „more to do for the young woman ...".

Obama exponiert und verdeutlicht anschließend auf ähnliche Weise seine Art der Volksverbundenheit, indem er über all die Leute spricht, die er täglich trifft und die mit ihm aufgrund ihrer Lebenslage den Sinn für „reality" teilen. Bei Obama scheint hier das Selbstkonzept der Rolle eines Volkstribuns durch. Indem er über ihre Sorgen und Ansichten spricht, spricht er auch über sich als Mann aus dem Volk, der für das Volk steht. Er kennt die Wählerwünsche genau, so gibt er zu verstehen, und kann eindringlich anaphorisch aufzählend darüber berichten:

> „they don't expect ...",
> „they know ...",
> „they want ...",
> „they don't want ...",
> „they know that ...",

---

[26] Anapher (rhetorische Figur): Wiederholung desselben Anfangswortes, derselben Anfangsformulierung in einer Satzfolge.

„they know those things",
„they sense ...",
„they know we can do better. And
they want that choice."

Wo bleibt bei all dem John Kerry? Nachdem Obama sich und sein Programm ausführlich in Szene gesetzt hat, folgt nun doch auch ein Abschnitt über Kerry, in dem dieser artig gelobt und in seiner Programmatik präsentiert wird. Doch nach einer halben Manuskriptseite kommt Obama wieder auf sich zu sprechen. Er führt ein weiteres Standard-Element auch seiner späteren Reden ein: Das Exempel eines einfachen Mannes aus dem Volk. Die Rede ist vom Soldaten Shamus aus Illinois, einem gesunden, tapferen und patriotischen Irak-Kämpfer, der an die Werte der Nation glaubt. An sein Beispiel knüpft Obama die rhetorische Frage: „Are we serving Shamus as well as he is serving us?" Das Publikum muss die Antwort selbst geben, und Obama wird ihm dabei helfen, indem er sich als Garanten eines nötigen, neuen patriotischen Aufbruchs anbietet. Zuvor allerdings kommt noch ein zwölfzeiliger Einschub als retardierendes Element, das die Spannung steigert, in dem doch noch einmal von Kerry die Rede ist.

Dann aber und für den Rest der Rede ist (bis auf noch einen weiteren eingestreuten Satz über Kerry) nur noch von Obama die Rede. Die Eröffnung des Abschnitts über Obama, den neuen patriotischen Retter der Nation, ist furios und offensichtlich an Abraham Lincoln geschult. Obama verbindet zwei starke Topoi aus zwei starken Quellen und macht sie zum Ausgangspunkt seiner weiteren Beweisführung, bei der es nur darum geht zu zeigen, dass er selbst die neue Lichtgestalt ist. Natürlich ist Obamas Selbststilisierung auch ein Ergebnis seiner Senator-Wahlkampagnen in Illinois. Im Rückblick freilich erweckt die Rede von Anfang an den Eindruck, als strebe Obama bereits in Boston zur amerikanischen Präsidentschaft.

Der erste Topos ist biblischen Ursprungs und kehrt den nach dem Brudermord geäußerten Satz der Verantwortungslosigkeit des biblischen Urmörders Kain „Soll ich denn meines Bruders Hüter sein?" (1 Mos 4, 9) um, wendet ihn ins positive Gegenteil eines Verantwortungssatzes und deklariert ihn als fundamentale amerikanische Überzeugung: „It is that fundamental belief: I am my brother's keeper, I am my sister's keeper that makes this country work." Doch Obama reicht diese religiös-biblische Fundierung nicht aus. Er verknüpft die aus der Bibel abgeleitete Sentenz mit einem zweiten Topos, dem alten Wahlspruch der USA, der sich auf dem Siegel des Landes und auf jeder Dollarmünze findet: „E pluribus unum". Dieser *union*-Leittopos ist ein weiteres Fundament der einen großen amerikanischen Familie, um deren Wohl und Zusammenschluss es Obama geht: „It's what allows us to pursue our individual dreams and yet still come together as one American family. E pluribus unum: ‚Out of many, one'." Auch für Abraham Lincoln war dies schon ein zentraler Leitgedanke und ein maßgebliches Anliegen.

Verantwortung und Eintreten für das eine und geeinte Amerika sind Grundgedanken, die auch später in Obamas Reden prominent bleiben. Schon hier drückt er es in einem gut als Leitspruch auffassbaren Parallelismus aus:

> „There is not a liberal America and a conservative America:
> There is the United States of America.
> There is not a Black America and a White America ...
> There is the United States of America."

Dagegen stellt er jene, die Partikularinteressen vertreten, die die Nation spalten, die intrigieren, denunzieren und Rassen- und Parteienhass predigen: „those who are preparing to divide us – the spin masters, the negative ad peddlers".

Aristoteles hatte in seiner ‚Rhetorik' dem Orator empfohlen, bei jeder Rede sich selbst gut darzustellen, sein *ēthos*/Image zu pflegen, und zugleich bei den Zuhörern die Emotion (das *páthos*) zu aktivieren, damit der Argumentationsgang des Redetexts (des *lógos*) durch die Glaubwürdigkeit aufgrund von Redner-Image und positiven Zuhörer-Gefühlen gestützt wird. Beim Image-Aufbau in der Rede kommt es nach Aristoteles darauf an, dass der Orator Sachkenntnis, persönliche Integrität und Empathie oder Wohlwollen gegenüber dem Publikum zum Vorschein bringt (*phrónesis*, *aretē* und *eúnoia*). Als Senator kann Obama naturgemäß Sachkenntnis für sich reklamieren, aber seine persönliche Integrität, sein Mitfühlen mit dem Publikum und sein Wohlwollen betont er gesondert durch seine Narrationen und Themenschwerpunkte. Hinzu kommt nicht zuletzt auch seine sympathische Performanz in der Situation. Was die Performanz anlangt, so ist Obama gewiss ein Naturtalent, doch er verzichtete keineswegs auf professionelles Redetraining (siehe Abb. 7).

Abbildung 7:   Obama beim Redetraining 2004

Quelle: David Katz, in: Bernstein, D. (2007), The Speech, in: Chicago Magazine, June 2007, http://www.chicagomag.com/core/pagetools.php?pageid=4309&url=%2FChicago-Magazine%2FJune-2007%2FThe-Speech%2F&mode=print.

Auf dem Höhepunkt der Boston-Rede, als Obama mit seinen Ausführungen dem Ende zusteuert, wirft er noch einmal seine ganze Rednerpersönlichkeit in die Waagschale, um die aristotelischen Image-Faktoren zu aktivieren. In drei ana-phorischen Kaskaden ruft er die oben genannten Faktoren auf. Zunächst stellt er sich in antithetisch angelegten Sätzen als abwägender Kopf im Sinne politischer Sachkenntnis dar:

„I'm not talking about blind optimism here ... ‚''
„That's not what I'm talking about.
I'm talking about something more substantial".

Dann thematisiert er seine persönliche Integrität, indem er seine persönlichen Überzeugungen ausdrückt, und geht schließlich in einen sehr emotionalen

Schlussappell über, der biblisch getönten Verheißungscharakter hat. All dies basiert eloquenzrhetorisch gesehen immer auf iterativ angelegten Parallelismen bzw. knappen anaphorischen Kaskaden. Das Grundkonzept liefern die drei christlichen Haupttugenden: zunächst Glaube (*belief*) und Hoffnung (*hope*), ganz am Ende dann auch die Liebe (*you feel*):

> „Hope in the face of difficulty.
> Hope in the face of uncertainty.
> The audacity of hope!";
>
> „A belief in things not seen.
> A belief that there are better days ahead";
>
> „I believe that we can ...",
> „I believe we can provide jobs to the jobless ...",
> „I believe that we have a righteous wind at our backs ...".

Nun kommt der Schluss mit dem Emotionsappell. Er beginnt zunächst mit dem von einer Anrufung oder Invokation bzw. Apostrophe – „America!" – eingeleiteten Kairos-Topos: „Tonight ...". Obama wendet sich ans amerikanische Volk, beschwört dann den Moment, als sei er der eigentliche Präsidentschaftskandidat; John Kerry ist längst vergessen; sein Name wird abschließend nur noch einmal kurz genannt. Dann die letzte Steigerung: Obama endet mit einem expliziten Appell an die Gefühle, bei dem er versucht, sich und das Publikum in einen emotionalen Gleichklang zu bringen („if you feel the same ... that I do"):

> „Tonight,
> if you feel the same energy that I do,
> if you feel the same urgency that I do,
> if you feel the same passion that I do,
> if you feel the same hopefulness that I do –
> if we do what we must do
> [...]
> Thank you very much everybody. God bless you. Thank you."

A More Perfect Union-Rede (Philadelphia, 18.03.2008)

Anfang 2008 hatte es Barack Obama geschafft, gegen Hillary Clinton bei den Vorwahlen zur Nominierung des demokratischen Spitzenkandidaten antreten zu können. Seine Kampagne geriet jedoch im März in eine schwere Krise, weil Videos in Umlauf kamen, die eine radikale Predigt des früheren geistlichen Mentors Obamas, des schwarzen Befreiungstheologen Jeremiah Wright zeigten. Er hatte 2003 als Reaktion auf den New York-Anschlag von 2001 unter anderem an der Trinity United Church of Christ in Chicago eine rassistisch eingefärbte, gegen die weißen Amerikaner gerichtete Predigt unter dem Motto „God damn America!" gehalten. Obama musste reagieren, weil man ihm seine 20 Jahre dauernden Kontakte zu diesem Pfarrer vorhielt und die Pennsylvania primary-Wahlen am 22. April gegen seine Konkurrentin Hillary Clinton verloren zu gehen drohten. Die in der Constitution Hall in Philadelphia (einem natürlich mit Bedacht gewählten Ort) schlussendlich 37 Minuten dauernde Rede wurde lange vorbereitet. Zunächst diktierte Obama seinem Redenschreiber Teile des Textes. In der folgenden Woche überarbeitete sie Obama selbst in zwei Nächten.[27] Die Resonanz war positiv und bestätigte einmal mehr die rhetorische Kompetenz Obamas. Eine Berichterstatterin schildert Setting und Wirkung wie folgt: „Gleich acht US-Flaggen waren hinter ihm drapiert, kein Wahlplakat zu sehen, die 200 ausgewählten Zuhörer applaudierten verhalten, und dann lieferte Barack Obama eine Grundsatzrede über Religion und Rasse in Amerika, die von verzückten Kommentatoren beider Parteien als ‚historisch' eingestuft wurde – sogar als eine der besten Reden seit Martin Luther King. ‚Atemberaubend unkonventionell' befand das Nachrichtenmagazin ‚Time', ‚eine Rede für die Geschichtsbücher.'"[28]

Obama hätte angesichts der kritischen Lage die Möglichkeit nutzen können, sich ohne wenn und aber von seinem früheren Geistlichen lozusagen, jenem „pastor", der ihn getraut und seine Töchter getauft hat. Doch genau das tut er nicht. Er kritisiert die radikalen Positionen Wrights, doch er steht zur gemeinsamen Geschichte mit diesem Theologen im Chicago der zurückliegenden Jahrzehnte. Obama sieht die Lösung der ihm in diesem Moment aufgegebenen

---

[27] Vgl. Gloger, K. (2008), Obama, ein Pastor und die Rassenfrage, <http://www.stern.de/ politik/ausland/us-vorwahlkampf-obama-ein-pastor-und-die-rassenfrage-614544.html>, 19.03.2008.

[28] Gloger, K. (2008), Obama, ein Pastor und die Rassenfrage, <http://www.stern.de/ politik/ausland/us-vorwahlkampf-obama-ein-pastor-und-die-rassenfrage-614544.html>, 19.03.2008.

schwierigen kommunikativen Aufgabe in einer anderen Strategie. Der Einzelfall wird auf seine allgemeine Grundproblematik zurückgeführt. Jeremiah Wright wird zum Paradigma einer bestimmten negativen Erfahrungswelt schwarzer Bürger erhoben, die die amerikanische Politik zu neuen Bewältigungsstrategien herausfordert. Obama ordnet die für ihn gefährlich gewordene Causa Wright in eine Betrachtungsweise höherer Ordnung ein, indem er den Fall zum Bestandteil des schon bekannten Antagonismus von amerikanischer Realität und ideengeleiteter Politik als Antwort auf diese Realität macht („that gap between the promise of our ideals and the reality of their time").

Die Rede beschwört zu Beginn den Genius loci und stellt dabei über die nun folgenden Ausführungen wieder den schon bekannten *union*-Leittopos. Obama bezieht die konkrete Formulierung diesmal aus der amerikanischen Verfassung, die vor 221 Jahren in der Halle auf der anderen Straßenseite gegenüber verabschiedet wurde, wie er zu erwähnen nicht vergisst. Also wieder eine starke Quelle der Autorität, auf die sich die Überlegungen des Verfassungspatrioten Obama stützen. Die Sentenz lautet: „We the people, in order to form a more perfect union." Das *union*-Postulat wird hier spezifiziert, indem konzediert wird, dass die Gemeinschaft Amerikas jederzeit zu höherer Vollkommenheit streben muss, weil es ihr stets an Perfektion gebricht. Obama identifiziert in einer ausführlichen Analyse „a part of our union that we have not yet made perfect". Die ganze Rede steht unter dem Dach dieser Leitidee.

Was nun folgt, ist eine Analyse der Causa Wright vor dem Hintergrund des Perfektionsgebots der Verfassung. Obama rekapituliert die Genealogie der schwarzen Bevölkerung Amerikas, ihren langen Marsch in die Befreiung aus Sklaverei, das Fortbestehen der Rassenproblematik und der schlechten Lebensqualität vieler Schwarzer sowie den aus diesem ungelösten Problem immer noch erstehenden Unmut und die Ungeduld der Betroffenen. Das Ziel aber ist klar. Obama kondensiert es neuerlich in der anderen, ebenfalls schon bekannten Variante des *union*-Topos, diesmal in Bezug auf die Rassenfrage: „that out of many, we are truly one". Pastor Wright ist vor diesem Hintergrund einerseits als Spalter zu kritisieren, auch wenn andererseits sein Zorn („anger") vor dem Hintergrund der immer noch in der Rassenfrage herrschenden Imperfektibilität verständlich sein mag. Doch Obama kritisiert nicht nur, sondern betont auch all das Gute, das er über die Jahre im Wirken von Wright beobachten konnte. Damit erweist sich Wright als Exponent der amerikanischen Zerrissenheit, insbesondere in der „black community", der Hoffnung sowie zugleich der „bitterness and biases that make up the black experience in America".

Und all dies bezieht Obama schließlich auch auf sich. Er ist die Inkarnation dieses tiefen Zwiespalts und er nimmt, wie es sich für den Erlöser gehört, gewissermaßen das Leid der Welt auf sich, repräsentiert damit aber zugleich auch ganz Amerika und wird somit selbst zur Inkarnation der USA: „These people are part of me. And they are part of America, this country that I love."

Obama analysiert ausführlich die bedenklichen Seiten jener „reality", aus der heraus schrille Töne wie jene des Pastors Wright entstehen. Doch zum Schluss findet Obama wieder den rhythmisch, mittels anaphorischer Parallelismen formulierten optimistischen Ton:

„What we know,
what we have seen,
is that
America can change.
America can change."

Die Träume der Amerikaner begegnen den Träumen des neuen Hoffnungsträgers („your dreams ... my dreams"). Und der Verantwortungstopos wird diesmal in einer Gemeinschaft verheißenden Wir-Form als Parallelismus ausgedrückt:

„Let us be our brother's keeper, Scripture tells us.
Let us be our sister's keeper.
Let us find that common stake we all have in one another, and
let our politics reflect that spirit as well."

Erst jetzt, gegen Ende der Rede, kommt die übliche Aufzählung konkreter politischer Programmpunkte, wiederum anaphorisch parallelisiert. Sie kulminiert in einer Rückkehr zur abstrakten Leitidee der Rede: „This union may never be perfect, but generation after generation has shown that it can always be perfected." Insofern sind die Verbalausfälle des Pastors Wright nur als Sympton eines Mangels zu verstehen, der durch die politische Tatkraft einer ganz neuen Führungsfigur, das gibt Obama zu verstehen, geheilt werden kann. Den Beweis erwartbaren Gelingens erbringt Obama wiederum induktiv durch ein abschließendes Fallbeispiel. Diesmal geht es um die Wahlhelferin Ashley, die als Kind erleben musste, wie ihre Mutter ins materielle Elend stürzte. Ashley zog daraus die Konsequenzen und betätigte sich später als junge weiße Frau politisch unter Schwarzen, um die Dinge zu ändern, und sie wurde damit als Weiße in einer schwarzen Umwelt ein akzeptiertes Vorbild: „That is where perfection begins."

Berlin-Rede (Berlin, 24.07.2008)

Nachdem Obama die Vorwahlen der demokratischen Partei gewonnen hatte, war er der unumstrittene Präsidentschaftskandidat der amerikanischen Demokraten. Als solcher entschloss er sich zu einem ungewöhnlichen und risikoreichen Wahlkampfauftritt im Ausland, von dem sein Konkurrent John McCain geflissentlich Abstand nahm, weil unklar war, ob die amerikanischen Wähler dies goutieren würden. Der Ausgang der Wahl gab Barack Obama Recht, in Europa die deutsche Hauptstadt Berlin zum Schauplatz einer Rede an die Welt gemacht zu haben. Die Settingbedingungen waren günstig, und der Auftritt auf einer Bühne unter freiem Himmel vor Hunderttausenden im Berliner Tiergarten am Fuß der Siegessäule wurde zu einem international als spektakulär empfundenen Event. Mit Hilfe von Teleprompern erweckte Obama auch diesmal den Eindruck freier und ungezwungener Rede (Abb. 8). Der Text stellte eine thematische Verbindung zwischen der Freiheitsidee, der Position Amerikas unter den Völkern, der Rolle eines zukünftigen Präsidenten Obama in der Welt und der Globalisierungsproblematik („in a globalized world") her.

Die Rede beginnt mit zwei Geschichten, die dann an Topoi gebunden werden. Die erste Geschichte ist wieder Obams „own story" mit Genealogie, die jedoch diesmal als Geschichte eines Weltbürgers („fellow citizen of the world") erzählt und zum *dream*-Topos hingeführt wird. Dieser Topos wird ebenfalls globalisiert und diesmal als Freiheitstraum „promised by the West" eingeführt, den schon Obamas Vater geträumt habe. Dann erzählt Obama die Nachkriegsgeschichte Berlins mit Bezug auf den Freiheits-Topos ausführlich: „This city, of all cities, knows the dream of freedom." Es ist vom kalten Krieg die Rede und von der heroischen Rettung Westberlins durch die Luftbrücke („airlift") der Amerikaner im Jahre 1948. Dann wird Berlin zum Modell der Zusammenarbeit von Amerika mit dem Rest der Welt erhoben. Aus dem Krieg wurde Versöhnung und Frieden, der allerdings (daran denkt Obama in diesem Moment nicht) als *pax americana* missverstanden werden könnte. Dieser modellhafte Wandlungsprozess in den Beziehungen einstiger Gegner wird als „German miracle" bezeichnet. Dabei wird auch der *union*-Topos *globalisiert*: „a world that stands as one".

Abbildung 8:   Obama im Tiergarten

Quelle: AmericanRhetoric.com: Barack Obama. Address to the People of Berlin, 1, <http://www.americanrhetoric.com/speeches/PDFFiles/Barack%20Obama%20-%20Berlin%20Address.pdf>.

Damit das Berlin-Modell auch kognitiv eindringlich als Weltmodell präsent wird, bedient sich Obama wieder seiner anaphorischen Methode:

„People of the world –
look at Berlin!
Look at Berlin, where Germans and Americans learned to work together ...,
Look at Berlin, where the determination of a people met the generosity ...,
Look at Berlin, where the bullet holes in the buildings ...,
People of the world –
look at Berlin, where a wall came down ...".

Wenn Berlin bislang als Synekdoche[29] für die ganze Welt in ihrem Verhältnis zu Amerika genommen wurde, dann wird nun der Mauerfall zur Synekdoche für die Überwindung von Gewaltherrschaften überall in der Welt. Der Mauerfall hat neue Hoffnung in die Welt gebracht, doch der Terrorismus erneuert das Gefühl der Bedrohung; und: Amerika wird keineswegs überall als Helfer in der Not gesehen. Daher der neuerliche Rekurs auf den *union*-Topos, der diesmal im Begriff „partnership" gefasst wird. Die Partnerschaft mit Amerika ist freilich alternativlos und unumgänglich, fast zwanghaft, gibt Obama zu verstehen: „it is the only way, the one way, to protect our common security and advance our common humanity."

Nach der Stadt Berlin und nach der Mauer führt Obama als weiteres symbolträchtiges Bild die Brücke ein: „Now is the time to build new bridges across the globe". Unter dieser bildlichen Vorstellung werden nun anaphorisch abfolgend die konkreten außenpolitischen Programmpunkte Obamas mitgeteilt, vom Kampf gegen den Terrorismus über den Kampfeinsatz in Afghanistan, die Abrüstungsfrage bis hin zum globalen Umweltschutz („to save this planet"). Der Redner schließt die von aller Welt erwartete, umfangreiche Aufzählung außenpolitischer Programm-Items mit einer neuerlichen Apostrophe der Welt ab, die der berühmten Blockaderede des ersten Regierenden Bürgermeisters Berlins, Ernst Reuter, entnommen ist und die er – auch diesmal – mit dem emphatisierenden Kairos-Topos verbindet:

> „People of Berlin – people of the world – this is our moment. This is our time."

Mit Blick auf seine heimischen Wähler vergisst Barack Obama nicht, auch auf Amerika selbst zu sprechen zu kommen. Dabei stellt er wieder den *union*-Topos kombiniert mit der Perfektionsvariante in den Mittelpunkt („to form a more perfect union"). Dies wird durch eine Thematisierung aller einigenden Werte und anzustrebenden Ziele ausgefaltet und schließlich mit Blick auf Berlin für die ganze Welt generalisiert: „These are the aspirations that join the fates of all nations in this city." Und natürlich darf ganz am Schluss auch der *hope*-Topos nicht fehlen („We are a people of improbable hope"), der in ein typisches Konklusionselement übergeht: eine Aufforderung zur Tat inklusive Welt-Erneuerungs-Topos: „Let us remember this history, and answer our destiny, and remake the world once again."

---

[29] Rhetorische Figur (Tropus): Ein Teil steht fürs Ganze.

Yes we can-Rede (Chicago, 04.11.2008)

Nach der gewonnenen amerikanischen Präsidentschaftswahl stellt sich Barack Obama am 4. November 2008, noch in der Nacht, ein letztes Mal als siegreicher Wahlkämpfer vor sein begeistertes Publikum, um ihm zu danken und einige den Wahlkampf abschließende Worte zu formulieren. Neben gewissen anlassbezogenen Besonderheiten (ausführlicher Dank an Mitstreiter und Freunde im ersten Teil) summiert die Rede noch einmal alle uns bereits bekannten Komponeten der Kampagnen-Reden auf und stellt den Wahlsieg als Antwort auf die nun schon so lange vorgebrachten Argumente und Wünsche dar: „tonight is your answer." Es ist die Antwort auf die Analyse der amerikanischen Realität, auf die Forderung nach neuer *union*, auf alle anderen Hoffnungen, den Wunsch nach Wechsel und „remaking this nation". Obama sieht sich seiner Vision eines „new spirit of patriotism, of responsibility" sowie eines „new dawn of American leadership" ganz nahe gekommen. Auf eine Formel gebracht: „That's the true genius of America: that America can change. Our union can be perfected."

Noch einmal erzählt Obama eine Geschichte, die die Kraft des *American dream* aufs Schönste belegt. Es ist die Geschichte der 106-jährigen Schwarzen Ann Nixon Cooper. Obama schildert die Etappen ihres Lebens seit dem Übergang von der Sklaverei zur Freiheit, erweitert dies mit Blick auf die Eroberung des Mondes und den Mauerfall in Berlin. Jede dieser sechs Erzählsequenzen, die als Beweis für den Perfektionswillen der Menschheit stehen, wird mit einem emphatischen „Yes we can" abgeschlossen; diesmal also nicht mittels einleitender Anapher, sondern ihres Gegenstücks, einer ausleitenden Epipher.

Und noch einmal – diesmal emotional hoch bewegt, aufgeladen und aus ganzem Herzen – kommt gegen Ende der Kairos-Topos: „This is our chance to answer that call. This is our moment. This is our time". Das letzte Wort hat dann nur noch Obamas längst zum Markenzeichen und typischen Schlachtruf gewordenes „Yes, we can!"

Schlussbetrachtung

Unter den sozialoffenen oder öffentlichen Manifestationen von Politik nimmt das politische Redeereignis einen ganz besonderen Platz ein. Das Öffentlichwerden von Politik kann auch dimissiv, also per Distanzkommunikation über technische Medien aller Art bei räumlicher oder zeitlicher Abwesenheit des Politikers geschehen, z.B. per Zeitung, Radio, Fernsehen oder Internet. Immer tritt der Politiker dabei aus dem geschlossenen Rahmen seiner Nahinteraktion heraus und nimmt Kontakt mit einer kleineren oder größeren Gruppe von Menschen, ja, mit der ganzen Bevölkerung auf. Politik öffnet sich, stellt sich der direkten Betrachtung und Würdigung aus. Das Distanzhafte der Dimission führt aber regelmäßig auch zu einem distanzierten psychischen Erleben auf Seiten der Adressaten.[30]

Die *Rede* im rhetorisch-begrifflichen Sinn ist hingegen per definitionem ein situativ, also in Face-to-face-Interaktionen mündlich vorgetragener Text, der Bezug auf einen Anlass in einem für Reden geeigneten Setting nimmt.[31] D.h. politische Kulturen definieren regelmäßig ganz bestimmte Ereigniszusammenhänge in Form von Zusammenkünften von Menschen, in denen die rhetorische Textsorte *Rede* eine entscheidende Rolle spielt: z.B. Wahlkampfveranstaltungen, Parlamentssitzungen oder Staats- und Festakte aller Art. In der Situativik tritt das Ereignishafte von Politik ganz besonders hervor und der Redner und sein vorgetragener Text bekommen einen großen Stellenwert, weil ihre Qualität (einschließlich aller emotionalen Begleitphänomene) über die Eventqualität der gesamten Situation entscheidet. Insbesondere auch das Gruppenerlebnis als solches, das Zusammenfühlen mit anderen Menschen stimuliert hierbei die spezifischen Ereigniswerte. Politisch bedeutsam ist dabei nicht zuletzt die Tatsache, dass sehr oft die politische Leistungsfähigkeit an der in solchen Situationen hervortretenden oratorischen Kraft gemessen wird bzw. die Rednerleistung zum Indikator politischer Befähigung sowie der Qualität der Politik, für die der Redner steht, genommen wird.

Zu Abraham Lincolns Zeiten, in der Mitte des 19. Jahrhunderts, waren sich dessen alle Politiker bewusst, weil die Echtzeitmedien noch keine Rolle spielten und der öffentliche Redeauftritt immer den Kern vorgeführter symbolischer Politik von Staatsmännern, aber auch wettbewerblicher Politik von Politikkonkurrenten, z.B. in Wahlkämpfen, darstellte. Ihre Wirksamkeit ist daran zu erkennen, dass etwa die *House Divided*-Rede und die *Gettysburg Address* noch heute einen festen Platz im politischen Selbstverständnis Amerikas haben.

Der rhetorische Fall tritt ein, wenn ein Sprecher in der Gesellschaft hervortritt und sein Anliegen befördern, zur Geltung bringen und nach Möglichkeit auch durchsetzen möchte.[32] Bei beiden Präsidenten besteht das Anliegen darin,

---

[30] Zur Differenz von Situativik und Dimissivik siehe Knape, J. (2005), *The Medium is the Massage?* Medientheoretische Anfragen und Antworten der Rhetorik, in: Knape, J. (Hrsg.), Medienrhetorik, Tübingen: Attempto, 17-39, hier 29ff.

[31] Vgl. Knape, J. (2003), Rede2, Redegattungen, in: Reallexikon der deutschen Literaturwissenschaft 3, 233-235.

[32] Vgl. Knape, J. (2000), Was ist Rhetorik?, Stuttgart: Philipp Reclam jun., 64-86.

sich selbst als überragenden Politiker zu empfehlen und zugleich die Rassenfrage als Spaltungselement der Gesellschaft (ja, im Falle Lincoln sogar des Staates) zu überwinden. Das Besondere bei Obama liegt darin, dass sein persönlicher Erfolg zugleich als Symbol dieser Überwindung gelten kann.

Um das rhetorische Anliegen zu befördern bedarf es der rhetorischen Intervention im Rahmen kommunikativer Interaktionen. Sie besteht in Akten der Persuasion.[33] Sowohl für Lincoln als auch für Obama ist dabei die klassische *Rede* ein überragendes Instrument dieses Überzeugungshandelns. Im Wahlkampfgeschehen Amerikas sind diese Redeauftritte ritualisierte Highlights. Heute muss die politische Rede sehr oft auf zwei Publika ausgerichtet sein: das Publikum vor Ort (in der Situation) und das medial zugeschaltete Publikum (in der Dimission). Dies führt dazu, dass politische Reden immer weniger auf eine ganz spezifische Hörergruppe eingestellt werden können, sondern heterogene Adressatenkreise bedienen müssen. Die fernsehrelevanten Publikumsreden Obamas bewegen sich daher immer auf einem möglichst allgemein gehaltenen Inhalts- und Appellniveau.

Lincoln und Obama verbindet die Tatsache, dass die von ihnen gewählte kommunikative Methodik oder Textspezifik der Reden auf klare gedankliche Linienführung, geringe inhaltliche Komplexität und gut nachvollziehbare Argumentation setzt. Lincoln bevorzugt den Vernunftappell und stützt sich in seiner Topik auf Bibel und Patriotismus. Obama arbeitet darüber hinaus bewusst mit Emotionalisierungsstrategien, die vor allem auch auf das Identifikationspotenzial von Narrationen setzen. Die Topik verbindet seine Reden mit denen Lincolns. Auch bei Obama werden die Konklusionen aus dem amerikanischen Wertekosmos, aus Bibel und patriotischen Idealen hergeleitet.

Wie gesagt, auch Obama schätzt die Klarheit des Gedankengangs. Auch bei Obama gibt es keine komplizierte oder abwechslungsreiche Figurenrhetorik (z.B. anspruchsvolle Metaphern). Alles ist auf gute gedankliche Nachvollziehbarkeit angelegt. Regelmäßig kommen auf syntaktischer Ebene nur Parellelismen und anaphorisch konstruierte Textpassagen vor, also solche, bei denen die Sinneinheiten (also die Merkpunkte oder *items*) iterativ mit immer denselben Formulierungen eingeleitet werden. Dieser Itemismus als Wiederholungsstruktur charakterisiert die Aufzählungen in Obamas Reden. Er nimmt Rücksicht auf die Bedingungen situativ-mündlicher Kommunikationssettings und macht längere Reihen wichtiger Punkte gut erkennbar und einprägsam. Dies erhöht die Eindringlichkeit, erlaubt die Akzentuierung bestimmter inhaltlicher Sequenzen, ermöglicht

---

[33] Vgl. Anm. 13.

inhaltliche Verdichtung und sichert durch die Gleichartigkeit der Satzeinleitung einen guten kognitiven Nachvollzug bei den Zuhörern.

Als Lincoln in den 1850er-Jahren seine hohen politischen Ämter anstrebt, befindet er sich bei seiner Rednertätigkeit in einer grundsätzlich anderen Ausgangslage als Barack Obama zu Beginn des 21. Jahrhunderts. Lincoln muss Amerika erst noch als Staat festigen, das Überleben des staatlichen Gebildes USA sichern, die Zerrissenheit der Bundesstaaten überwinden, den Staatseinheitsgedanken noch grundsätzlich verteidigen und begründen sowie den epochalen Dissens in den Wertefragen der Nation überwinden.

Für Obama stellt sich die *union*-Frage ganz anders. Sein Wirken ruht fest auf dem Fundament des von Lincoln befestigten Staates. Auch die Rassenfrage ist zumindest im juristischen Normenhorizont, wenn auch noch nicht sozial geklärt. Für Obama gestaltet sich die rhetorische Aufgabe also sehr speziell. Er muss 2008 unter den Bürgern der nun weit entwickelten Supermacht USA das Kunststück vollbringen, die Mehrheit zur Akzeptanz von etwas noch nie Dagewesenem zu bewegen, nämlich dass ein afroamerikanischer Mitbürger die entscheidende politische Alternativfigur gegenüber einem weißen Spitzenkandidaten darstellt. Darum muss und kann Obama vor allem auch von sich selbst reden und sich als charismatischen *leader* inszenieren. Die Auswahl der von ihm herangezogenen gemeinsamen Werte, auf die er topisch rekurriert, ist gegenüber Lincolns Auswahl durchaus different, naturgemäß nicht mehr etatistisch orientiert, geht aber letztlich doch mit den auch von Lincoln aufgerufenen Basisidealen des *American dream* zusammen. Beide Präsidenten nehmen zweifellos einen herausragenden Platz in der Geschichte der amerikanischen Präsidialrhetorik ein.

Martin Thunert

Obamas Redekunst – Instrument zum Machterwerb, aber nicht zum Machterhalt?

Einleitung: Barack Obama – Der rhetorische Präsident schlechthin?

Barack Obama gilt bei Anhängern und Gegnern als einer der besten Redner, die in der amerikanischen Geschichte das Amt des Präsidenten bekleidet haben. Experten, Kommentatoren und nicht zuletzt seine politischen Berater sind der Auffassung, dass seine rhetorischen Fähigkeiten ganz wesentlich zu seinem Wahlerfolg beitrugen und seine Ausübung politischer Führung im Weißen Haus maßgeblich beeinflussen. Für den ersten Teil dieser Aussage, wonach Barack Obama seinen kometenhaften Aufstieg in der amerikanischen Politik seit 2004 und seine Wahlerfolge zu einem großen Teil seiner Redekunst verdankt, gibt es zahlreiche empirische Belege. Es war seine Rede auf dem Nominierungskonvent der Demokraten vom Juli 2004 (Boston, 27.07.2004), die ihm, dem damals nur regional bekannten Senatskandidaten aus Illinois, zu nationaler Prominenz verhalf. Es war seine Dankesrede nach den überraschend gewonnenen Parteiversammlungen (Caucuses) in Iowa vom 3. Januar 2008, mit welcher er nicht nur seine Anhänger, sondern erstmals auch die Welt jenseits der USA inspirierte.

Weitaus umstrittener ist der zweite Teil der These von der rhetorischen Präsidentschaft. Inwieweit kann sich ein amerikanischer Präsident – und Präsident Obama im Besonderen – bei seiner Machtausübung auf die Ressource Redekunst verlassen?

Das Konzept der rhetorischen Präsidentschaft

Das Konzept präsidialer politischer Führung durch Redekunst ist nicht neu, es lässt sich bis ins frühe 20. Jahrhundert zurückverfolgen. Woodrow Wilson, der vor seinen beiden Amtszeiten als 28. US-Präsident von 1913-1921 als Politikwissenschaftler das amerikanische Regierungssystem analysierte, bemerkte als einer der ersten Beobachter, dass die Fähigkeit des Präsidenten, die Bevölkerung durch geschickte Rhetorik hinter sich zu bringen, die entscheidende Quelle präsidialer Führung ausmacht. Fünf Jahrzehnte später reduzierte der Kennedy-Berater und Präsidentenforscher Richard Neustadt Wilsons Überlegung auf die griffige Formel: Präsidiale Macht ist die Macht der Überredungskunst („presidential power is the power to persuade")[1]. In den achtziger Jahren des 20. Jahrhunderts wurden die Überlegungen Wilsons und Neustadts in Gestalt der These von der „rhetorischen Präsidentschaft" systematisiert[2]. Die These lautet: Wenn sich der Präsident in überzeugend vorgetragener Rede und mit stichhaltigen Argumenten an die (amerikanische) Öffentlichkeit wendet (going public), kann er die Bevölkerung wachrütteln und dazu bringen, seinen politischen Kurs zu unterstützen. Öffentliche Redekunst und kommunikative Fähigkeiten gelten nach dieser Auffassung als zentrale Ressourcen für den Machterwerb und den Machterhalt des amerikanischen Präsidenten. Man kann mit einiger Sicherheit annehmen, dass Barack Obama und sein Umfeld als Anhänger der These von der rhetorischen Präsidentschaft gelten können und die kommunikativen Fähigkeiten nicht nur zum Zwecke der Mobilisierung der amerikanischen Öffentlichkeit, sondern der Weltöffentlichkeit einsetzen.

Anders lassen sich weder Obamas Wahlkampfauftritt vor der Siegessäule in Berlin (vgl. Berlin, 24.07.2008) noch seine als Präsident weltweit übertragene Rede im Juni 2009 in Kairo (Kairo, 04.06.2009) sinnvoll erklären. Viele – vermutlich er selbst eingeschlossen – halten Obama für den rhetorischen Präsidenten schlechthin.

Fragen

Folgende Fragen stehen im Vordergrund dieses Beitrags: Welche Bilder und Geschichten prägen die Reden Barack Obamas? Welche originellen Formulierungen sind enthalten? Inwieweit tragen die Reden zur diskursiven Gestaltung der Realität bei? Spezifisch geht es darum zu erläutern, wie es Obama z.B. gelingt, Kollektividentitäten unter seinen Zuhörern herzustellen, wie er Einzelthemen zu

---

[1] Vgl. Neustadt, R.E. (1991), Presidential Power and the Modern Presidents, New York: Free Press.

[2] Vgl. Tulis, J.K. (1986), The Rhetorical Presidency, Princeton, NJ: Princeton University Press; Kernel, S. S. (1997), Going Public: New Strategies in Presidential Leadership, Washington DC: CQ Press.

einer kohärenten Storyline verbindet, wie er trotz mitunter hoher sprachlicher Abstraktion nicht abgehoben wirkt, wie er die Leitthemen „Hoffnung" und „Wandel" (change) einbindet. Methodisch bedient sich der Beitrag einer Mischung aus qualitativer, interpretierender Analyse wesentlicher Obama-Reden vor der Präsidentschaftswahl vom 4.11.2008 und erster Reden nach dem Amtsantritt im Januar 2009 sowie punktueller Auswertung quantitativer computerlinguistischer Studien etwa zu Kollokationen (statistisch signifikante Wortfolgen), häufigen Formulierungen (Häufigkeit eines Wortes – insbesondere bestimmter Substantive, Adjektive –), Häufigkeit im Vergleich, Intensivierungen (z.B. sehr, extrem etc.) sowie Identifikation der Obama-typischen „buzzwords". Abschließend referiert der Beitrag neuere Forschungsergebnisse zur Bedeutung politischer Rhetorik bei Machterwerb und Machtausübung und bezieht diese prognostisch auf die Obama-Administration.

Prägende Bilder und Narrative in den Reden Obamas

Im folgenden Abschnitt geht es um die Bilder und Geschichten, welche die Reden Barack Obamas prägen. Dabei stehen zwei Hauptnarrative im Vordergrund: Das Narrativ der Hoffung und das Narrativ des Wandels.

Die Rhetorik der Hoffnung

Hoffnung durchzieht leitmotivisch alle wichtigen Reden Obamas: In der Parteitagsrede von 2004 (Boston, 27.07.2004) spricht er von den Hoffnungen eines kleinen schmächtigen Jungen mit einem komischen Namen – Barack Obama –, der hoffte, Amerika halte auch einen Platz für ihn bereit. Bei der Bekanntgabe seiner Kandidatur Anfang 2007 (Springfield, 10.02.2007) gibt er der Hoffnung Ausdruck, eine neue Generation Amerikaner nehme die Geschicke des Landes in ihre Hände. Ähnliches tat er in seiner Rede nach dem Sieg in Iowa (Des Moines, 03.01.2008). Nach seiner überraschenden Vorwahlniederlage in New Hamsphire weckt er die Hoffnung auf Wandel erneut, indem er von den bereits überwundenen Hindernissen spricht (Nashua, 08.01.2008). In seiner Rede zum Thema Rassenbeziehungen gibt er der Hoffnung Ausdruck, dass die Rassenschranken gemeinsam bald überwunden sein werden (Philadelphia, 18.3.2008). In seiner Nominierungsrede kündigt er an, dass der Wandel auch Washington bald erreichen werde, aber Wandel werde nicht aus der Hauptstadt kommen, sondern sie von außen erfassen und verändern (Denver, 28.08.2008). Nach der gewonnenen Nominierung, wie nach jeder gewonnen Vor- oder Hauptwahl, auch in der Siegernacht von Chicago am 4.11. 2008, verkündet er seinen Anhängern, dass „unser Moment, unsere Zeit nun gekommen sei." (Chicago, 4.11.2008).

Obamas Hoffnungsrhetorik gab seinen Anhängern von Anfang an das Gefühl, an etwas Großem, das größer war als sie selbst, teilzuhaben. Dabei erwies sich der inklusive Charakter der Appelle Obamas als zentral. Obama besitzt Charisma und Leidenschaft sowie die Begabung, eine Geschichte zu erzählen. Obama vermochte insbesondere, seine eigene Geschichte und die seiner Familie zu erzählen, die so anders war, als die von rhetorisch weniger begabten Politikern wie Hillary Clinton oder Joe Biden. Obamas Erzählungen waren von wenigen einprägsamen Bildern gekennzeichnet, die auch seine Hauptreden leitmotivisch durchziehen: dem Bild der Reise und dem Bild vom Überwinden von Widerständen. Flankierend zu seinen Reden und Wahlkampfauftritten hatte Obama bereits zu Beginn des Wahlkampfs zwei autobiographische Bücher veröffentlicht, welche seine Reise zu den Wurzeln seines Vaters[3] sowie seine Kühnheit, Hoffnung zu wagen[4] zum Inhalt hatten.

Das Bild der Reise und der Inklusion

Obamas Rhetorik ist speziell zu Beginn des Wahlkampfs Anfang 2008 ganz auf Dialog, kollektive Hoffnung und Zukunft ausgerichtet. Häufig benutzt er das Bild der Reise: Er vergleicht die Reise seiner Familie mit ihren Ursprüngen einerseits im überwiegend weißen Kansas, andererseits in Kenia nach Hawaii, wo er geboren wurde, mit seiner eigenen Reise, die ihn von Hawaii über Los Angeles, New York, Boston und Chicago schließlich nach Washington DC führte mit der Reise, die Amerika im 21. Jahrhundert vor sich hat. Die Reise der eigenen Familie symbolisiert die mögliche Überbrückung der Gegensätze zwischen schwarz und weiß. Diese Überbrückung konnte in den frühen sechziger Jahren indes nicht im traditionell-konservativen Kansas gelingen, sondern im liberalen und weltoffenen Inselbundesstaat Hawaii, der erst wenige Jahre vor Obamas Geburt der Union beigetreten war. Das multikulturelle Hawaii der Kindheit Obamas verkörpert die langsame Öffnung der USA nach Süden und in den pazifischen Westen sowie zu den Ureinwohnern. Wer in einem solchen Umfeld aufwächst, ist nicht bloß ein Kandidat der Weißen, auch nicht nur der schwarzen Amerikaner, sondern aller

---

[3] Obama, B. H. (1995), Dreams from my Father. A Story of Race and Inheritance, New York: Three Rivers Press.
[4] Vgl. Obama, B. H. (2006), The Audacity of Hope. Thoughts on Reclaiming the American Dream, New York: Crown Publishing.

Amerikaner. Gerade in seinen frühen Reden als Politiker nationaler Größe – auf dem Demokratenparteitag 2004 als auch in Reden während der Vorwahlen –, betont Obama immer wieder, ein Kandidat der „vereinigten" Staaten von Amerika zu sein, nicht ein Kandidat eines weißen oder schwarzen Teilamerikas (Boston, 27.07.2004). Es ist eine Reise der Versöhnung ethno-religiöser Gegensätze – verstärkt um die internationale Dimension der Kindheitsjahre im mehrheitlich muslimischen Indonesien –, aber auch die Aufstiegsgeschichte eines Außenseiters in die Machtzentren der amerikanischen Politik. Die Reise Amerikas kann ähnlich verlaufen, lautet die implizite Botschaft: Das Land kann sich innerlich versöhnen und Gräben zuschütten und es kann weiter aufsteigen. Wenn ein Außenseiter wie Obama, der keinen privilegierten Hintergrund besaß, aber bildungshungrig war, es schaffen kann, ist Amerika nicht verloren, will er seine Zuhörer glauben machen. Obamas Aufstieg beweist, dass das Land nicht von einer festgefügten Oligarchie beherrscht wird, sondern durch Aktivisten veränderbar bleibt.

Dass sich Amerika im Jahr 2008 – ähnlich wie zu Beginn der 90er Jahre – von einer Rhetorik der Hoffnung einfangen ließe, hätte noch vier Jahre zuvor – während der Präsidentschaftswahl 2004 – kaum jemand für möglich gehalten. Seit den Terroranschlägen des 11. September 2001, denen das Platzen der Dot.com-Blase vorausgegangen war, und ein Jahr nach dem Beginn des Irak-Krieges und der immer blutiger werdenden Besatzung des Zweistromlandes hatte eine Rhetorik der Angst vor Terror, vor wirtschaftlichem Abstieg und vor permanenten neoimperialen Kriegen den öffentlichen Diskurs der USA bestimmt. Noch während des Vorwahlkampfs 2008 konterte Obamas innerparteiliche Gegenspielerin Hillary Clinton Obamas Hoffnungspolitik mit der Rhetorik der Angst: Wer würde das Land sicher halten und sicher regieren können, wenn das rote Telefon des Weißen Hauses nachts um drei Uhr klingelte und eine Gefahr das Land bedrohe, fragte der vielleicht bekannteste Wahlspot der Clinton-Kampagne. Doch gerade bei jungen Menschen traf die Angstrhetorik Clintons oder später McCains sieben Jahre nach dem 11. September 2001 auf keine nennenswerte Resonanz. Bei den jüngeren Wählern übertraf der Möglichkeitssinn Obamas den Realitätssinn Clintons und McCains deutlich. Obama schien es während des Wahlkampfs gelungen zu sein, den Rahmen (frame) des politischen Diskurses in eine für ihn und seiner Partei vorteilhafte Richtung verändert zu haben[5].

Auch in einem weiteren Sinne bedienen Obamas Reden das Bild der Reise: Obama stellt sich immer wieder in den Kontext früherer Präsidenten, die Meilen-

---

[5] Vgl. Lakoff, G. (2004), Don't Think of an Elephant! Know Your Values and Frame the Debate, White River Junction, VT: Chelsea Green Publishing.

steine auf der Reise der USA in die Gegenwart verkörperten – insbesondere in die Folge der Präsidenten Jefferson, Jackson, Lincoln und Franklin D. Roosevelt[6]. In seiner Parteitagsrede von 2004 (Boston, 27.07.2004) zitiert er wörtlich längere Passagen aus der von Thomas Jefferson verfassten Unabhängigkeitserklärung, er nahm Anleihen an der populistischen Rhetorik Andrew Jacksons, um sich schließlich in die Tradition des ultimativen Versöhners Abraham Lincoln zu stellen, der wie Obama aus dem Staat Illinois stammte. Seine Kandidatur für das Präsidentenamt gab Obama im Februar 2007 auf den Stufen des Alten Parlamentsgebäudes von Springfield, der Landeshauptstadt von Illinois, bekannt, auf der schon Lincoln gestanden und verkündet hatte, das ein gespaltenes Haus – die in Nord und Süd geteilte Nation kurz vor dem Bürgerkrieg – nicht würde bestehen können. In dem er verkündete, dass mit ihm eine „neue Generation" von Amerikanern – die 66% Jungwähler antizipierend, die ihn am 4. November 2008 wählen würden – sich der neuen Herausforderungen der USA annehmen werde, fusionierte Obama das Erbe Lincolns mit dem Erbe John F. Kennedys[7]. In seiner Parteitagsrede 2008 griff Obama seine Kritik an der politischen Spaltung des gegenwärtigen Amerikas in ein „blaues", liberales und progressives Amerika und ein „rotes", konservativen und an Traditionen orientiertes Amerika auf, indem er verkündete, dass die US-Truppen in Irak und Afghanistan unter der Flagge der „Vereinigten" Staaten von Amerika kämpfen und sterben würden (Denver, 28.08.2008). Als moderner Lincoln würde Obama eine Spaltung des Landes nach ideologischen Linien sowenig zulassen wie Lincoln eine Spaltung in Nord und Süd.

Die inklusive Botschaft der Reisemetapher und der Hoffnung bekommt jedoch schon während des Vorwahlkampfs die ersten Risse, wenn man sich Obamas Werdegang vergegenwärtigt: Sein Erwachsenenleben verbringt Obama im vom schwarz-weiß Gegensatz beherrschten Politikleben einer Eliteuniversität wie Harvard und der Millionenstadt Chicago. In seiner Autobiographie *Dreams from my Father* von 1995 spricht er von privaten Schwierigkeiten im Umgang mit weißen Frauen, die Botschaft seines langjährigen Gemeindepriesters in Chicago, Reverend Jeremiah Wright, ist alles andere als inklusiv und hoffnungsvoll. Erhalten bleibt indes die Aufstiegsvariante der Reisemetapher – insbesondere in Gestalt seiner Frau Michelle, die den Aufstieg der schwarzen Arbeiterklasse Chica-

---

[6] Obama selbst stellte sich niemals explizit in eine Traditionslinie mit John F. Kennedy. Da der Kult um seine Person an den Kult um Kennedy erinnerte, stellten insbesondere journalistische Beobachter – nicht zuletzt in Deutschland – Obama fälschlicherweise in eine Traditionslinie mit Kennedy.

[7] Kennedy-Shaffer, A. (2009), The Obama Revolution, Beverly Hills,CA: Phoenix Books, 101.

gos durch Bildung und eine intakte Familie wie keine andere und viel besser als Barack Obama selbst verkörpert.

Against All Odds – Gegen alle Widerstände

Ein weiteres in Reden und Wahlkampfchoreographie durchgängig verwendetes Narrativ der Hoffnung ist das des sich Durchsetzens gegen Schicksal, Widerstände und Vorhersagen. Obamas Vater, der Sohn eines Ziegenhirten aus dem ländlichen Kenia – Obama erwähnt dies explizit auf seiner Parteitagsrede 2004 und bei seinen Wahlkampfreden 2008 – studiert in den USA und gründet eine Familie mit einer weißen Amerikanerin. Der „Sohn eines Migranten" – auch so bezeichnet sich Obama selbst in den genannten Reden – hätte nach den Karten, die das Spiel des amerikanischen Lebens in den sechziger Jahren verteilt, allenfalls eine Außenseiterchance auf Erfolg. Doch er überwindet Widerstände und schlechte Prognosen Schritt für Schritt, bis er 2005 als Senator in Washington DC ankommt. Auch hier bemüht Obama – der zum Zeitpunkt dieser Reden einzige schwarze US-Senator – das Bild des Washington-Außenseiters. Dieses in amerikanischen Präsidentenwahlkämpfen beliebte und beinahe überstrapazierte Bild wird zunächst durch ein Wahlkampf- und Beraterteam untermauert, das fast ohne „Washington Insider" auskommt. Das Bild, von einem, der es schwer hatte und dem man diesen Aufstieg nicht zugetraut hätte, wird insbesondere während des Vorwahlkampfs gegen Hillary Clinton in Stellung gebracht, die zwar als Frau ebenfalls als Außenseiterin gelten will, die sich aber seit ihrem Studienabschluss in den Korridoren der Macht Washingtons oder des Bundesstaates Arkansas bewegte. Doch gegen McCain, einem der dienstältesten Senatoren, vermag Obama die Außenseiterrhetorik weniger überzeugend in Stellung zu bringen: McCain hat sich trotz jahrzehntelanger Anwesenheit in Washington stets einen unabhängigen Blick von außen auf die Hauptstadt bewahrt, er ist bei den Washington-Insidern, den Lobbygruppen und Parteifunktionären, nicht beliebt. Obama hingegen wählt mit Senator Joe Biden den sprichwörtlichen Hauptstadtpolitiker zum Vizepräsidentenkandidaten und richtet seine politische Programmatik, Stärkung des Einflusses der Bundespolitik auf das Leben der Amerikaner, gänzlich an den Präferenzen Washingtons aus. Als Präsident wird Obama sehr früh zeigen, wie sehr er in der politischen Kultur Washingtons zu Hause ist. Seine Ankündigung, den Politikstil Washingtons zu verändern, bleibt eine leere Ankündigung. Spätestens mit der Verabschiedung der Gesundheitsreform zeigt Obama, wie sehr er die oft rücksichtslosen und amoralischen Machtspiele der Kapitale der USA beherrscht und für sich nutzt. Anderseits bestätigt gerade die Gesundheitsreform das Narrativ vom Überwinden von Widerständen und scheinbar aussichtlosen Situationen. Obama ist der erste Präsident der Demokratischen Partei seit Lyndon B. Johnson in den sechziger Jahren des 20. Jahrhunderts oder gar Franklin D. Roosevelt in den dreißiger Jahren, der eine weitreichende Sozialreform gegen massive Widerstände durchzusetzen in der Lage war.

Auch die Wahl Berlins als Auftrittsort während des Wahlkampfes 2008 und die dort vor der Siegessäule am 24. Juli 2008 gehaltene Rede stehen mit dem Narrativ des Überwindens aussichtsloser Situationen in einem engen Zusammenhang. Mit Hilfe der Alliierten vermochte die eingeschlossene Frontstadt die sowjetische Blockade 1948/49 und den Kalten Krieg zu überleben. Berlin ist für Obama nicht nur ein strategisch wichtiger Ort an der Schnittstelle vom „alten" zum „neuen" Europa, sondern Berlin verkörpert für ihn die Geschichte einer Stadt, die nicht aufgab, die Widerstände überwand und eng mit dem einstigen Kriegsgegner USA zusammenarbeitete. Obama verweist implizit in seiner Siegessäulenrede auf das „schaut auf diese Stadt" des während der Blockade 1948/49 Regierenden Bürgermeisters Ernst Reuter (Berlin, 24.07.2008). Aber Berlin verkörpert noch mehr als das Überstehen heikler Situationen. Es steht auch für die Inklusionsbotschaft Obamas. Es steht für Mauern zwischen Menschen, die niedergerissen wurden und die sich nicht wieder aufrichten werden. Mit Obama, auch das sollte sein Auftritt, der zunächst für das Brandenburger Tor geplant war, unterstreichen, entstehen keine neuen Mauern zwischen Bevölkerungsschichten, zwischen Partnern und zwischen dem Westen und dem Rest der Welt.

Komplexität und Vereinfachung

Insgesamt ist die Bildsprache Obamas, wie seine Sprache überhaupt, durchaus komplex. Im Schnitt sind Obamas Sätze länger und seine Formulierungen zu komplexen Themen wie Irak oder erneuerbare Energien differenzierter als die seiner politischen Gegner – insbesondere länger als die McCains. Indes reduziert Obama die Komplexität dieser Themen mittels zweier Kunstgriffe:

Erstens: In seinen Reden ist Obama stets bemüht, die genannten und andere Einzelthemen zu einer größeren Gesamterzählung zu verbinden. Sein Programm wirkt somit auch für solche Wähler kohärent, die nicht alle Einzelthemen verstehen oder für wichtig befinden. Zweitens vergisst Obama nie, die hohe sprachliche Abstraktion seiner Reden durch Beispiele aus der Lebenswelt der durchschnittlichen Wähler zu veranschaulichen. (In der Frühphase seiner Kandidatur waren es die Benzinpreise, danach die Immobilienkrise oder die steigende Sozialbeiträge). Noch mehr als andere amerikanische Politiker verbindet er seine Themenagenda

mit konkreten Beispielen von Problemlagen bestimmter Menschen aus Bundesstaaten, die er gewinnen muss. Im Industrie- und Automobilbundesstaat Michigan sind die Beispiele, anhand derer er wirtschaftliche Fragen thematisiert, andere als im Hochtechnologieumfeld Kaliforniens. Besonders gehäuft tritt diese Veranschaulichung von Problemen durch konkrete Personalisierung auf der Nominierungsrede am 28. August 2008 in Denver auf: Hier spricht Obama von der
Frau aus Ohio, dem Mann aus Indiana, dem Autoarbeiter aus Michigan und von
den Militärfamilien aus Georgia oder Kentucky usw. Insbesondere während der
heftigen Vorwahlauseinandersetzung mit Hillary Clinton stellt Obama sein rhe-
torisches Einfühlungsvermögen in die besonders für die amerikanische Mittelklasse brennenden politischen und sozialen Problemfelder immer wieder dar und
erzeugt somit seine zusätzliche emotionale Bindung zu seinen Zielgruppen. Bei
der Finanz- und Wirtschaftskrise betont er in erster Linie die sozialen Folgekosten
für amerikanische Familien, für amerikanische Arbeitsplätze. Dennoch muss er
die Mehrheit dieser Wähler seiner innerparteilichen Konkurrentin überlassen.

Die Rhetorik des Wandels

Das zweite Signaturbild der Reden Obamas ist das des Wandels (change). Obama
geht es bei der Betonung von Change nicht nur um das Abarbeiten einer Wäsche-
liste aus politischen und ökonomischen Reformen, sondern insbesondere in der
Frühphase seiner Bewerbung um generelle soziokulturelle Erneuerungen. Vor
und nach der Übernahme des Präsidentenamtes mahnt Obama einen Mentali-
tätswandel zur verstärkter Eigenanstrengung gerade bei seinen treuesten Unterstützern an: so bei schwarzen Männern oder bei afrikanischen Regierungen und
Gesellschaften.

 War die Rede vom Wandel das zentrale Bild des Wahlkampfes und des politischen Anspruch Obamas, an dem er sich wird messen lassen müssen, so wurde
„Yes, we can" zum rhetorischen Hauptausdrucksmittel dieses Anspruches.
„Wandel ist möglich", und „Ja, wir schaffen das". Kenner der sowohl in den USA
wie in Deutschland bekannten Kinder-Comic-Serie „Bob der Baumeister" kennen
diesen Slogan als Motto seiner Arbeiter, wenn Bob sie fragt, ob sie die nächste
Aufgabe stemmen können? „Werden wir das schaffen", fragt Bob. „Ja, wir schaffen das" oder „Yes, we can" in der amerikanischen Version von Bob the Builder,
ist der Antwortrefrain der Arbeiter. Zum Mantra der sozialen Bewegung Obamas
wurde der Slogan seiner vielleicht besten Rede nach der ersten gewonnenen
Parteiversammlung (Caucus) im Staate Iowa am 3. Januar 2008. „Yes, we can" ist
das Markenzeichen der Politik Obamas schlechthin.

Obamas Rhetorik des Wandels wirkt mitunter großsprecherisch, er versprach nichts weniger als fundamentalen Wandel in nahezu allen Gebieten der amerikanischen Politik einschließlich der Weltpolitik. Kleine punktuelle Veränderungen, die kumuliert einen langsamen, aber stetigen Richtungswandel einleiten können, findet man in seiner Rhetorik kaum.

Quantitative Analyse der politischen Rhetorik Barack Obamas

Neben der bisher vorgenommenen interpretierenden Analyse der politischen Rhetorik des Wahlkämpfers und Präsidentschaftskandidaten Obama bietet die auf quantitative computerlinguistische Messungen gestützte Interpretation seiner Reden und Debattenbeiträge einen zusätzlichen Erkenntnisgewinn. Das empirische Fundament der folgenden Interpretation bilden die Analysen des Semtracks Political Trackers, eines Projektes zur Untersuchung politischer Rhetorik und Sprache im Wahlkampf, das am Heidelberg Center for American Studies der Universität Heidelberg angesiedelt ist und eine computerlinguistische Analyse in mehreren Schritten anbietet[8]. Als ersten Schritt misst Semtracks den Frequenzfaktor bzw. den relativen Frequenzfaktor, der die Häufigkeit eines Wortes bzw. die Häufigkeit eines Wortes im Vergleich zu anderen Wörtern von Reden und Texten abbildet[9].

Obamas Schlüsselworte: Häufigkeitsmessung und Verwendungszusammenhänge

Auffällig in Obamas Reden als Präsidentschaftskandidat ist die Häufigkeit von Substantiven, die auf Zeit und Mobilität bezogen sind: Die hohe Frequenz der auf den Faktor Zeit bezogenen Substantive (Zeit, Jahrhundert, Monat, Tag, Moment) weisen Obama als einen Politiker aus, dem das Heute noch wichtiger ist als das

---

[8] Die im Mai 2008 von den Sprachwissenschaftlern Dr. Noah Bubenhofer und Dr. Joachim Scharloth gegründete Forschungsgruppe SEMTRACKS-Laboratory for Computer Based Meaning Research betreut verschiedene computerlinguistische Projekte zur automatisierten Textanalyse, Suchmachinentechnologie und Digitalisierung. Darunter auch den Semtracks Political Tracker, ein Projekt zur Untersuchung politischer Rhetorik und Sprache im Wahlkampf, das am Heidelberg Center for American Studies der Universität Heidelberg angesiedelt ist. Die Analysen der nachfolgenden Seiten dieses Beitrags beruhen zum Teil auf den quantitativen computerlinguistischen Untersuchungen von SEMTRACKS.
[9] Quelle: http://www.scharloth.com/cgi-bin/poltracker/poltracker.pl?textid=1 vom 9.6. 2008.

Morgen. Obama ist kein Politiker des Abwartens, noch predigt er eine Politik des Abwartens. Stattdessen erinnert er immer wieder daran, dass der Zeitpunkt für ihn, aber auch für bestimmte Politikinhalte jetzt gekommen ist: „this is the moment…", „ „Heute" usw. Seine Reden sind gespickt mit temporalen Satzbausteinen wie „21. Jahrhundert", „Es ist Zeit für…", „Zeit, eine neue Seite aufzuschlagen…", „Es wird Zeit, dass…", „Es ist höchste Zeit, dass wir…" usw. Obama wartete mit seiner Präsidentschaftskandidatur nicht, bis die Reihe an ihm war, sondern erklärte seine Kandidatur für das höchste Amt der USA und das vielleicht wichtigste Amt in der Welt auf nationaler Ebene nach nur zwei aktiven Jahren als Senator in der amerikanischen Bundespolitik. Er ließ weder Hillary Clinton noch anderen langjährigen erfahrenen Senatoren den Vortritt, sondern kandidierte vor seiner Zeit.

Beim Thema „Mobilität" sticht die Häufigkeit der Begriffe „Reise" und „Bewegung" ins Auge. Obamas Reden unterstreichen das Selbstverständnis eines Politikers, der stellvertretend für Minderheiten und Außerseiter eine Reise an die Spitze der Macht antrat. Gleichzeitig stellt Obama immer klar, dass die Vereinigten Staaten von Amerika der Kontext seiner Reise sind und nur die USA eine Reise wie die seine ermöglichen. In seinen Reden sucht Obama immer wieder einen Bezug zu den USA als geographische, soziale und politisch Identität stiftende Größe. Häufig beginnen seine Sätze mit folgenden Wendungen: „Genau hier in…", „Überall in diesem Land" (Across this country..), „Hier in Amerika…", „Für jeden Amerikaner…".

Nahezu abwesend ist in Obamas Reden dagegen die erste Person Singular. Bedient werden nahezu ausschließlich Kollektividentitäten wie Generation, Gemeinschaft, Gemeinden, Nachbarschaft usw. Nicht selten tauchen in Obamas Reden familiäre Bezeichnungen wie „folks", Mutter, Großmutter, „Mom" usw. auf, mittels derer Obama und seine Anhänger zur Obama-Familie verschmelzen. Korrespondierend dazu spricht Obama seine Anhänger selten als Individuen, dafür umso mehr als Teil einer Bevölkerungsgruppe an: Frauen, Zuwanderer oder als Volk (people).

Die Reden des Wahlkampfs sind nahezu ausschließlich dazu ausgerichtet, ein Wir-Gefühl bei den Zuhörern und Anhängern zu erzeugen. „Wir müssen…", „Es ist an der Zeit, dass wir…", „Wir können uns nicht leisten…", „Wir können das tun/schaffen…". Diese Satzanfänge kulminieren in dem refrainhaft vorgetragenen „Yes, we can."

Charakteristisch für Obamas Rhetorik ist die häufige Verwendung von Worten mit Bezug zu Bildung und Erziehung wie *college*, *education*, Studiengebühren, Wissenschaftler, Schule und Buch. Obama ist zutiefst davon überzeugt, dass er

seinen eigenen sozialen Aufstieg einzig und allein der Bildungsbeflissenheit seiner alleinerziehenden und zeitweise auf Sozialhilfe angewiesenen Mutter sowie
seiner Großeltern verdankt.

Spricht Obama über Wirtschaft, sind die Assoziationen häufig negativer
oder neutraler Natur: Lobbyist, Armut, Konkurs, Fabrik, Klasse/Schicht, Gewerk-
schaft und Unternehmen. Die ebenfalls häufig verwendeten Begriffe Traum,
Chance, Hoffnung stehen selten in einem positiven Zusammenhang mit Wirtschaft. Anhänger sehen darin ein besonderes Einfühlungsvermögen Obamas für
die Lage der Menschen in der Wirtschaftskrise, Gegner sehen im selben Befund
ihren Verdacht eines völlig wirtschaftsfernen und den Staatsinterventionismus
huldigenden Politikers bestätigt[10].

Bei den Adjektiven häufen sich solche, die Möglichkeiten und Chancen ausdrücken: möglich (possible), fähig (able), bereit/willens (willing). Auffällig der
Gebrauch von Adjektiven, die in einem positiven Zusammenhang mit „Energie"
stehen: erneuerbar, energiesparend, kraftstoffsparend (fuel-efficient), hybrid (für
Hybridantrieb) usw. Der Leitbegriff des Wandels (change) wird verbunden mit
Adjektiven wie echt (real), bedeutsam (meaningful), langfristig und universal. Bei
den Adjektiven und insbesondere bei den Pluralpronomen „wir", „Ihr" und
„uns" fanden die Forscher des Semtracks-Projektes einen hohen Signifikanzlevel[11].

Zieht man zu den wichtigsten Reden die drei Präsidentschaftsdebatten, die
Obama mit McCain im September und Oktober 2008 führte, als weitere empirische Grundlage heran, so festigt sich das Bild des klaren Analytikers Obama, der
insbesondere emotional aufgeladene Worte und Satzbildung absichtsvoll und
kalkuliert einsetzt: Wie in seinen Reden sind auch die Satzbildungen Obamas in
den Debatten deutlich länger als die McCains, die Zahl der gebrauchten Wörter
ist deutlich höher, was die Redebeiträge Obamas besonders komplex macht,
Obamas Äußerungen sind weniger emotional als die seines damaligen Mitbe-
werbers um das Präsidentenamt. Überraschend verwenden beide Kandidaten

---

[10] Die mit dem Protest gegen die Gesundheitsreform in Verbindung gebrachte Tea Party
Bewegung formierte sich nicht gegen die Gesundheitsreform, sondern bereits im März 2009
gegen die Wirtschafts-, Finanz- und Steuerpolitik der Obama-Administration. Der Name
der Bewegung nimmt Bezug auf die Steuerproteste der amerikanischen Kolonien gegen die
britische Kolonialexekutive in der zweiten Hälfte des 18. Jahrhunderts.
[11] Ein hoher Signifikanzlevel bedeutet, dass ein Wort absichtsvoll benutzt wird. Je niedriger
der Wert des Signifikanzlevels, desto höher die Wahrscheinlichkeit, dass das Wort absichtsvoll benutzt wird.

den Begriff „Wandel" (Change) nahezu gleich häufig, allerdings wird er öffentlich fast ausschließlich mit der Kampagne Obamas assoziiert.

Verwendungszusammenhänge und Wortkontexte[12]

In der Analyse der Wortkontexte wird deutlich, wie eng Obamas wichtigste innenpolitische Prioritäten, die Wirtschaft und die Gesundheitspolitik, rhetorisch miteinander verbunden sind. Selten erwähnt er das eine Politikfeld ohne das andere. Eine ähnlich enge Verbindung gibt es nur noch zwischen den beiden Begriffen „Arbeitsplätze" (jobs) und „amerikanisch" (American).

Proportional zum Bedeutungsanstieg des Themas „Wirtschaft und Arbeitsplätze" auf der öffentlichen Themenagenda, steigert sich in den Reden Obamas die Frequenz des Wortes „middle class", worunter in den USA sowohl Arbeiter- als auch Angestelltenhaushalte mit mittlerem Einkommen und Normalarbeitsverhältnissen verstanden werden. Bei sog. „Kollokationen" handelt es sich um statistisch signifikante Wortfolgen. Obama verwendet den Mittelschicht sehr häufig im Umfeld von Begriffen wie Steuererleichterungen, Entlastungen, neue Arbeitsplätze und einem Rettungsplan der Regierung für alle Amerikaner.

Zu den beliebtesten Negativkollokationen Obamas während des Wahlkampfs – aber auch als Präsident der ersten 18 Monate – gehört die Kontrastierung von „Wall Street" mit „Main Street". Wall Street ist das Zentrum des Finanzdistrikts New Yorks im unteren Manhattan, der Sitz der wichtigsten US-Börse in der Nachbarschaft zahlreicher Finanzinstitute. Main Street (Hauptstraße) ist dagegen der Name jeder beliebigen Hauptstraße in kleineren und mittelgroßen amerikanischen Städten, die von kleinen Geschäften und Familienrestaurants, von Cafes, Anwaltsbüros usw. geprägt sind[13]. Obama beschreibt in enger

---

[12] Quellen der folgenden Ausführungen: SEMTRACKS Political Tracker (2008a): US-Wahl gleich Wortwahl. Barack Obamas Rhetorik, 27.10. 2008 http://rhetorik.suite101.de/article.cfm/us_wahl_gleich_wortwahl_barack_obamas_rhetorik und SEMTRACKS Political Tracker (2008b): Die 'Wort-Wahl': Barack Obama und John McCains rhetorischer Kampf ums Weiße Haus, 25. Okotber 2008, http://semtracks.com/press/2008_October_25_SUITE101semtracks.pdf

[13] Die Gegenüberstellung lässt sich nicht direkt in den deutschen Kontext übertragen. Der Börsenplatz oder die Neue Mainzer Straße als Zentrum der Frankfurter Finanzwelt sind namentlich so gut wie unbekannt und spielen im öffentlichen Diskurs bei weitem nicht die zentrale Rolle wie die Wall Street in den USA. Als Annäherung könnte allenfalls die Gegenüberstellung zwischen zwei Straßen des ursprünglichen Monopoly-Spiels dienen, die

räumlicher Nähe zu Wall Street die Folgenkosten des Tuns der Banken für den Mittelschichtsbürger, ohne eine technische Beschreibung der Wirtschaftskrise zu liefern. Damit unterstreicht Obama sein Diktum, wonach die Schuldigen und die Verursacher für die Finanz- und Wirtschaftskrise in der Wall Street sitzen – und eben nicht bei der Politik, bei den Unternehmen draußen im Land oder gar bei den Bürgern selbst.

Erste Reden des Präsidenten Obama: Amtseinführungsrede und erste Rede zur Lage der Nation

Die bisherigen Analysen – sowohl die interpretierende als auch die computerlinguistische – beschränkten sich auf Reden, die Barack Obama als Präsidentschaftskandidat bzw. als Kandidat für den Senatssitz von Illinois 2004 gehalten hatte. Im Folgenden geht es darum herauszufinden, ob sich die prägenden Muster des Kandidaten Obama auch in den ersten Reden des 44. Präsidenten der USA finden lassen. Ein zweites Erkenntnisinteresse besteht darin herauszufinden, ob die bisherigen Reden des 44. Präsidenten der signifikant von vergleichbaren Reden seiner Vorgänger abweichen oder ob Kontinuitäten – jenseits der Rhetorik des Wandels – sichtbar werden. Im Vordergrund stehen zwei Redetypen, die jeder US-Präsident zu halten hat: die Amtseinführungsreden und die Reden zur Lage der Nation.

Rede zum Amtsantritt (Inaugurationsrede)

Bei der am 20. Januar 2009 gehaltenen Amtseinführungsrede Obamas ergibt die Häufigkeitsmessung folgendes Bild: Kollektivbegriffe wie „nation", „America", „people" und „generation" sind die Substantive mit der größten Frequenz[14] – hier lässt sich eine klare Kontinuität mit der Wortwahl der Kandidatenreden Obamas konstatieren. Wie aber schneidet das rhetorische Muster Obamas im Vergleich zu dem seines Vorgängers ab? Der Marketing- und Kommunikationsexperte David Meerman Scott kodierte die Inauguralreden Obamas vom 20.1. 2009 und die seines Vorgängers Bush vom 20.1.2001 nach den „nach innen" (internal) und größere Gruppen einschließenden (inclusive) Worten und quantifizierte das Ver-

---

Schlossallee, die aber eher gediegenen Reichtum als unreguliertes Finanzkapital symbolisiert, als Wall Street und die Hauptstraße als Main Street.
[14]   Quelle: http://www.nytimes.com/interactive/2009/01/17/washington/20090117_ ADDRESSES.html, Zugriff am 12.02.2010.

hältnis zwischen internen und inklusiven Worten – mit einem eindeutigen Ergebnis[15]. Bush benutzte elf Mal interne Begriffe wie „ich", „mein", „meine" usw. und 100 Mal inklusive Wortschöpfungen wie „wir", „unser" usw. Bei Obama ergibt sich folgendes Bild: Nur drei Mal interne Sprache, aber 142 Mal inklusive Begriffe. Damit verfügt Bush über eine Inklusion-Intern-Relation von lediglich 9.1, Obama von 47 – ein sehr deutlicher Bruch mit den Worttypen seines Vorgängers.

Ein weiterer Vergleich von Bushs Abschiedsrede am 19.1.2009 mit Obamas Amtsantrittsrede am 20.1.2009 offenbart folgende Prioritätensetzung: Während Bush in einer Rede von ähnlicher Länge wie der Obamas 18 Mal Wörter mit dem Kontext „Bedrohung" und neun Mal mit „Freiheit" verwendete, erwähnte Obama „Bedrohung" nur sechs Mal und „Freiheit" nur zwei Mal. Obama unterstreicht hiermit die Rhetorik des Wandels, in dem er sich deutlich vom Begriffs- und Deutungsrahmen (frame) seines Vorgängers Bush absetzt.

Rede(n) zur Lage der Nation

Die jährliche Rede zur Lage der Nation vor beiden Häusern des Kongresses ist die einzige Rede, welche die US-Verfassung dem Präsidenten vorschreibt. Sie bieten somit eine einzigartige Vergleichsmöglichkeit der politischen Rhetoriken unterschiedlicher Präsidenten.

Welche Worte sind die häufigsten in den ersten Reden zur Lage der Nation? Die Gesamtanalyse der ersten Reden zur Lage der Nation der Präsidenten George Washington, Abraham Lincoln, Franklin D. Roosevelt, John F. Kennedy, Lyndon B. Johnson, Ronald Reagan, George W. Bush und Barack H. Obama ergibt zunächst ein klares Bild: „Ich" ist das am häufigsten genutzte Wort, gefolgt von dem Begriff „will", der Entschlossenheit und Entscheidungsstärke ausdrückt. An dritter Stelle folgen Verweise auf die eigene Nation USA und deren Bundesregierung. „Freiheit" und „Frieden" werden häufiger verwendet als die Begriffe „Wirtschaft" und „Krieg".

Kein Präsident vor ihm benutzte das Wort „Ich" häufiger als Barack Obama – 76 Mal – obgleich es bei den Präsidenten Lincoln, Roosevelt und Kennedy ebenfalls das am häufigsten auftauchende Wort war. Kennedy sagte 39 Mal „Ich", FDR nur 24 Mal. Der Befund des inflationären Gebrauchs der ersten Person Singular scheint im Widerspruch zur „Wir"-Präferenz des Kandidaten Obama zu

---

15 Vgl.: http://www.webinknow.com/2009/01/inclusive-language-ratio-comparing-first-obama-presidential-address-with-last-from-bush.html, Zugriff am 28.2. 2010.

stehen. Doch dies ist nicht wirklich der Fall: Das Wir-Gefühl trägt den Kandidaten als Teil einer sozialen Bewegung ins Amt, bei der Amtsführung wäre das „wir" gleichbedeutend mit der Delegation und Verweigerung der Verantwort des Präsidenten. „Wir" haben gewählt, aber „Ich" regiere. Das Präsidialsystem der USA kennt weder das kollektive Kabinettsprinzip noch eine geteilte Exekutive: Der Präsident ist Staatsoberhaupt und Regierungschef, es ist Oberbefehlshaber der Streitkräfte in Friedens- und Kriegszeiten. Auch das nächst häufig gebraucht Wort drückt das Prinzip individueller präsidialer Verantwortung aus: Lyndon B. Johnson, Ronald Reagan und George W. Bush verwendeten das Wort „will" häufiger als jedes andere Wort, aber auch bei Obama folgt „will" auf dem zweiten Platz, in der absoluten Zahl gebrauchte er „will" sogar häufiger als etwa Bush.

Trotz der immensen internationalen Aufmerksamkeit, welche der Kandidatur des angeblichen Weltbürgers Obama zuteil wurde, bleibt Obama nach Amtsantritt ein eindeutig rein amerikanischer Präsident: Kein Präsident vor Obama gebrauchte den Begriff „Volk" (people) so häufig wie der 44. Präsident und seit den 60er Jahren tauchte der Begriff „Welt" selten weniger häufig auf als bei Obama. Präsidenten des Kalten Krieges wie Johnson und Kennedy, aber auch der selbsterklärte ‚Kriegszeitenpräsident' George W. Bush gebrauchten „Welt" zwei bis viermal so häufig wie Obama. Obama gebrauchte „Amerika" deutlich weniger oft als sein Vorgänger Bush (24:33), aber häufiger als Reagan, Kennedy oder Johnson. Bei Obama 2010 und Bush 2002 ragen die Bezüge zum Begriff „Amerika" und „amerikanisch" aus Wortbündeln weiter heraus als bei allen früheren Präsidenten. Bei Bush 2002 lagen die Prioritäten wenige Monate nach den Anschlägen vom 11. September 2002 klar auf sicherheitspolitischen Begriffen wie „Waffen", „Terror" und „Terroristen" sowie „Sicherheit" und „müssen. Bei Obamas Begrifflichkeit 2010 schimmert die Priorität der Wirtschaftskrise deutlich durch, was sich anhand des hohen Gebrauchs von Wortbündeln mit den Begriffen „Arbeit", „Jobs", „Wirtschaft", Steuern", „Familien" sowie „jetzt" und „braucht" ablesen lässt.

Präsidenten der Demokraten haben klar die Oberhand, wenn es sich um das Wort „neu" handelt. Obama macht hier keine Ausnahme.

Zwischenfazit: Mit Ausnahme des deutlich häufigeren Gebrauchs der ersten Person Singular, die für alle Präsidenten charakteristisch ist und bei Obama in besonders ausgeprägter Form, hält Obama auch in seinen ersten Reden als 44. Präsident der USA im Kern sowohl an der Rhetorik der Hoffnung als auch an der Rhetorik des Wandels fest.

Schlussbetrachtung: Möglichkeiten und Grenzen politischer Rhetorik in den USA

Barack Obama hat seine Reden und die politische Rhetorik eindrucksvoll und erfolgreich zum Machterwerb eingesetzt. Dies gilt insbesondere für seine Reden vor und während des innerparteilichen Vorwahlkampfs. Bei der Erklärung seines knappen Vorwahltriumphs über seine Hauptrivalin Hillary Clinton ist die Kraft seiner politischen Rhetorik ein wichtiger Bestimmungsfaktor. Lässt sich Obamas Sieg im Hauptwahlkampf gegen den Kandidaten der Republikaner, John McCain, durch exogene Faktoren wie Wirtschaftslage, geringe Zufriedenheit mit der Amtsführung des ausscheidenden Republikaner-Präsidenten George W. Bush und Kompetenzvorsprüngen der Demokraten in fast allen Politikfeldern erklären, so muss bei der Analyse der innerparteilichen Triumphes Obamas auf endogene Faktoren wie Persönlichkeit, Professionalität der Wahlkampfführung, aber auch Charisma und rhetorischen Geschick zurückgegriffen werden. Eine andere und offene Frage lautet indes, ob die politische Rhetorik auch bei der Machtausübung des Präsidenten eine ähnlich prominente Rolle spielt wie beim Machterwerb.

Jüngst wecken neuere Studien[16] begründete Zweifel an der These von der rhetorischen Präsidentschaft. Einer der versiertesten politikwissenschaftlichen Präsidentenforscher, George C. Edwards widerspricht der eingangs zitierten Formel Neustadts vom Primat der informellen Machtressource Überredungskunst diametral: Die präsidiale Macht ist nicht die Macht der Überredungskunst. Lim argumentiert, dass Präsidenten seit längerer Zeit insbesondere durch griffige Slogans, sound bites und emotional gefärbte Plattitüden auffallen als durch sorgfältig aufgebaute Argumentationsketten und Redekunst. Beide Autoren verweisen mit einiger Berechtigung auf die Schwierigkeiten von amtierenden Präsidenten, die Öffentlichkeit zu mobilisieren, den Kongress auf die Linie des Präsidenten einzuschwören und ihre Prioritäten in konkrete Gesetzgebung zu übersetzen[17]. Nach Aussage Edwards verfügten mindestens drei von ihm untersuchte

---

[16] Vgl. Edwards III, G.C. (2009), The Strategic President: Persuasion and Opportunity in Presidential Leadership, Princeton, NJ: Princeton University Press 2009; Lim, E.T. (2008), The Anti-Intellectual Presidency: The Decline of Presidential Rhetoric from George Washington to George W. Bush, New York: Oxford University Press.

[17] Beide Autoren würden sich durch Obamas anfängliche Schwierigkeiten, für die Gesundheitsreform breite gesellschaftliche und politische Mehrheiten zu organisieren, bestätigt fühlen.

Präsidenten – Abraham Lincoln, Franklin D. Roosevelt und Ronald Reagan – über
die besten äußeren Voraussetzungen, um die öffentliche Meinung in ihrem Sinne
zu mobilisieren. Der 41. und der 43. Präsident der USA, Vater und Sohn Bush
besaßen weniger günstige Ausgangsbedingungen. Folgt man Edwards, so gelang
es keinem der fünf untersuchten Präsidenten, über die Köpfe des Kongresses
hinweg die Bevölkerung für die Politik des Präsidenten einzunehmen oder die
politischen Präferenzen einer Bevölkerungsmehrheit zugunsten eines Ein-
schwenkens auf die politische Linie des Präsidenten zu verändern. Nicht nur
bleiben die politischen Präferenzen der Bevölkerung über einen längeren Zeitraum stabil, die Stimme des Präsidenten ist nur eine von vielen im Äther der
politischen Kommunikation der USA und weltweit. Aus diesem Grund hält Edwards Strategien von Präsidenten, die auf Mobilisierung der Öffentlichkeit für
das Programm des Präsidenten setzten, als notwendig zum Scheitern verurteilt.
Ebenso wenig gelänge es Präsidenten, mittels politischer Rede den Kongress von
einem Handeln abzubringen, das sich unabhängig vom Handeln des Weißen
Hauses entfaltet. Der Präsident kann bei knappen Mehrheitsverhältnissen dafür
sorgen, dass einige wenige Kongressabgeordnete durch Zugeständnisse, Dro-
hungen und Geschenken auf seine Linie einschwenken, um somit knappe legislative Siege zu erringen. Ein erfolgreicher Präsident müsse eher unheroisch agieren.
Genau dies tat Obama, nachdem die Gesundheitsreform ins Stocken geraten war.
Er hielt keine Rede mehr, sondern organisierte durch pure Machtpolitik und
Verfahrenskniffe knappe politische Mehrheiten.

Edwards sieht einen strategisch erfolgreichen Präsidenten eher in der Rolle
des Vermittlers und Moderators, der Gelegenheitsfenster für Wandel in seiner
Umgebung erkennt und diese durch taktisch und strategisch geschicktes Agieren
für sich nutzt. Präsidenten müssen die Möglichkeiten des Moments ausnutzen,
um Wandel zu bewerkstelligen. Dieser punktuelle Wandel kann sich vollziehen,
ohne dass die Bevölkerung in ihren Präferenzen auf die Linie des Präsidenten
einschwenkt und ohne dass der Präsident dauerhafte legislative Koalitionen im
Kongress schmiedet. Edwards zeichnet das Bild eines Präsidenten, der Bescheidenheit zu seinem Erfolgsrezept macht. Ohne den Mut zur Bescheidenheit hält
Edwards den Präsidenten angesichts überzogener Erwartungen für zum Scheitern verurteilt. Dieses Scheitern, darin unterscheiden sich wohl Edwards als auch
der Verfasser dieses Beitrags von anderen Beobachtern, ist jedoch keinesfalls
zwangsläufig oder im Amt angelegt. Im amerikanischen politischen System ist
der Präsident keinesfalls als unumschränktes Machtzentrum angelegt, sondern
als jemand, der das Zusammenspiel beherrscht, der vermittelt, repräsentiert und

moderiert. Der US-Präsident ist Bedingungen unterworfen, die er selbst nur am Rande oder gar nicht beeinflussen kann.

Die Grenzen der rhetorischen Präsidentschaft lassen sich wie folgt knapp umreißen: Ist ein Präsident im Amt, redet er an weiten Teilen der Öffentlichkeit vorbei, da sie ihm nicht zuhört. Bei den meisten Zuhörern sind die politischen Einstellungen relativ gefestigt und lassen sich durch eine Serie präsidialer Reden nicht verändern, die Botschaft des Präsidenten ist eine von vielen in der Kakophonie moderner Medienlandschaften. So gesehen, ist die rhetorische Präsidentschaft ein nur sehr begrenzt taugliches Instrument politischer Führung in normalen Zeiten. Bisher spricht wenig dafür, dass Obama seine politische Redekunst als Präsident so gewinnbringend einsetzen können wird, wie er dies als wahlkämpfender Kandidat während seiner Kampagne getan hat.

Georg Schild

Too Angry? Not Angry Enough?
Rassenproblematik und Bürgerrechte in Reden Barack Obamas

> *„... it's not always easy for a black politician to gauge the right tone to take – too angry? not angry enough? – when discussing the enormous hardships facing his or her constituents."*[1]

Einleitung

Mit Barack Obama trat am 20. Januar 2009 der erste schwarze Präsident der Vereinigten Staaten von Amerika sein Amt an. Wer erwartet hatte, dass der Präsident die Rassen- und Bürgerrechtsproblematik ins Zentrum seiner Inaugurationsrede stellen würde, sah sich getäuscht. Stattdessen stellte er seine Ansprache unter den Aspekt der Verantwortung. Der Vorgängerregierung von Präsident George W. Bush warf er vor, auf dem Feld der Wirtschaft und der Außenpolitik verantwortungslos gehandelt zu haben: „Our economy is badly weakened, a consequence of greed and irresponsibility on the part of some, but also our collective failure to make hard choices and prepare the nation for a new age" (Washington, 20.01.2009). Obama kündigte an, dass seine Regierung den Krieg im Irak verantwortungsbewusst beenden werde: „We will begin to responsibly leave Iraq to its people, and forge a hard-earned peace in Afghanistan." Die Wirtschaft und die Außenpolitik waren Beispiele für den Ansatz des Präsidenten, Verantwortung zu betonen und damit den inneren Zusammenhalt Amerikas zu stärken: „What is required of us now is a new era of responsibility – a recognition, on the part of every American, that we have duties to ourselves, our nation, and the world, duties that we do not grudgingly accept but rather seize gladly, firm in the know-

---

[1] Obama, B. (2009), The Audacity of Hope: Thoughts on Reclaiming the American Dream, New York, S. 232.

ledge that there is nothing so satisfying to the spirit, so defining of our character, than giving our all to a difficult task." Die Verantwortung der Menschen füreinander sei Teil der Vorstellung der Freiheit in Amerika. Dieser Verantwortlichkeit füreinander sei es zu verdanken, dass Menschen aller Hautfarben an diesem Tag in Washington versammelt seien und dass der Sohn eines Mannes, der sechzig Jahre zuvor nicht einmal in einem Restaurant bedient worden wäre, nun den Eid als Präsident der Vereinigten Staaten ableisten könne. Für Obama bedeutete *era of responsibility,* dass die Bürgerrechte gestärkt werden mussten. Aber gleichzeitig bestand auch Grund zur Freude über all das, was bereits erreicht worden sei. Die Wahl Obamas hat damit ein neues Kapitel in den Rassenbeziehungen in Amerika eingeläutet, weil kein weißer Präsident zuvor mit der gleichen Überzeugung von den Erfolgen der Vergangenheit hat sprechen können. Die These dieses Beitrages ist, dass Obama mit seinen Appellen für ein gegenseitiges Verständnis nicht nur die Rassenfrage überwinden wollte, sondern dass er für ein neues nationales Zusammengehörigkeitsgefühl warb. Er forderte Schwarze auf, nicht länger alte Rassismusvorwürfe zu erheben und Weiße nicht länger für eigene Fehlschläge und Unzulänglichkeiten verantwortlich zu machen. Gleichzeitig rief er die Weißen dazu auf, den schwarzen Diskurs über Rasse und das Vermächtnis der Sklaverei ernst zu nehmen. Diese Strategie versprach einerseits Erfolg, weil sie auf beide Seiten zuging, Gemeinsamkeiten herausstellte und den umstrittenen Aspekt der Rasse mit dem unumstrittenen der Nation verknüpfte. Allerdings hing der Erfolg der Politik davon ab, dass Weiße und Schwarze bereit waren, dem Präsidenten auf diesem Wege zu folgen. Sowohl im weißen als auch im schwarzen Lager gab es noch immer Kräfte, die die Vorstellung eines *postracial America,* in dem die Hautfarbe keine Rolle mehr spielt, ablehnten. Da es keine gesetzlich verankerte Diskriminierung von Schwarzen mehr gibt, können Obamas Ziele nicht anhand legislativer Initiativen analysiert werden. Stattdessen sollen beispielhaft drei Reden untersucht werden, in denen er explizit auf die Rassenproblematik einging: eine Rede vom März 2007 in Selma, Alabama, zur Erinnerung an die Bürgerrechtsbewegung der sechziger Jahre; eine Rede vom März 2008 in Philadelphia, in der er auf Vorwürfe gegen seinen Pastor Jeremiah Wright einging, sowie eine Ansprache zum 100jährigen Bestehen der Bürgerrechtsorganisation NAACP im Juli 2009 in New York. Um die Bedeutung der Reden Obamas bewerten zu können, müssen sie im Kontext der Bürgerrechtsbewegung des 19. und 20. Jahrhunderts und aktueller kultureller Diskurse über die Rassenfrage gesehen werden.

Sklaverei in der amerikanischen Geschichte

Die Frage der Sklaverei und der Rassenbeziehungen zieht sich durch die gesamte amerikanische Nationalgeschichte. Sklaverei begann in den britischen Kolonien in Nordamerika im frühen 17. Jahrhundert und nahm bis zum 19. Jahrhundert kontinuierlich an Umfang und Bedeutung zu. Während der Beratungen der Verfassunggebenden Versammlung von Philadelphia hätte es 1787 die Chance gegeben, die Sklaverei zu beseitigen. Dies scheiterte jedoch am Widerstand von Delegierten der Südstaaten, die erklärten, dass sie einem Verfassungsdokument die Zustimmung verweigern würden, das die Leibeigenschaft in Frage stellte. Die amerikanische Verfassung schuf einen Staat, der in seinen Gründungsdokumenten einerseits die unveräußerlichen Rechte aller Menschen nach Leben, Freiheit und Glückseligkeit („life, liberty, and the pursuit of happiness") betonte, andererseits aber auch Sklaverei legitimierte. Auf diesen Widerspruch ist von Kritikern der Sklaverei immer wieder hingewiesen worden. So erklärte der entflohene Sklave und schwarze Bürgerrechtler Frederick Douglass in einer Rede im Juli 1852, dass Schwarze den 4. Juli nicht als nationalen Feiertag begehen könnten: „Fellow citizens, pardon me, and allow me to ask, why am I called upon to speak here today? What have I, or those I represent, to do with your national independence? Are the great principles of political freedom and of natural justice embodied in that Declaration of Independence extended to us? ... What to the American slave is your Fourth of July? I answer – a day that reveals to him, more than all other days in the year, the gross injustice and cruelty to which he is the constant victim. To him, your celebration is a sham – your boasted liberty, an unholy license – your national greatness, swelling vanity – your sounds of rejoicing are empty and heartless ... There is not a nation on earth guilty of practices more shocking and bloody than are the people of these United States at this very hour."[2]

In der ersten Hälfte des 19. Jahrhunderts wurde Sklaverei zur zentralen Auseinandersetzung in den Vereinigten Staaten. Der Konflikt entlud sich im Bürgerkrieg der Jahre 1861 bis 1865, der fast einer Million Amerikanern das Leben kostete. Auf dem Höhepunkt des Krieges erließ Präsident Abraham Lincoln die Emanzipationsproklamation, die den Sklaven des Südens nach dem Krieg die Freiheit versprach. Zu diesem Schritt bewegte ihn neben politischen Überlegungen vor allem die militärische Notwendigkeit, schwarze Einheiten in der Unions-

---

[2] Harrison, M./Gilbert, S. (2001), Landmark American Speeches, Bd. 2, 19th Century, Carlsbad, S. 92.

armee aufzustellen und die Plantagenwirtschaft des Südens zu schädigen. Zum großen Emanzipator ist Lincoln erst von der Nachwelt gemacht worden. Seine Äußerungen über Sklaven und Schwarze waren zeitlebens eher gemäßigt gewesen. In einem Brief an den Herausgeber der *New York Tribune*, Horace Greeley, machte Lincoln im August 1862 deutlich, dass er eine Position in der Sklavereifrage einnahm, die vom übergeordneten Ziel des Sieges im Bürgerkrieg bestimmt war: „My paramount object in this struggle is to save the Union, and is not either to save or to destroy slavery. If I could save the Union without freeing any slave I would do so, and if I could save it by freeing all the slaves I would do it; and if I could save it by freeing some and leaving others alone I would also do that. What I do about slavery, and the colored race, I do because I believe it helps to save the Union."[3] Auch Präsident Obama sieht in seinem Vorgänger Lincoln nicht den großen Reformer, sondern ein Beispiel für das Dilemma, in dem sich der Mensch und Politiker Lincoln befand. In seinem Buch *Dreams from My Father* schrieb Obama: „I like to believe that for Lincoln it was never a matter of abandoning conviction for the sake of expediency. Rather, ... that we must talk and reach for common understandings, precisely because all of us are imperfect and can never act with the certainty that God is on our side."[4]

Die Hoffnung der Sklaven und weißen Abolitionisten, dass es nach Kriegsende zu einer Integration der etwa vier Millionen ehemaligen Sklaven in die amerikanische Gesellschaft kommen würde, erfüllte sich nicht. Im Gegenteil schottete sich die weiße Mehrheitsgesellschaft immer mehr gegenüber den freien Schwarzen ab. Den Höhepunkt erlebte diese Entwicklung 1896 mit der Entscheidung des Obersten Gerichtshofes der USA im Fall „Plessy vs. Ferguson", die die *separate but equal*-Doktrin etablierte. Die Lebensbereiche von Weißen und Schwarzen im öffentlichen Raum (Schulen, Eisenbahnen usw.) konnten völlig voneinander getrennt werden, sofern sie nur annähernd gleich waren. Der Bürgerrechtler Frederick Douglass hatte diese Abschottung der weißen Bevölkerung von den Schwarzen seit den 1870er Jahren beobachtet und kritisiert. Anlässlich der Eröffnung eines Denkmals für Abraham Lincoln in der Hauptstadt Washington erklärte er an seine weißen Zuhörer gewandt: „Ihr seid die Kinder von Abraham Lincoln. Wir [die Schwarzen] sind bestenfalls seine Stiefkinder; seine adoptierten Kinder, Kinder durch die Kraft der Umstände und Notwendigkeiten."

---

[3] Basler, R.S. (1953), Abraham Lincoln, Collected Works, New Brunswick, Bd. 5, S. 388-89.
[4] Obama, B. (1995), Dreams from My Father: A story of race and inheritance, New York: Times Books.

Erst nach dem Ende des Zweiten Weltkriegs kam Bewegung in die starre Trennung der Rassen. Im Jahr 1954 hob der Oberste Gerichtshof in der Entscheidung „Brown vs. Board of Education" die Rassentrennung im öffentlichen Raum wieder auf. Zu diesem Zeitpunkt war eine neue Generation schwarzer Intellektueller und Politiker wie Malcolm X (1925 bis 1965) und Martin Luther King, Jr. (1929 bis 1968) herangewachsen, die in ihren Reden die fortgesetzte Diskriminierung der Schwarzen kritisierten. Unter ihnen bestand jedoch keine Einigkeit darüber, wie auf die fortgesetzte Benachteiligung von Schwarzen in der Gesellschaft zu reagieren sei. Malcolm X predigte einen „schwarzen Nationalismus" (*black nationalism*) und wollte sich von der Kultur der Weißen abschotten. Im Jahre 1964 erklärte er in einer Rede: „I tell you that the time has come for the black man to die fighting. If he's going to die, let him die fighting." In einer anderen Rede sagte er: „We declare our right on this earth to be human beings, to be respected as human beings, to be given the rights of human beings in this society, on this earth, in this day, which we intend to bring into existence by any means necessary." Der weit gemäßigtere King hatte das Ziel, den Aspekt der Rasse zu überwinden; er träumte von einer Gesellschaft, in der Menschen nicht nach der Farbe der Haut, sondern nach ihrem Charakter bewertet würden In seiner berühmten „I Have a Dream"-Rede vom August 1963 erklärte er: „Let us not seek to satisfy our thirst for freedom by drinking from the cup of bitterness and hatred. We must forever conduct our struggle on the high plane of dignity and discipline. We must not allow our creative protest to degenerate into physical violence."[5]

Damit sind die zwei Hauptlinien beschrieben, die die Rhetorik der Bürgerrechtsbewegung nach dem Zweiten Weltkrieg über eine Generation lang dominiert haben. Die Emanzipation konnte für einen radikalen Flügel nur außerhalb der weißen rassistischen Gesellschaft erfolgen. Einhundert Jahre nach dem Ende des Bürgerkrieges sei die Zeit des Wartens auf weiße Zugeständnisse vorbei. Man müsse sich nun nehmen, was einem zustehe. Ein gemäßigter Flügel plädierte hingegen dafür, auch weiterhin auf gewaltfreie Aktionen zu setzen. Das Ziel müsse eine Gesellschaft sein, in der Rasse keine Rolle mehr spielte. Zu Beginn des 21. Jahrhunderts war jedoch eine neue Generation von schwarzen Politikern und Intellektuellen zu der Überzeugung gelangt, dass beide Alternativen nicht länger wünschenswert erschienen. Schwarze konnten innerhalb der amerikanischen Gesellschaft erfolgreich sein und mussten sich weder von der weißen Gesellschaft ausgrenzen noch ihre kulturellen Merkmale aufgeben. Gleichzeitig sind die USA

---

[5] Washington, J.M. (1986), A Testament of Hope: The Essential Writings and Speeches of Martin Luther King, Jr., New York, S. 218.

zum begehrten Einwanderungsland auch für junge Schwarze aus Afrika und der Karibik geworden. Die *New York Times* schätzte im Jahre 2005, dass im Jahrzehnt von 1990 bis 2000 mehr Schwarze in die USA eingewandert seien als in den 200 Jahren legaler Sklaveneinfuhr von 1619 bis 1807.[6]

Obama und die Bürgerrechtsbewegung

Barack Obama wurde in der Hochphase der amerikanischen Bürgerrechtsbewegung geboren. In den Jahren vor seiner Geburt hatte es Proteste gegen die Rassentrennung in Schulen und im öffentlichen Nahverkehr in den Südstaaten gegeben. Wie rigoros die Rassentrennung jedoch auch zur Zeit seiner Geburt noch immer war, geht daraus hervor, dass im Jahr 1960, als Obamas Eltern heirateten, gemischtrassige Ehen in der Hälfte der amerikanischen Bundesstaaten noch immer unter Strafe standen. In Obamas Geburtsjahr 1961 unternahmen Bürgerrechtler aus dem Norden die sog. Freiheitsfahrten (*freedom rides*) durch den Süden, mit denen sie für eine Integration der Rassen warben. Die Einwohner der Südstaaten reagierten darauf häufig mit brutaler Gewalt. Als Obama sieben Jahre alt war, waren sowohl Malcom X als auch King Mordanschlägen zum Opfer gefallen. Zu diesem Zeitpunkt hatte die Bürgerrechtsbewegung jedoch auch erste Erfolge vorzuweisen. So verabschiedet der Kongress in Washington 1965 den Voting Rights Act, der Schwarzen das Wahlrecht garantierte.

Wenn man in Obamas Reden nach Vorbildern aus den Zeiten der Bürgerrechtsbewegung sucht, so fallen Parallelen zu Martin Luther King, Jr. auf. So nahm Obama am Tag seines Wahlsieges im November 2008 einen Gedanken aus Kings letzter Rede auf, in der er den Schwarzen zwar das gelobte Land verhieß, jedoch warnte, dass dieses Ziel nicht schnell erreicht werden könne: „I may not get there with you but I want you to know tonight that we as a people will get to the promised land". Obama sah in seinem politischen Erfolg der Wahl zum Präsidenten einen wichtigen – aber noch nicht den abschließenden – Schritt hin zum gelobten Land: „The road ahead will be long. Our climb will be steep. We may not get there in one year or even one term. But, America, I have never been more hopeful than I am tonight that we will get there. I promise you, we as a people will get there" (Chicago, 04.11.2008).

Kann aus dieser rhetorischen Anleihe bei King auf eine grundsätzliche Übereinstimmung in der Aussage zwischen King und Obama geschlossen wer-

---

[6] Morgan, J. (2009), Black Like Barack, in: Sharpley-Whiting, T.D. (Hrsg.), The Speech: Race and Barack Obama's „A More Perfect Union," New York: Bloomsbury, S. 59.

den? Die Antwort darauf muss negativ ausfallen, weil die persönlichen Erfahrungen Kings und Obamas als Schwarze in der amerikanischen Gesellschaft höchst unterschiedlich waren. King stammte aus dem Süden, wo er Diskriminierung tagtäglich erlebt hatte. Er machte wie viele schwarze Bürgerrechtsführer der Zeit Karriere als Theologe. Obama, der weder in seiner Jugend auf Hawaii noch im Studium an Eliteuniversitäten in Boston und Chicago auf unmittelbare Diskriminierung wegen seiner Hautfarbe gestoßen war, ging anders mit der Rassenfrage um. Für ihn hatte sich Kings Traum, nur nach der eigenen Leistung ohne Ansehen der Hautfarbe bewertet zu werden, bereits erfüllt. Bis ins frühe Erwachsenenalter hinein scheint Obama der Rassenfrage keine große Bedeutung beigemessen zu haben. In seinem ersten autobiographischen Buch *Dreams from My Father* beschrieb er seine Suche nach der Bedeutung von Rasse: „My identity might begin with the fact of my race, but it didn't, couldn't, end there."[7] Obama schrieb, wie sehr Schwarze in seiner Jugend versuchten weißen Beispielen nachzueifern und ihre Haare wie die Weißen tragen wollten. Er selbst sei davon jedoch nicht betroffen gewesen: „I was one of the luckier ones, having been given a stretch of childhood free from self-doubt."

In das Rampenlicht der nationalen und internationalen Öffentlichkeit trat Obama im Sommer 2004. Am 27. Juli hielt er vor dem Demokratischen Nominierungsparteitag eine Rede, in der er die Bedeutung der Rassenzugehörigkeit in Amerika herunterspielte. Stattdessen spielten Aspekte der nationalen Einheit und typische amerikanische Wertvorstellungen wie Eigenverantwortung und Fleiß zentrale Rollen: „Through hard work and perseverance my father got a scholarship to study in a magical place, America, that shone as a beacon of freedom and opportunity to so many who had come before. ... People don't expect government to solve their problems. But they sense, deep in their bones, that with just a slight change in priorities, we can make sure that every child in America has a decent shot at life, and that the doors of opportunity remain open to all." Die Rede kulminierte in der Forderung, Trennungslinien innerhalb der amerikanischen Gesellschaft nicht länger zu tolerieren: „There is not a liberal America and a conservative America: There is the United States of America. There is not a black America and a white America and Latino America and Asian America – there's the United States of America" (Boston, 27.07.2004).

Zwei Jahre später schrieb Obama in seinem programmatischen Buch *The Audacity of Hope*, dass der Aspekt der Rasse sowohl für Weiße als auch für

---

[7] Obama, B. (1995), Dreams from My Father: A story of race and inheritance, New York: Times Books.

Schwarze noch immer eine große Rolle spiele: „When I hear commentators inter-preting my speech to mean that we have arrived at a 'postracial politics' or that we already live in a color-blind society, I have to offer a word of caution. To say that we are one people is not to suggest that race no longer matters – that the fight for equality has been won, or that the problems that minorities face in this country today are largely self-inflicted."[8] Damit stand Amerika vor einem Di-lemma: Programme, die besonders Schwarzen halfen, waren einerseits wichtig, andererseits verschärften sie jedoch die Auseinandersetzung zwischen Mitglie-dern unterschiedlicher ethnischer Gruppierungen. Universelle Programme, von denen alle Bürger profitieren würden, könnten Mitglieder aller Rassen zusam-men führen. Appelle an das Schuldbewusstsein der Weißen würden jedoch nicht mehr fruchten: „Rightly or wrongly, white guilt has largely exhausted itself in America," so Obama. „Even the most fair-minded of whites, those who would genuinely like to see racial inequality ended and poverty relieved, tend to push back against suggestions of racial victimization – or race-specific claims based on the history of race discrimination in this country."[9] Der Publizist Edward Blum kam in der Zeitschrift *National Review* zu der Einschätzung, dass Obama als Au-tor der Bücher *Dreams from My Father* und *Audacity of Hope* noch auf der Suche nach der Bedeutung von Rasse in der modernen amerikanischen Gesellschaft war. „Together, these musings suggest that Obama, like many Americans, is ambivalent about how much race should define our lives. Yet if he is unsure of the degree race defines his life, he is much more certain of the policies the nation should pursue to close the education and economic gaps between the races."[10] Spätestens in dem Moment, da er sich um das höchste nationale Wahlamt be-warb, musste sich Obama zur Frage der Rassenbeziehungen äußern.

Obamas Reden

Am 4. März 2007 hielt Obama in Selma, Alabama, eine Rede anlässlich der Ein-weihung einer Erinnerungsstätte, die an den „Blutsonntag" (*bloody Sunday*) im März 1965 erinnert, an dem Polizisten mit Gewalt gegen friedlich demonstrieren-

---

[8] Obama, B. (2009), The Audacity of Hope: Thoughts on Reclaiming the American Dream, New York, S. 232.

[9] Ebd., S. 247.

[10] Blum, E. (2007, 12. Februar), Obama's Race Problem and a unique opportunity, National Review Online, http://article.nationalreview.com/305417/obamas-race-problem/edward-blum.

de Bürgerrechtler vorgingen. Kennzeichen der Rede war, dass sich Obama damit als Teil der amerikanischen Bürgerrechtsbewegung zu erkennen geben wollte. Weder Obamas weiße Mutter noch sein aus Kenia stammender Vater waren Teil dieser Bewegung gewesen. Dennoch hätte seine Familie sehr wohl erfahren, was Diskriminierung bedeute: „You see, my Grandfather was a cook to the British in Kenya. Grew up in a small village and all his life, that's all he was – a cook and a house boy. And that's what they called him, even when he was 60 years old. They called him a house boy. They wouldn't call him by his last name. Sound familiar? He had to carry a passbook around because Africans in their own land, in their own country, at that time, because it was a British colony, could not move about freely. They could only go where they were told to go. They could only work where they were told to work." Auch sein Leben sei durch die Bürgerrechtsbewegung und besonders durch die Ereignisse in Selma bestimmt gewesen, so Obama. Die Kennedy-Administration habe sich Anfang der sechziger Jahre um das Ansehen des Landes in der Welt angesichts der Gewalt der Weißen gegen die eigenen farbigen Mitbürger gesorgt. Die USA gaben begabten jungen Afrikanern deshalb die Chance, in die USA zu kommen und dort zu studieren. Im Rahmen dieses Programms sei auch sein Vater nach Amerika gekommen, wo er eine weiße Frau kennen gelernt habe, die aus einer alten ehemals sklavenhaltenden Familie stammte. Seine Eltern hätten angesichts des Rassismus in Amerika zunächst entschieden, kein gemeinsames Kind zu bekommen. Erst nach den Ereignissen von Selma hätten sie sich entschlossen, mit einem Kind bewusst ein Zeichen zu setzen. Obama brachte jedoch die Chronologie der Ereignisse bewusst oder unbewusst durcheinander. Sein Vater war bereits 1959 aus Kenia in die Vereinigten Staaten gekommen und der junge Barack Obama war zum Zeitpunkt der Unruhen von Selma bereits vier Jahre alt war. Entscheidend war für Obama die Schlussfolgerung seiner Darstellung. Er gehört zur amerikanischen Bürgerrechtsbewegung. Er darf in Selma zur Erinnerung an den Blutsonntag sprechen: „This young man named Barack Obama got one of those tickets and came over to this country. He met this woman whose great great-great-great-grandfather had owned slaves; but she had a good idea there was some craziness going on because they looked at each other and they decided that we know that the world as it has been it might not be possible for us to get together and have a child. There was something stirring across the country because of what happened in Selma, Alabama, because some folks are willing to march across a bridge. So they got together and Barack Obama Jr. was born. So don't tell me I don't have a claim on Selma, Alabama. Don't tell me I'm not coming home to Selma, Alabama."

Nachdem er seine Berechtigung als schwarzer Bürgerrechtsführer zu sprechen herausgestellt hatte, betonte er, dass es zwar seit den sechziger Jahren viele Fortschritte gegeben habe, es aber dennoch einiges im Bereich der wirtschaftlichen Antidiskriminierung zu tun gäbe: „[W]e've got to recognize that we fought for civil rights, but we've still got a lot of economic rights that have to be dealt with. We've got 46 million people uninsured in this country despite spending more money on health care than any nation on earth. It makes no sense. As a consequence, we've got what's known as a health care disparity in this nation because many of the uninsured are African American or Latino. Life expectancy is lower. Almost every disease is higher within minority communities." Schulen für Schwarze seien noch immer schlechter als solche für Weiße.

Zuletzt kam Obama auf die Eigenverantwortung schwarzer Familien zu sprechen, ein Gesichtspunkt, den er in späteren Reden verstärkt betonte: „I'm fighting to make sure that our schools are adequately funded all across the country. With the inequities of relying on property taxes and people who are born in wealthy districts getting better schools than folks born in poor districts and that's now how it's supposed to be. That's not the American way. But I'll tell you what – even as I fight on behalf of more education funding, more equality, I have to also say that, if parents don't turn off the television set when the child comes home from school and make sure they sit down and do their homework and go talk to the teachers and find out how they're doing, and if we don't start instilling a sense in our young children that there is nothing to be ashamed about in educational achievement." Eltern hätten die Verpflichtung, auf die Entwicklung ihrer Kinder Einfluss zu nehmen. Die Vorstellung, dass Fleiß eine „weiße" Tugend sei, der die Schwarzen nicht nacheifern sollten, sei falsch. „I don't know who taught them that reading and writing and conjugating your verbs was something white." Obama beschritt in dieser Rede eine Mittelposition zwischen Forderungen an die weiße Bevölkerung und an die Schwarzen, sich auf eigene Leistungen zu konzentrieren.

Seine innenpolitischen Gegner machten es Obama nicht leicht. Im März 2008, inmitten des Vorwahlkampfes um die Nominierung der Kandidaten für das Präsidentenamt der beiden großen Parteien, wurde Kritik an vermeintlich antiweißen Äußerungen seines langjährigem Pastors Jeremiah Wright geübt. Alle amerikanischen Fernsehsender strahlten mehrere kurze Ausschnitte von Predigten Wrights vom September 2001 und April 2003 aus – insgesamt umfassten die Ausschnitte weniger als 160 Worte –, in denen er die Vereinigten Staaten u. a. als „the US of KKK-A" bezeichnete und das Land für die Behandlung der Schwarzen verurteilte: „The government gives them drugs, builds bigger prisons, passes a

three-strike law and then wants us to sing ,God bless America.' No, no, no ... God
damn America for treating her citizens as less than human."[11]

Obama sah sich durch diese Vorwürfe an Wright gezwungen sich erneut zur
Rassenproblematik zu äußern. Die persönlichen und intellektuellen Beziehungen
zwischen Obama und Wright reichten bis in die frühen achtziger Jahre zurück,
als sie zusammen in Chicago arbeiteten. Einige Beobachter gehen davon aus, dass
Wright lange Zeit Obamas einflussreichster Ratgeber gewesen sei und dass
Wrights Predigten für den späteren Präsidenten stilbildend geworden sind. Dies
wird etwa im Titel von Obamas zweitem Buch *The Audacity of Hope* deutlich, der
durch eine gleichnamige Predigt Wrights inspiriert war. In einem Interview mit
der *Chicago Tribune* vom 27. Januar 2007 lobte Obama Wright für seine politischen
Ratschläge.

Obama antwortete auf die Kritik an Wright am 18. März 2008 in einer Rede
im National Constitution Center in Philadelphia, die unter dem Motto „A More
Perfect Union" stand und in der er vom „Hunger der Amerikaner nach einer
Botschaft zur nationalen Einheit" („we saw how hungry the American people
were for this message of unity") sprach. Obama hat die Rede selbst verfasst. Ent-
würfe des Textes hat er in den Tagen vor dem 18. März mit seinen Beratern Jon
Favreau und David Axelrod erörtert.

Die etwa 38 Minuten lange Rede ist in drei Teile gegliedert. Zunächst sprach
Obama vom Versprechen Amerikas nach Freiheit, das an dem Ort an dem er
stand, der Constitution Hall, 200 Jahre zuvor abgegeben worden sei. Im zweiten
Teil kontrastierte er dieses Versprechen mit der Realität der Sklaverei und fortge-
setzten Diskriminierung der Schwarzen in Amerika. Im dritten Teil kam er auf
die Hoffnung für die Zukunft des Landes zu sprechen.

Farmer, Händler und Gelehrte, die der Tyrannei und der Verfolgung in Europa entflohen waren, hätten 1787 die amerikanischen Verfassung geschaffen und
damit das „Experiment der Demokratie" gewagt, so Obama. Das Dokument sei
jedoch von Anbeginn an durch die Sünde der Sklaverei besudelt gewesen („stai-
ned by this nation's original sin of slavery"). Ihre Freiheit hätten die Sklaven
erhalten, weil es zu allen Zeiten Bürger gab, die bereit waren dafür zu kämpfen,
dass der Graben zwischen den Idealen Amerikas und der Realität der Gesellschaft kleiner wurde. Obama sah seinen Wahlkampf um das Präsidentenamt in

---

[11] Zitiert nach Jackson, D.Z. (2009), Wright Stuff, Wrong Time, in: Sharpley-Whiting, T.D.
(Hrsg.), S. 23; Hendricks, O.M. Jr. (2009), A More Perfect (High-Tech) Lynching, in: Sharp-
ley-Whiting (Hrsg.), S.167; Wrights Bemerkung über `KKK-AA bezieht sich auf den Ku
Klux Klan, der seit dem Ende des Bürgerkrieges Angst und Schrecken unter Schwarzen des
Südens verbreitete.

dieser Tradition: „To continue the long march of those who came before us, a march for a more just, more equal, more free, more caring, and more prosperous America. I chose to run for the presidency at this moment in time because I believe deeply that we cannot solve the challenges of our time unless we solve them together, unless we perfect our union by understanding that we may have different stories, but we hold common hopes." Obwohl die Versuchung nahe lag, die Kandidatur Obamas einseitig durch die Linse der Rassenbeziehungen zu sehen, sei er in vielen Staaten des Südens bei den Vorwahlen erfolgreich gewesen. Aber unterschwellig habe Rasse immer eine Rolle gespielt, wenn Kommentatoren ihn als „zu schwarz" oder „nicht schwarz genug" tituliert hätten. Diese Debatte habe mit den Angriffen auf Pastor Wright eine neue Qualität erlangt. Obama leugnete keineswegs, dass er genau wisse, für welche Ziele Wright stehe. Er, Obama, verurteile solche Äußerungen: „Reverend Wright's comments were not only wrong but divisive, divisive at a time when we need unity." Aber dabei beließ es Obama nicht. Er wollte, dass seine Zuhörer erkannten, warum Wright sich zu solch kritischen Äußerungen hatte hinreißen lassen. Wright sei eine der tragenden Säulen der amerikanischen Gesellschaft, der seinem Land als Soldat gedient habe und jetzt Gott diene: „He is a man who served his country as a United States Marine, and who has studied and lectured at some of the finest universities and seminaries in the country, and who over 30 years has led a church that serves the community by doing God's work here on Earth – by housing the homeless, ministering to the needy, providing day care services and scholarships and prison ministries, and reaching out to those suffering from HIV/AIDS." Wrights Äußerungen seien zu verstehen vor seinem persönlichen Hintergrund fortgesetzter Diskriminierung Schwarzer in der U.S.-amerikanischen Geschichte: „Legalized discrimination, where blacks were prevented, often through violence, from owning property, or loans were not granted to African-American business owners, or black homeowners could not access FHA mortgages, or blacks were excluded from unions, or the police force, or the fire department meant that black families could not amass any meaningful wealth to bequeath to future generations. That history helps explain the wealth and income gap between blacks and whites and the concentrated pockets of poverty that persist in so many of today's urban and rural communities." Es seien die Umstände des Lebens in einer ungleichen und rassistischen Gesellschaft gewesen, die einen Mann wie Wright zum Kritiker gemacht hätten: „A lack of economic opportunity among black men and the shame and frustration that came from not being able to provide for one's family contributed to the erosion of black families, a problem that welfare policies for many years may have worsened. And the lack of basic services in so many urban black neighborhoods – parks for kids to play in, police walking the beat, regular garbage pick-up, building code enforcement – all helped create a cycle of violence, blight, and neglect that continues to haunt us. This is the reality in which Reverend Wright and other African-Americans of his generation grew up. They came of age in the late '50s and early '60s, a time when segregation was still the law of the land and opportunity was systematically constricted. What's remarkable is not how many failed in the face of discrimination, but how many men and women overcame the odds, how many were able to make a way out of no way for those like me who would come after them." Amerika verharre seit vielen Jahren in einem Stillstand der Rassenbeziehungen. Dieser Stillstand müsse beendet werden. Das bedeute aber, dass die Forderungen der Schwarzen eingebunden werden müssten in einen Gesamtzusammenhang gesellschaftlicher Forderungen etwa nach gleicher Bezahlung für gleiche Arbeit und es bedeutete, dass sich alle auch der Verantwortung für den eigenen Erfolg und den der Kinder bewusst würden. Dieser Wandel sei möglich, so Obama im wohl wichtigsten Teil der Rede, weil Amerika zum Wandel bereit und in der Lage sei: „The profound mistake of Reverend Wright's sermon is not that he spoke about racism in our society. It's that he spoke as if our society was static; as if no progress has been made; as if this country – a country that has made it possible for one of his own members to run for the highest office in the land and build a coalition of white and black, Latino and Asian, rich and poor, young and old – is still irrevocably bound to a tragic past. But what we know – what we have seen – is that America can change. That is the true genius of this nation."

Obamas Rede hat große öffentliche, politische und literarische Aufmerksamkeit erfahren. Innerhalb der ersten 24 Stunden wurde die Rede auf der Internetseite *You Tube* 1,2 Millionen Mal aufgerufen.

Die Literaturwissenschaftlerin Geneva Smitherman hat die Rede als schwarze Adaption der Textgattung der Jeremiade interpretiert. Der Begriff Jeremiade geht auf das Buch Jeremias im Alten Testament zurück. Jeremias erklärt, dass die Leiden der Israeliten die Bestrafung Gottes für die Abkehr des auserwählten Volkes vom rechten Weg seien. In dieser Tradition kritisiert die Jeremiade Zustände in einer Gesellschaft. Gleichzeitig besteht die Hoffnung auf Besserung, wenn die Beteiligten ihr Verhalten ändern. In der amerikanischen Tradition besonders der Puritaner des 17. Jahrhunderts bestand die Jeremiade aus drei Teilen, zunächst der Schilderung einer Idealvorstellung, einem Versprechen nach Freiheit und Gleichheit. Darauf folgt eine Aufzählung der Verfehlungen, welche die Abkehr von diesem Weg darstellen. An dritter Stelle folgt die Vorstellung, dass Amerika doch noch den rechten Weg finden wird. Diese rhetorische Struktur verdeutlicht die Absicht des Sprechers, die Zuhörer zu kritisieren und sie auf den rechten moralischen Weg zu verweisen, so Smitherman.

Neben der traditionellen weißen hat es in den USA auch eine spezifisch schwarze Jeremiade gegeben. In dieser Version waren die schwarzen Sklaven die Kinder Gottes. Ihre Leibeigenschaft wurde analog der „Versklavung" der nord-amerikanischen Kolonien durch Großbritannien gesehen. Die weißen Amerikaner stellten mit anderen Worten ihren Bund mit Gott in Frage, solange sie Schwarze als Sklaven hielten. Entsprechend der Dreiteilung der Jeremiade – Idealzustand, Klage, Aufforderung zur Verhaltensänderung – wurden in der schwarzen Adap-tion der Jeremiade zunächst die Prinzipien der Unabhängigkeitserklärung – die Beschwörung der Gleichheit aller Menschen und das Zugeständnis der Grund-rechte *life, liberty, and the pursuit of happiness* – gelobt. Darauf folgte die Kritik an der Gesellschaft, die diese Prinzipien nicht ernst nahm. Für Smitherman sind die bereits erwähnte Rede von Frederick Douglass vom 5. Juli 1852 und Kings „I Have a Dream"-Rede aus dem Jahr 1963 Beispiele für schwarze Jeremiaden.

Obamas Rede vom März 2008 erscheint auf den ersten Blick ebenfalls als klassische (schwarze) Jeremiade. Für Smitherman ging sie jedoch über das Vor-bild hinaus. Auch Obama begann mit dem Versprechen der amerikanischen Gründungsdokumente. Dann listete er die Ungerechtigkeiten auf, unter denen die Schwarzen zu leiden hatten. Der entscheidende Unterschied sei jedoch, dass in der klassischen Formen der Jeremiade der Unterdrücker von seinem Tun ab-lassen musste. Er alleine trug die Verantwortung. Obama rief jedoch alle – Schwarze und Weiße – dazu auf, den Weg Amerikas zur Verbesserung des ge-sellschaftlichen Zusammenlebens zu gehen: „It is not only Whites but also Blacks who have to do some work if America is to realize the promise and perfect the union."[12] Er bringt Verständnis auf für die Wut der Schwarzen gegenüber Be-nachteiligung in der amerikanischen Gesellschaft, gleichzeitig äußert er aber auch Verständnis gegenüber der weißen Mittelklasse, die sich durch spezielle Förder-programme für Schwarze (*affirmative action*) gegenüber Minoritäten benachteiligt fühlte. Obama macht deutlich, dass er die Gedanken und Argumente von beiden Seiten beleuchtet und sich nicht auf eine Seite festlegen lassen wird. Er entzieht sich der Definition durch Rassenzugehörigkeit, ohne jedoch der eigenen Vergan-genheit und der der African Americans keine Beachtung mehr zu schenken. Da-mit positioniert er sich als Führungsperson für alle Amerikaner jeglicher Her-

---

[12] Smiterman, G. (2009), „It's Been a Long Time Comin, but Our Change Done Come," in: Sharpley-Whiting (Hrsg.), S. 190-204.

kunft, möchte ethnische und kulturelle Trennlinien überwinden und fordert zum gegenseitigen Verständnis und zum Handeln aller gegen Ungerechtigkeit auf.

Der Grund für diese Besonderheit der Rede liegt darin, dass es Obama nicht auf eine Schuldzuweisung ankam, sondern auf praktische Lösungsansätze. Im Zentrum der Rede – und im Zentrum von Obamas politischem Denken seit den Tagen der Publikation seines Buches *Dreams from My Father* – steht die Frage, wie eine rassisch heterogene Gesellschaft mit einer Tradition der Versklavung und Diskriminierung der Schwarzen zu einer einheitlichen und vorurteilslosen Gesellschaft geformt werden könne. Obama beschwor dazu die Dokumente des Staates und appellierte an alle Bürger den Weg der Einheit zu beschreiten. Damit sind weder Abraham Lincoln noch Martin Luther King Obamas unmittelbare Vorbilder. Lincoln beschwor die Einheit des Landes. Er war jedoch bereit, die Freiheit der Sklaven auf dem Altar dieser Einheit zu opfern. King träumte von einer Gesellschaft ohne Rassenschranken. Obama ging einen Schritt weiter und verlangte, dass sich die Menschen nicht nur als gleichwertig ansehen, sondern dass sie sich auch gemeinsam als Teile der amerikanischen Nation verstanden.[13]

Obamas Rede ist von vielen politischen Kommentatoren als brillant und als Befreiungsschlag gewertet worden. Die Zeitung *Dallas Morning News* fragte, ob ein anderer amerikanischer Politiker der jüngsten Vergangenheit eine solch offene und gleichwohl hoffnungsvolle Rede zum Thema Rasse abgegeben habe. Die *Arizona Republic* lobte die Tiefe der Analyse. Die *New York Times* verglich die Rede mit Ansprachen von Abraham Lincoln und Franklin D. Roosevelt und nannte sie ein Zeugnis des Mutes („A Profile in Courage"). Die Zeitung nahm damit den Titel eines Buches von Senator John F. Kennedy aus dem Jahre 1956 auf, in dem er Politiker für unpopuläre, aber richtige und mutige Entscheidungen lobte.[14] Der Historiker Garry Wills verglich Obamas Rede mit Abraham Lincolns Vortrag vor der New Yorker Cooper Union im Februar 1860. Beide Männer waren Rechtsanwälte aus Illinois gewesen, jung und beide mussten gegen Vorurteile ankämpfen. Lincoln galt den Bewohnern der Ostküste als zu ungebildet und zu radikal in seinen sklavereikritischen Ansichten. Obama wurde vorgehalten, dass er sich nicht rechtzeitig von Wright getrennt habe. Wills lässt keinen Zweifel aufkommen, dass ihm Lincolns Rede mehr beeindruckt hat als Obamas. Aber er stellt auch viele Gemeinsamkeiten fest: Beide Autoren nutzten eine ähnliche Stra-

---

[13] Kitwana, B. (2009), Between Expediency and Conviction: What We Mean When We Say „Post-Racial", in: Sharpley-Whiting (Hrsg.), S. 99.

[14] Zur Reaktion auf die Rede Obamas, vgl. Jackson, D.Z. (2009), Nuanced Genius, in: Sharpley-Whiting (Hrsg.), S. 113-14.

tegie, um dem Vorwurf des Extremismus zu begegnen. Beide suchten nach größeren Entwicklungen unterhalb der Ebene der Bitternis des Tages. „Each forged a moral position that rose above the occasions for their speaking."[15]

Kommentatoren des konservativen Fernsehsenders Fox verurteilten die Rede als unglaubwürdig. Der radikale New Yorker Theologe Obery M. Hendricks warf Obama hingegen vor, dass er sich zu sehr von den Thesen Wrights, die er als völlig zutreffend ansah, distanziert habe. Die Publizistin Debra Dickerson brachte ihre Unzufriedenheit mit der Politik Obamas auf die Formel: „Obama isn't black."[16]

Obama fand sich wegen Äußerungen eines Freundes und Beraters in der Position eines Angegriffenen. In seiner Replik lieferte Obama weder eine unglaubwürdige Distanzierung von Wright, noch einen Treueschwur, der seinen eigenen politischen Untergang bei der Wahl bedeutet hätte. Stattdessen wandelte er die Herausforderung durch seine Kritiker in eine Chance, seine Position zu erläutern. Obama warb für Verständnis für Wrights Position, stellte sie jedoch gleichzeitig als Stufe innerhalb eines längeren Prozesses hin zur Durchsetzung von Demokratie und Gleichheit in Amerika an.

Obamas Rede vor der NAACP

Obamas Vorstellungen laufen auf eine *postracial society* hinaus, eine Gesellschaft, die nicht durch Rassentrennung definiert ist. Und mehr noch, alle Bürger sollen sich als Teil eines gemeinsamen Staates verstehen. Damit sind Obamas Ziele weder mit denen gemäßigter Bürgerrechtsführer wie Martin Luther King, Jr., noch mit solch radikalen Politikern wie Malcolm X oder Al Sharpton vergleichbar. Obama geht davon aus, dass die Gesellschaft keine Diskriminierung mehr anstrebt. Wo Benachteiligungen bestehen, können sie beseitigt werden. Die Benachteiligung schwarzer Männer sei gleichzusetzen mit der anderer Gruppen wie weißer Frauen, die weniger Geld erhielten für ihre Tätigkeiten als Männer.

Die größte Bedrohung dieser Ziele Obamas ging von Personen aus, die seine Vorstellungen nicht verstehen konnten oder nicht verstehen wollen. Auf einer Pressekonferenz wurde Präsident Obama am 22. Juli 2009 um einen Kommentar zur Festnahme des prominenten schwarzen Soziologen und Professors an der

---

[15] Wills, G. (2008, 1. Mai), Two Speeches on Race, The New York Review of Books 55(7).

[16] Hendricks, O.M. Jr. (2009), A More Perfect (High-Tech) Lynching, in: Sharpley-Whiting (Hrsg.), S. 178; Dickerson, zit. nach Morgan, J. (2009), Black Like Barack, in: Sharpley-Whiting (Hrsg.), S. 60.

Harvard University, Henry Louis Gates, Jr., wegen eines vermeintlichen Einbruchsdeliktes einige Tage zuvor gebeten. Obama überlegte zunächst einen Augenblick, rang sichtbar um jedes Wort, mit dem er auf die Frage antworten wollte und warf den beteiligten Polizisten schließlich vor, „dumm" gehandelt zu haben („acted stupidly"), als sie Gates in seinem eigenen Haus verhafteten. Obama stellte die Festnahme des Wissenschaftlers dann aus zwei unterschiedlichen Perspektiven in einen historischen Kontext. Die erste Perspektive war die der Geschichte der Diskriminierung von Schwarzen in der amerikanischen Geschichte: „What I think we know, separate and apart from this incident, is there is a long history in this country of African-Americans and Latinos being stopped by police disproportionately. That's just a fact." Die Wahl des ersten schwarzen Präsidenten in der Geschichte der USA mag ein Meilenstein auf dem Weg zur Verbesserung der Beziehungen der Rassen gewesen sein. Seine Präsidentschaft sei „testimony to the progress that has been made." Es war jedoch nicht der Endpunkt.

Etwa zeitgleich mit der Festnahme von Gates hielt Präsident Obama eine Rede anlässlich des einhundertjährigen Bestehens der amerikanischen Bürgerrechtsorganisation National Association for the Advancement of Colored People (NAACP). Obama nutzte die Ansprache, um die Bedeutung der Organisation zu betonen. Die Erfolge der NAACP im Kampf gegen die Diskriminierung waren gleichzusetzen mit einem Lob an die gegenwärtige amerikanische Gesellschaft, dass sie die Benachteiligung der Schwarzen weitgehend beseitigt habe. Obama erinnerte daran, dass im Jahre 1909 – nur eine Generation nach dem Ende der Sklaverei – die Benachteiligung der Schwarzen gesellschaftlich akzeptiert war. Wenn sich Schwarze dagegen auflehnten, mussten sie damit rechnen, von einem aufgebrachten Mob gelyncht zu werden. Die Aufgabe der NAACP sei von Anbeginn an gewesen, gegen diese Diskriminierung zu kämpfen, „the stain of slavery and the sin of segregation had to be lifted in the courtroom, and in the legislature, and in the hearts and the minds of Americans" (New York, 16.07.2009). Obama erinnerte an die großen Momente der Bürgerrechtsbewegung wie den Busboykott in Montgomery, Alabama, die *freedom rides* und den stummen Protest am *lunch counter* von Greensboro, North Carolina. Sie alle, die dies getan hätten, hätten damit den Auftrag der amerikanischen Verfassung erfüllt, „to make a more perfect union."

Nachdem er die bisherigen Erfolge aufgezählt und die amerikanische Gesellschaft für ihre Bereitschaft zum Wandel gelobt hatte, ging er auf das ein, was noch zu tun sei, „too many barriers still remain." Amerikaner afrikanischer Herkunft sind überproportional von Arbeitslosigkeit betroffen, und schwarze Familien haben häufig keine Krankenversicherung.

Die Aufgabe der NAACP wie aller Schwarzen für die Zukunft sei eine andere als in der Vergangenheit. Auf der einen Seite gab es nie weniger Diskriminierung als gegenwärtig („I believe that overall, there probably has never been less discrimination in America than there is today."), auf der anderen Seite gab es aber noch immer bestimmte Benachteiligungen („the pain of discrimination is still felt in America").

Im wichtigsten Teil der Rede kam Obama auf Schule und Bildung als Herausforderung für die Gesellschaft und für schwarze Eltern zu sprechen. Schulen seien nicht nur als Bildungsstätten für die nächste Generation von Bedeutung. Der Streit um die Aufnahme eines schwarzen Kindes in einer rein weißen Schule in Topeka, Kansas, war 1954 der Ausgangspunkt für ein juristisches Vorgehen gegen die Trennung von Weißen und Schwarzen in allen Lebensbereichen. Auch ein halbes Jahrhundert nach der Entscheidung des Obersten Gerichtshofes im Fall „Brown v. Board of Education" schnitten schwarze Schüler in Vergleichstests deutlich schlechter ab als ihre weißen Mitschüler. In vielen amerikanischen Orten würde die Hälfte aller schwarzen Schüler die Schule vorzeitig verlassen. Dies müsse alle Amerikaner aufrütteln: „The state of our schools is not an African American problem; it is an American problem. Because if black and brown children cannot compete, then America cannot compete." Auch hier zeigt sich Obamas Botschaft der Einheit aller Amerikaner; jedes Kind, egal welcher Herkunft, soll die gleichen Chancen in der amerikanischen Gesellschaft haben. Er benennt die spezifischen Probleme der African-Americans, die aus seiner Sicht jedoch ein gesamtamerikanisches Problem darstellen. Er möchte in seiner Amtszeit diese Probleme angehen und die amerikanische Gesellschaft zum Besseren verändern. Als schwarzer Präsident hat er einen besonderen Einblick in die Probleme der afroamerikanischen Minderheit, sieht diese aber als etwas, das alle angeht und nur gelöst werden kann wenn alle Amerikaner gemeinsam an einem Strang ziehen. Er als Präsident sieht sich dabei als derjenige, welcher diese Einheit stärken will, Trennung überwinden anstatt zu verschärfen und möchte sich auch hier als Führungsperson aller Amerikaner verstanden wissen.

Im umstrittensten Teil der Rede appellierte Obama nicht nur an die Verantwortung des Staates, sondern erneut auch an die der Eltern. „[A]ll these innovative programs and expanded opportunities will not, in and of themselves, make a difference if each of us, as parents and as community leaders, fail to do our part by encouraging excellence in our children. Government programs alone won't get our children to the Promised Land. We need a new mind set, a new set of attitudes – because one of the most durable and destructive legacies of discrimination is the way we've internalized a sense of limitation; how so many in our community have come to expect so little from the world and from themselves." Schwarze Eltern sollten ihren Kindern gegenüber aufrichtig sein. Ja, sie würden unter erschwerten Bedingungen aufwachsen, aber das müsse Ansporn sein und dürfe nicht als Rechtfertigung für selbst verschuldetes Versagen dienen. „Yes, if you live in a poor neighborhood, you will face challenges that somebody in a wealthy suburb does not have to face. But that's not a reason to get bad grades – that's not a reason to cut class – that's not a reason to give up on your education and drop out of school. No one has written your destiny for you. Your destiny is in your hands – you cannot forget that. That's what we have to teach all of our children. No excuses. No excuses." Obama appellierte an den Staat und an jeden einzelnen Bürger: „Yes, government must be a force for opportunity. Yes, government must be a force for equality. But ultimately, if we are to be true to our past, then we also have to seize our own future, each and every day."

Welche Einstellung in der Rassenfrage verbirgt sich hinter Obamas Reden? Zielten die Erinnerung an frühere Diskriminierungen und die Ermahnung an Schwarze, ihr Schicksal selbst in die Hand zu nehmen, in die gleiche Richtung oder waren dies inkompatible Vorstellungen, um unterschiedliche Interessengruppen zufrieden zu stellen? Konservative Politiker wie William Bennett haben sich in den ersten Monaten der Präsidentschaft Obamas sehr positiv geäußert, weil er den Aspekt der Rassentrennung nie in den Vordergrund der politischen Auseinandersetzung gestellt habe. Er unterscheide sich damit positiv von anderen Bürgerrechtsführern: „He [Obama] never plays the race card. Talk about the black community – he has taught the black community you don't have to act like Jesse Jackson; you don't have to act like Al Sharpton."[17]

Die amerikanische Presse hat Obama in den ersten Monaten seiner Amtszeit vornehmlich als Kritiker destruktiver Lebensweisen schwarzer Männer dargestellt. Obama selbst war mit dieser Charakterisierung nicht zufrieden. In einem Interview mit dem Journalisten Eugene Robinson von der *Washington Post* beklagte er sich über die Berichterstattung seiner Rede vor der NAACP. Die Medien hätten seine Äußerungen über persönliche Verantwortung herausgestellt, aber seine Bemerkungen über die Bürgerrechtsproblematik, in denen er über die hohe

---

[17] Waldman, P. (2009, 15. September), Stuff some White people don't like. The Right's Animosity toward Obama isn't about Fascism or Socialism -- it's about Racism, American Prospect, on-line edition, http://www.prospect.org/cs/articles?article=stuff_some_white_people_dont_like

Arbeitslosenquote von Schwarzen, die hohe Zahl an Inhaftierten und den fehlenden Krankenversicherungsschutz gesprochen hatte, ignoriert. Nach der Festnahme von Henry Louis Gates, Jr., schien sich Obama zum ersten Mal mit dem Schicksal eines wegen seiner Hautfarbe benachteiligten Schwarzen (wenngleich es sich um einen bekannten Harvard-Professor handelte) solidarisiert zu haben. Die *New York Times* schrieb, dass all diejenigen, die sich über Obamas Kritik am Vorgehen der Polizei deshalb die Augen rieben, weil er doch die Rassentrennung überwinden wollte, zum ersten Mal den ganzen Obama gehört hätten: „People who have heretofore viewed Mr. Obama as a 'postracial' abstraction were no doubt surprised by these remarks. This could be because they were hearing him fully for the first time."[18]

Schlussbetrachtung: Obama, *race relations* und Rhetorik

Barack Obama war nicht der erste Präsident, der die Rassenbeziehungen zu Beginn des 21. Jahrhunderts neu durchdenken wollte. Als der fiktive Präsident Josiah Bartlet in der amerikanischen TV-Serie *West Wing* auf sein letztes Amtsjahr zuging, überlegten die Produzenten der Sendung, wer ihn ersetzen könnte. Der Drehbuchschreiber Eli Attie, der zuvor für Vizepräsident Al Gore Reden geschrieben hatte, war von Obamas Rede auf dem Demokratischen Nominierungsparteitag 2004 so beeindruckt, dass der fiktive Demokratische Präsidentschaftskandidat Matthew Santos in enger Anlehnung an Obama gestaltet wurde. Obama ist halb schwarz und halb weiß, Santos ist hispanischer Herkunft. Beide sind etwa gleich alt, haben eine attraktive Frau (mit dem Unterschied, dass Santos' Frau weiß ist) und jeweils zwei Töchter. Zufällig waren die Republikanischen Gegenkandidaten Obamas und Santos' – die Senatoren Arnold Vinick und John McCain – sogar gleich alt. Wichtiger noch war, dass beide Demokraten es ablehnten, sich durch ihre Rassezugehörigkeit definieren zu lassen. Als in einer *West Wing*-Episode ein Berater dem Kandidaten Santos empfiehlt, sich besonders um die Stimmen hispanischer Wähler zu bemühen, lehnt er dies erbost ab: „I don't want to just be the brown candidate. I want to be the American candidate."

Washington und Hollywood gingen zu Beginn des 21. Jahrhunderts in der Frage der zukünftigen Rassenbeziehungen Hand in Hand. Die Zeit war reif für Politiker, die die Teilung des Landes in Farbkategorien wie weiß, braun, gelb und schwarz überwinden wollten. Die Rhetorik Obamas, die sich von der früherer

---

[18] Staples. B. (2009, 24. Juli), President Obama, Professor Gates and the Cambridge Police, New York Times, http://www.nytimes.com/2009/07/24/opinion/24fri4.html.

Bürgerrechtsführer unterscheidet, zeigt dies deutlich. Es geht dem Präsidenten nicht darum, den Weißen den Spiegel für frühere Verfehlungen vorzuhalten, sondern die Umrisse einer Gesellschaft zu zeigen, die nicht durch Rasse definiert ist. Im Kontext der Bürgerrechtsbewegung ist dies eine konservative und moderate Botschaft.

Dennoch benennt er die speziellen Herausforderungen, die die afro-amerikanische Minderheit noch immer begegnen muss klar beim Namen und wirbt für ein Amerika, das es als Herausforderung ansieht allen die gleichen Chancen zu bieten. Gerade weil Obama schwarz ist, kann er in besonderer Weise für die African Americans sprechen. Ein weißer Kandidat hätte sich keinen vergleichbaren Appell an die Verantwortung der Eltern erlauben können ohne damit unter heftige Kritik zu geraten. Während Obama seine eigene Biographie und sein Eingebettetsein in die afro-amerikanische Geschichte in der Argumentation für seine Führungsstärke nutzt, ergänzt er dies mit der Botschaft der Einheit. Er möchte sich und seine Programmatik nicht durch seine Rassenzugehörigkeit definiert wissen sondern sich für die Rechte aller Amerikaner und aller Benachteiligter in der amerikanischen Gesellschaft einsetzen – egal ob schwarz, weiß oder braun.

Für einen ausländischen Beobachter ist es erstaunlich zu sehen, wie kritisch viele Amerikaner Obamas Hinweise auf die Überwindung der Rassenteilung ansehen. Konservative Gruppen, die teilweise Obamas Recht auf die Präsidentschaft bezweifeln, fürchten, dass er die bestehende Sozialordnung ändern und unter dem Deckmantel des Ausgleichs finanzielle Ressourcen umverteilen wolle. Auch viele Schwarze bereiten Obama Probleme. Pastor Jeremiah Wright gehört zu einer anderen Generation von Bürgerrechtsführern, die vom Antagonismus zu den Weißen geprägt war und ihre hergebrachte Auffassung nicht ändern wird. Der schwarze Soziologe Henry Louis Gates und die weißen Polizisten, die ihn im Sommer 2009 verhaftet haben, verhielten sich bei dem vermeintlichen Einbruch wie es stereotype Vorstellungen verlangen: Schwarze besitzen keine schönen Häuser und werfen Polizisten Rassismus vor; weiße Polizisten verhaften mit Vorliebe widerspenstige Schwarze. Obamas Aufgabe, die Rassenbeziehungen in Amerika auf eine neue Grundlage zu stellen, ist noch nicht eingelöst. Trotz seiner zurückhaltenden Rhetorik hat er bei Schwarzen Erwartungen geweckt, die nur schwer zu erfüllen sein werden, und gleichzeitig bei vielen Weißen Befürchtungen hervorgerufen. Dennoch ist es Obama im Wahlkampf gelungen die Mehrheit der Bevölkerung von seinen Führungsqualitäten zu überzeugen und eine neue Begeisterung für die Zukunft des Landes hervorzurufen. Dieser Erfolg ist zu einem großen Teil seiner rhetorisch brillant vorgetragenen Botschaft der Einheit und der Hoffnung auf ein besseres Amerika zuzuschreiben – einer Botschaft die Rassenzughörigkeit nicht leugnet, diese jedoch verbindet mit dem Band der gemeinsam erlebten amerikanischen Identität, die alle Bürger in ihrem Streben nach einer gerechteren Gesellschaft vereint.

Thomas Dienberg

Spiritualität und Religion in den Reden von Barack Obama

„Mister Obamas Rhetorik ist postmodern und darüber hinaus durch ein Programm und eine Vision gekennzeichnet, die man als aggressiv, zerstörerisch und apokalyptisch bezeichnen muss. Katholiken weinen über solche Worte."[1] Diese Äußerung von Kardinal James Francis Stafford soll nicht den Weg für die folgenden Ausführungen weisen. Sie erscheint aber bewusst hier am Beginn, um deutlich zu machen, dass Barack Obama kein unumstrittenes Phänomen ist. Seine Reden ziehen an, ziehen Kreise und ziehen in den Bann. Sie sind geprägt von den Erfahrungen der Globalisierung und vielfältiger Krisen. Sie sprechen eine klare, einfache, dabei jedoch sehr emotionale und auch sehr wohl religiös-spirituelle Sprache. Sie machen deutlich, was in vielen Bereichen in den USA Realität ist, die der Betrachter von außen erst einmal so akzeptieren muss: Es gibt keine klare Grenzziehung zwischen Politik und Religion in den USA, diese gibt es folgerichtig auch nicht in den Reden Barack Obamas. Doch davon abgesehen vermag Obama etwas, was seine Vorgänger im Amte des Präsidenten so nicht geschafft haben: Er scheint Vertrauen und Sicherheit zu vermitteln, er scheint Werte und Zukunft zu verkörpern, er scheint Hoffnung in einer hoffnungslosen und fast apokalyptisch anmutenden Zeit zu geben. Vielen gibt das vieles, manchem macht das Angst, wie z. B. Kardinal Stafford. Sind Obamas Reden wirklich so postmodern und zerstörerisch? Seine Reden sprechen zumindest eine deutlich andere Sprache: „Let us be our brother's keeper, Scripture tells us. Let us be our sister's keeper" (Philadelphia, 18.03.2008). Sie atmen einen sehr spirituellen Geist, der sich auf den Glauben an den Menschen, an Amerika und an Gott beruft.

---

[1] Zitiert nach: Steinkerchner, S. (2009), „American Progress." Wort und Antwort, 2, 50-53, 52.

Sehnsucht und Spiritualität – einleitende Gedanken

Die Welt scheint aus den Fugen zu geraten. Die Weltwirtschaftskrise fordert immer neue Opfer, ein Ende scheint nicht in Sicht zu sein. Ist der eine Skandal am Ende, kommt ein neuer ans Tageslicht. Das Vertrauen in die Wirtschaft, in die Welt der Banken und des Business ist längst geschwunden. Hart trifft die Krise insbesondere diejenigen, die ihr bisschen Geld angelegt und doch verloren haben. Hart trifft es die jungen Menschen, die gerade ihre Existenz gegründet haben, nun auf einmal mit leeren Händen dastehen und in Deutschland auf Hartz IV angewiesen sein werden. Gerade im Beruf angekommen, werden sie bereits wieder aussortiert. Hart trifft es auch diejenigen, die sich auf einen Beruf vorbereiten und in eine Wirtschafts- und Berufssituationen hineinkommen, die von Rezession und Einbruch geprägt ist.

Doch damit nicht genug: die bisherigen Vertrauensinstitutionen wie die Kirchen und Religionen, oder auch die Politik, haben ihren Vertrauensbonus schon längst verloren und gelten in den Augen vieler Jüngerer als antiquierte Aufrechterhalter des Establishments. Immer mehr Menschen kehren diesen Institutionen den Rücken zu. Wie kann man einer Kirche glauben und Vertrauen schenken, die nur um sich selbst zu kreisen scheint, die sich den wirklichen Problemen der Welt nicht stellt, gerade im Fall der katholischen Kirche anscheinend von alten Männern regiert wird? Glaubenshüter, die auf Fehlentwicklungen hinweisen und den Finger in die Wunden unserer Zeit legen, oder Prestige- und Machtbewahrer, denen es nur um das Establishment geht? Wie auch immer, das Vertrauen sinkt, auch in die Politiker, die alles zu können vorgeben, vieles versprechen, doch nur wenig davon einlösen. Auch fragen viele misstrauisch: Worum geht es ihnen in Wahrheit? Unser Land verantwortlich zu führen oder die eigene Position zu stärken und zu erhalten? Auch diese Fragen und Unsicherheiten lösen große Ängste aus.

Ein anderes Phänomen unserer postmodernen Welt ist die Lage der Welt im Allgemeinen: Viele fürchten um die Zukunft. Wohin driftet die Welt? Wie steht es um die natürlichen Ressourcen? Ist die Klimakatastrophe mit ihren apokalyptischen Konsequenzen noch abzuwenden? Und was tun die Regierungen dafür?

Weitere Ereignisse, wie die ständigen Kriegsherde weltweit, die Bedrohungen durch Länder, die illegal im Besitz von Atomwaffen sind oder in deren Besitz zu kommen bestrebt sind, werden als bedrohlich erlebt. Im konkreten und privaten Bereich sind insbesondere die Erfahrungen der Brüchigkeit von Beziehungen eine Dimension, die menschliches Leben fragil und fragwürdig erscheinen lässt. Wie kann Beziehung gelingen angesichts einer Scheidungsrate, die immer höher wird? Wie können in Patchworkfamilien die Grundkonstanten Treue, Vertrauen und Dauer erfahren werden? Wie kann trotz ständig wiederholter Erfahrung von Brüchigkeit menschliches Leben gelingen?

Eine ungeheure Palette von Erfahrungen der Krise, die nicht einfach zu verarbeiten sind und Fragen aufwerfen. War die Welt schon immer so fragil und bedroht, oder erleben wir heute eine ganz besondere Situation?

Viele Menschen heute sind beunruhigt, zu Recht. Wenn selbst die religiösen Institutionen nicht mehr tragen, mehr durch Skandale auffallen als durch helfende Taten, dann wird es schwierig. Fragen, Ängste und Erfahrungen, die nicht leicht einzuordnen sind, führen dazu, dass manch einer seine Sehnsucht nach Heil und Liebe, nach Sicherheit und der Erfahrung von ‚Getragen-Sein' immer stärker spürt. Diese Sehnsüchte werden nur wenig aufgefangen und befriedigt. Die Suche nach Erfüllung nimmt die seltsamsten Formen an. So nimmt es nicht Wunder, dass viele Gruppierungen und einzelne Persönlichkeiten auftreten, die die Gegenwartsfragen zu beantworten versuchen. Die Menschen suchen nach Gestalten, die Antworten geben, die ihnen ehrlich und authentisch erscheinen; Menschen, die Frieden zu bringen versuchen, Frieden für den einzelnen, Frieden für die Welt; Menschen, die Zukunftsperspektiven aufzeigen können. Eben Menschen wie Barack Obama!

Sehnsucht ist das Stichwort schlechthin, das auch dazu geführt hat, dass der Begriff der Spiritualität nicht nur zu einem Modebegriff heute geworden ist, sondern vor allem auch zu einem Inbegriff der menschlichen Sehnsucht nach einer Wahrheit und Wirklichkeit, die das Leben trägt und heilt. Spiritualität ist das, was Menschen suchen und ersehnen, eine gelebte und erlebbare Form von Spiritualität, am besten noch symbolisiert und greifbar in einer konkreten Gestalt. Gehen wir davon aus, dass Spiritualität eine tragende Lebensgrundhaltung ausdrückt, die sich wiederum in erlebbaren Formen und Gestalten konkretisiert, dann hat diese Grundhaltung immer auch mit dem Phänomen der Sehnsucht zu tun. „Zugleich wird die Zeit erschüttert und erschreckt durch furchtbare Naturkatastrophen, durch Verwüstungen, Erdbeben und Überschwemmungen ... In dieser Zeit der Krise brach das religiöse Urbedürfnis nach unmittelbarer religiöser Erfahrung und Erschütterung in breitesten Schichten des Volkes mit elementarer Gewalt erneut auf und suchte das Heil im Sektenwesen und in der Mystik."[2] – Ist das eine Zustandsbeschreibung am Anfang des 21. Jahrhunderts? Nein, diese Zeilen sind eine Beschreibung von Joseph Quint in seinem Vorwort zu den

---

[2] Eckehart, M (1979), Deutsche Predigten und Traktate, hrsg. u. übersetzt v. Quint, J.: Zürich: Diogenes, 9f.

Deutschen Predigten von Meister Eckhart, vor wenigen Jahren im deutschen Buchhandel publiziert. Der Herbst des Mittelalters also und der Herbst der Neuzeit, mehr noch die Hochblüte der Postmoderne treffen sich. Ist es eine Zeit der religiösen Leere und der Gottlosigkeit, oder eine Zeit eines unerhörten Ausmaßes wiedererwachter Glaubensbereitschaft? Ist es eine Zeit der maßlosen Gottessehnsucht, wie es andere beschreiben, eine Zeit der Chance der Spiritualität? Es scheint der Fall zu sein, wenn man sich den Literaturmarkt anschaut. Insbesondere in der gegenwärtigen Zeit wird deutlich, wie sehr Sehnsucht das Leben vieler Menschen bestimmt. Gruppierungen, die Heil und Hilfe versprechen, wachsen wie Pilze aus dem Boden. Spiritualität ist in aller Munde, und ein jeder ist auf der Suche nach seiner Spiritualität, nach dem, was seinem Leben Geist und Sinn verleiht. Wie selten zuvor suchen Menschen nach Antworten auf die großen Fragen des Menschseins. Die bisher als kompetent geltenden Instanzen, die Kirchen und die großen Religionen, bieten vielen Menschen heute keine Antworten mehr, oder aber sie geben sie in einer Form, die manche heute nicht mehr akzeptieren können. Die Religionen und ihre Vertreter sind Teil eines riesigen Warenangebotes eines religiösen und spirituellen Supermarktes, der unübersichtlich geworden ist. Manche Theologen sprechen in diesem Zusammenhang von der Respiritualisierung und Re-sakralisierung der Welt. Religion ist ein Weg, mit der Sehnsucht nach dem ‚Mehr' umzugehen. Der Wiener Pastoraltheologe Paul Michael Zulehner ist überzeugt, dass 85% der Zeitgenossen das Ziel verfolgen, das Beste aus ihrem Leben herauszuholen[3]. Und dafür gibt es heute eine ungeheure Anzahl von Angeboten auf dem esoterischen, dem religiösen und dem weltanschaulichen Markt – das Beste aus dem Leben herausholen, weil ich es ja nur einmal lebe, also nur einmal die Chance habe. Für Zulehner ergeben sich zwei praktische Handlungsweisen als Konsequenz: zum einen der so genannte Escapismus (Traumschiff, Reisen, Drogen, psychosomatische Krankheiten, Sekten, Selbstmord), zum anderen die kreativere Antwort, nämlich sich einer Religion anzuschließen. Doch gibt es weitere, andere Möglichkeiten. Das Phänomen Obama, dem wir uns in diesem Artikel annähern wollen, zeigt eine weitere auf: Hoffnungs- und Sehnsuchtsgestalten, denen zugejubelt wird.

Nicht erst als Präsident, sondern schon einige Zeit vorher haben die Menschen Barack Obama zugejubelt, fast als einer Erlösungsgestalt im weltlich-politischen Gewande. Auf dem Kirchentag in Hannover 2005 spricht Bundespräsident Köhler von der Sehnsucht nach Wahrheit, die über die diesseitige Wahr-

---

[3] Vgl. Zulehner, P.M. (2003), Megatrend Religion. Welche Religion kehrt zurück? In Purk, E. (Hg.), Ortswechsel. Auf neue Art Kirche sein, Stuttgart: Kath. Bibelwerk, 27-37.

heitsfrage hinausgeht. Bundeskanzlerin Angela Merkel bedauert, dass ein expliziter Gottesbezug in der EU-Verfassung fehle. Doch wird keine der beiden führenden politischen Gestalten Deutschlands heute mit den Begriffen von Hoffnung, Sehnsucht und Spiritualität in Verbindung gebracht. Ganz anders Barack Obama.

Barack Obama – die Erfüllung vieler Sehnsüchte?

Vor fast einem Jahr lautete der Titel einer Spiegelausgabe ‚Der Messias-Faktor‘, und kein anderer war auf dem Titelblatt zu sehen, als Barack Obama, damals noch mitten im Wahlkampf und auf der Suche nach dem Präsidentschaftskandidaten in der eigenen demokratischen Partei. Vielleicht war es die Sehnsucht nach einer solchen Gestalt, die nicht nur viele Amerikaner nach der fatalen Bush-Ära erfüllte.

„4000 Menschen sagen ‚Amen‘. Auch Gott ist irgendwie auf Obamas Seite. Manchmal haben seine Auftritte selbst heute noch immer etwas Messianisches. David Axelrod (Obamas Sonderberater) mag den Messias-Vergleich nicht, aber dann beschreibt er Obama selbst als eine Art Messias. ‚Er ist derselbe Mensch, den ich vor 16 Jahren traf. Er behandelt alle Menschen gleich, damals wie heute. So wie er privat ist, ist er auch in der Öffentlichkeit. Er will Menschen einfach helfen.‘ Hat er sich gar nicht verändert? ‚Er ist selbstbewusster geworden, aber bei ihm weißt du: Er war gestern derselbe, der er heute ist und auch der er morgen sein wird.‘ Auch als Präsident? ‚Auch als Präsident.‘ Kein Change? ‚Kein Change.‘“[4] Und auf der Internetseite: www.obamamessiah.blogspot.com wird in vielen Beiträgen der Frage nachgegangen, ob Obama nicht wirklich der Messias sein könnte. Obamamessiah, wie eine Autorin es famos mit dem Titel ihrer Studienarbeit zum Ausdruck bringt?

Doch was sagen die Reden des ersten Afro-Amerikaners auf dem Präsidentenstuhl der USA? Greift er spirituelle Desiderate in seinen Auftritten auf, sind sie Füllsel oder bewusste Anspielungen? Spielen Religion und Spiritualität bei ihm eine andere Rolle als bei den bisherigen Präsidenten der USA, deren Reden zwangsläufig, wie noch zu sehen sein wird, mit religiösen Ausdrücken angereichert waren? Eine weitere Frage soll zumindest im Ansatz diskutiert werden: Welche Rolle spielt seine eigene Biografie, auch seine religiöse? Und seine Biografie ist für Obama mehr als nur die eigene persönliche Geschichte, sie ist fast schon eine Waffe, die er im Vorwahlkampf geschickt genutzt hat.

Gibt es schließlich so etwas wie eine Bereitschaft zur Gefolgschaft?

---

[4] Wiechmann, J.-C. (2009), Mr. Perfect. Stern Extra, 2, 40-49, 44f.

Die Biografie als Identifikationsmuster

Eine maßgebliche Komponente für den Erfolg von Barack Obama, für seine un-glaubliche Resonanz nicht nur in Amerika, bildet sicherlich seine Biografie und seine Lebensgeschichte, die alles andere als glatt gelaufen ist. Für viele Menschen ein Identifikationsmuster, das sie gerne für ihr Leben sehen würden. Es ist eine klassische Patchworkidentität, die gerade heutigen Globalisierungsansprüchen mehr als gerecht wird. In Kombination mit seiner unglaublichen Redefähigkeit und seiner Ausstrahlung ist seine Biografie ein mächtiges Werkzeug. „Nicht nur Amerikaner aller Hautfarben und Religionen identifizieren sich mit der Patch-work-Biografie des Barack Obama. Dieser Mann mit seinen weltumspannenden Wurzeln von Kansas bis Kenia – er ist für Menschen auf allen Kontinenten zu einer perfekten Projektionsfläche für all ihre Sehnsucht nach einem besseren Leben geworden. ‚Eine Nation geheilt, eine Welt wieder instand gesetzt' – nichts weniger hat Obama versprochen."[5] Seine Rede anlässlich des 2004 Democratic National Convention beginnt mit diesem Thema: Barack Obamas Geschichte und die seiner Familie stehen stellvertretend für viele Amerikaner und Menschen heute. Und er holt weit dabei aus: beginnend mit seinem Großvater und dessen Traum für seinen Sohn bis hin zu ihm, der von seinen Eltern den afrikanischen Namen ‚Barack' erhält, die englische Übersetzung lautet ‚blessed'. Kokettiert Obama hier mit seinem Namen? Weist diese Namensgebung schon auf das große Amt hin und auf die Kompetenz Barack Obamas, dieses auszufüllen? Er, der Gesegnete, die Erlösergestalt? Spielt Obama hier bewusst mit religiösen Konnota-tionen? Fast hat man den Eindruck! Obama fühlt sich hier seiner eigenen Ge-schichte verpflichtet, die nur so hat sein können und zu dem hat führen können, wer er heute ist, weil sie in Amerika stattgefunden hat. Er fühlt sich gleichzeitig der amerikanischen Geschichte verpflichtet und zitiert einen Grundsatz aus der amerikanischen Verfassung, der programmatisch für all seine folgenden Reden steht: „We hold these truths to be self-evident, that all men are created equal, that they are endowed by their Creator with certain inalienable rights, that among these are Life, Liberty and the pursuit of Happiness." Immer wieder spielt Oba-ma in den folgenden Jahren in seinen Reden auf diesen Grundsatz amerikani-scher Verfassung an: Alle Menschen sind gleich, alle Menschen sind vom Schöp-fer mit den gleichen Rechten ausgestattet, dem Recht auf Leben, Freiheit und Glück. Er reiht sich ein in die Liste der Gründerväter. Dabei variiert er diesen Grundsatz hinsichtlich der Hilfestellungen: mal mit Hilfe des Schöpfers, mal mit

---

[5] Gassel, S. (2009), Im Namen des Vaters., Stern Extra, 2, 52-77, 71.

Hilfe des Staates, mal aus eigener Kraft: Yes, I can and yes, we can – der Slogan schlechthin, den Obama vier Jahre später aufgreift und gebetsmühlenartig wiederholen wird.

Amerika – das Land der spirituellen Sehnsucht

Und alles basiert auf dem Glauben, dass Amerika das Land ist, das genau dieses über die Jahrhunderte hin zum Ausdruck gebracht hat – wie seine eigene Lebensgeschichte zeigt –, dass das Leben auf ungeraden Wegen zu Erfolg und Glück führen kann, dass Vertrauen und Glauben Berge versetzen können. „That is the true genius of America, a faith – a faith in simple dreams..." (Boston, 27.07.2004). Es geht also nicht nur darum, ihm zu vertrauen, sondern das Vertrauen wiederzuerhalten, das in den vergangenen Jahren geschwunden ist, das Vertrauen in ein Land und eine Regierung, die genau diese Werte verteidigen und ermöglichen: Leben, Freiheit und Glück. Amerika! In einer Zeit der Verunsicherung und des Vertrauensschwundes ein wunderbares und verheißungsvolles Angebot, das Obama wie ein Mantra in den folgenden Jahren benutzt: ‚believe in America'. „It is that fundamental belief: I am my brother's keeper, I am my sister's keeper that makes this country work. It's what allows us to pursue our individual dreams and yet still come together as one American family. E pluribus unum: ‚Out of many, one.'" (Boston, 27.07.2004).

Die Nation und das Land werden zu einer quasi-Religion stilisiert. Es ist der unverblümte und bekannte Patriotismus Amerikas, der schon fast einer Religion ähnelt und sich durch die Reden der Demokraten wie der Republikaner zieht. Es gibt keine Unterschiede, und selbst ein Demokrat wie Obama erscheint wie ein eingefleischter ‚rechter' Nationalist. Entstanden aus einer ganz eigenen Geschichte mit einer Vielfalt an Nationalitäten, religiösen Richtungen und dem einen Interesse, das Land bewohnbar zu machen und in Besitz zu nehmen, es gegen viele Feinde zu verteidigen: Es ging um Leben, Freiheit und Glück. „Die arrogante Gewalt Amerikas erwächst aus dem gleichen Kern wie sein optimistisches und wagemutiges ‚Wir schaffen das!'. Was Samuel Huntington das amerikanische Credo nannte – Freiheit, Egalitarismus, Individualismus, eine Laissez-faire-Wirtschaft und ‚Fortschritt' – und Walter Russel Mead *Jacksonian nationalism* nannte – ein defensiver, gewalttätiger, egozentrischer, intoleranter Nationalismus – diese beiden Phänomene sind an der Wurzel zusammengewachsen, in einer 350 Jahre alten Tradition eines auf sich selbst vertrauenden, antiautoritären, missionarischen ‚Wir schaffen das!'. Damit ist der Umriss des Möglichen gesetzt."[6] Obama ist hier mit Sicherheit, wie schon seine Vorgänger im Amt des Präsidenten, von dem Gedankengut einer Zivilreligion beeinflusst. Eine Zivilreligion ist der Versuch, einen Sinnhorizont eines Gemeinwesens zu konstruieren[7]: Das Land Amerika, für das so viele vor Ort und weltweit geblutet haben, vermittelt die Werte, die zum Leben notwendig sind. Es gilt, diesem Land zu vertrauen und an es zu glauben. ‚We are one people' and ‚we believe in America'. Allein in der Rede vor der Democratic National Convention in Boston, die ihn so bekannt gemacht hat, benutzt er das Verb ‚believe' gleich zehn Mal. Obama greift Motive, Symbole und Mythen, insbesondere aus der christlichen Religion, auf und regt seine Hörer dazu an, „eine zivilreligiöse Einstellung zu aktivieren, eine feierliche, ergriffene Haltung gegenüber ihrer Nation und ihrer Geschichte einzunehmen."[8] So kann das Vertrauen in eine Institution und ein Land wieder gewonnen werden, im Gegensatz zur Meinung des Nobelpreisträgers für Ökonomie, Joseph Stiglitz, der in seinem Buch: ‚Die Chancen der Globalisierung', schreibt, dass die Menschen noch nie globale Institutionen so dringend gebraucht haben wie heute, doch das Vertrauen in sie geschwunden sei[9]. Durch Obama kehrt es zurück, aber man muss fairerweise auch sagen, dass sich diese Elemente schon in den Reden seiner Vorgänger Bush, Clinton, Reagan und Carter gefunden haben. Dabei geht der Blick aller nicht nur in die Vergangenheit, sondern auch in die Zukunft, die wiederum von Gott gestaltet wird. „In the end that is God's greatest gift to us, the bedrock of this nation. A belief in things not seen. A belief that there are better days ahead" (Boston, 27.07.2004). In seiner Rede in Chicago zur Wahl des Präsidenten stellt Obama gleich die ganze Nation in eine Folge mit den Gründern. „We are, and always will be, the United States of America!" (Chicago, 4.11.2008). Obama appelliert an all seine Hörer, es nicht nur bei der verbalen Vertrauensbe-

---

[6] Pally, M. (2008), Die hintergründige Religion. Der Einfluss des Evangelikalismus auf Gewissensfreiheit, Pluralismus und die US-Amerikanische Politik, Berlin: University Press, 113f.

[7] Robert Bellah versteht unter Civil Religion „ein Gefüge von Glaubensaussagen, Symbolen und Ritualen, das jenseits kirchlicher Kontrolle in die politische Kultur eines Gemeinwesens integriert ist. Dazu gehören die Verwendung religiöser Semantik in Verfassungstexten und öffentlichen Reden ebenso wie die staatlichen Feiertage und die Gestaltung von nationalen Gedenkstätten." Zitiert nach: Triendl, S. (2008), „Obamessiah" – Die Relevanz zivilreligiöser Terminologie in den Reden von Barack Obama für seine Inszenierung als politische Erlöserfigur, Norderstedt, 6.

[8] Ebd., 8.

[9] Vgl. Stiglitz, J. (2006), Making globalization work, New York: W. W Norton & Company.

kundung in Amerika und seine Geschichte zu belassen, vielmehr nimmt er seine
Hörer in die Verantwortung, überträgt sie ihnen sogar und holt sie dadurch mit
in sein Boot. Die zu Beginn erwähnten Schwierigkeiten vieler Menschen heute,
die zu der Hinwendung zu Spiritualität und Religion fern der Institutionalisie-
rung führen, greift Obama in seiner Siegesrede auf; aber damit wirklich eine
Veränderung erfolgen kann, muss ein neuer Geist des Dienstes und des Opfers
eingeübt werden: „It can't happen without you, without a new spirit of service, a
new spirit of sacrifice. So let us summon a new spirit of patriotism, of responsibility, where each of us resolves to pitch in and work harder and look after not only
ourselves but each other" (Chicago, 4.11.2008). Amerikas wahres Genie liegt darin, so Obama, dass es sich ändern kann, aber dazu benötigt das Land die Hilfe
eines jeden einzelnen. Geschickt greift er das Schicksal einer 106-jährigen Afro-
Amerikanerin auf, die all die Veränderungen des letzten Jahrhunderts miterlebt
hat und immer wieder die Erfahrung machen musste: Yes, we can. Amerika kann
sich ändern, Amerika stellt sich den Herausforderungen und kämpft für das
Leben, die Freiheit und das Glück eines jeden einzelnen. Wiederum packt Obama
seine Hörer bei ihren eigenen Sehnsüchten: der Sehnsucht nach Anerkennung,
der Sehnsucht nach Hoffnung und Perspektive im Leben, der Sehnsucht nach
Frieden, nach Gleichheit, nach Wohlstand, nach Fortschritt und Beziehungen.
Yes, we can! Dafür steht das Amerika auch heute und in Zukunft. Eine bewegen-
de Rede, diesmal sehr stark gemünzt auf Amerika als Zivilreligion.

Weitere spirituelle und religiöse Elemente in den Reden

In dieser Rede greift Obama Begriffe auf, die mit der Religion und auch Spiritualität eng in Verbindung gebracht werden, münzt sie aber auf das Land Amerika
um: Hingabe und Opferbereitschaft, religiöse Beziehungsgestaltungen, die sehr
deutlich eine Verhältnisbestimmung zum Ausdruck bringen: jemandem gegenüber Vertrauen äußern und für ihn und die Sache einstehen, in diesem Fall für
Amerika. Selbst McCain, sein Kontrahent im Rennen um die Präsidentschaft
Amerikas, wird von Obama mit einbezogen und als ein wahrer Amerikaner dargestellt, der sein Leben für die gute Sache des Landes nicht nur in seinem Einsatz
in Vietnam gezeigt hat. Die ausdrücklich religiöse Komponente, dass letztlich
Amerika das, was es ist, dem Schöpfer zu verdanken hat, kommt in dieser Siegesrede allerdings nicht ausdrücklich vor, was die These von der Zivilreligion Obamas unterstreicht. Trotz grundsätzlicher Zustimmung ist jedoch der gesamte
religiöse Hintergrund Amerikas zu beachten. Es geht zwar natürlich zunächst um
das Land und den Glauben daran, dass man es gemeinsam, nur gemeinsam,

schaffen kann, aus den genannten Krisen positiv und gestärkt herauszukommen. Doch gleichzeitig sind dieser Glaube und das Vertrauen (durch Obama wieder neu entfacht) in Amerika aufs Engste an die Geschichte der evangelikalen Bewegung in Amerika gebunden. Fast nicht zu entwirren ist das Knäuel von Politik und Religion, auch weil es kein Staatskirchentum und keine Staatsreligion gibt. Es geht immer wieder um genau diese Mischung der beiden. Das American Creed ist die eine Dimension, die andere ist das evangelikale Hintergrundbekenntnis. Beide Felder, das religiöse wie das politische, scheinen untrennbar mit einander verwoben zu sein. „ Der Erfolg, den der amerikanische Traum verspricht, bewegt sich auf wirtschaftlichem und sozialem Terrain, wohingegen der Traum selbst zutiefst religiösen Ursprungs ist. Gott ist sein Garant."[10] So begegnet uns auch in den Reden von Barack Obama ein komplexes, religiös-ökonomisches Knäuel. Auf interessante und für einen Europäer wahrscheinlich im ersten Hinschauen nicht gerade plausible Art und Weise bringt das der amerikanische Dominikaner Steinkerchner wie folgt auf den Punkt: „Amerikaner glauben heute aufrichtig daran, dass unser politisches System das Beste ist und dass es, auf richtige Weise verstanden und umgesetzt, zu Freiheit, Wohlstand und Frieden für alle Menschen führt. Redlichkeit, harte Arbeit und Großzügigkeit gegenüber Landsleuten sind die wichtigsten Primärtugenden. Amerikaner sind fromm."[11] In den frühen Gründerjahren mussten sich die Amerikaner, diese seltsame Mischung aus Engländern, Schotten, Iren, Niederländern, Deutschen und Schweden, tolerieren, um gemeinsam gegen die Unbill der Natur und gegen die Feinde bestehen zu können und das Land zu verteidigen. Jede Kraft war wichtig in diesem riesigen Land. Religiöse Streitigkeiten und Machtansprüche, wie sie in Europa an der Tagesordnung waren, konnte man sich auf diesem neuen Kontinent nicht leisten. Eine religiöse Neutralität, die alle vereint, entstand; eine Neutralität, basierend auf Toleranz als Überlebensstrategie; eine Neutralität, die keine Gruppierung bevorzugte, aber dennoch geprägt war von religiösem Gedankengut, so dass es zu folgendem Credo des Baptistenministers John Leland, der gemeinsam mit Sam Adams und Thomas Jefferson an der Deklaration zur religiösen Toleranz in Virginia arbeitete, kommen konnte: „Lasst jeden Menschen frei sprechen ohne Angst, lasst ihn an Prinzipien festhalten, an die er glaubt, lasst ihn nach seinem eigenen Glauben den Gottesdienst verrichten, entweder einen Gott, drei Götter, keinen Gott oder zwanzig Götter anbeten, und lasst die Regierung ihn in diesem

---

[10] Steinkerchner, S. (2009), „American Progress." Wort und Antwort, 2, 50-53, 50.
[11] Ebd., 51f.

Tun beschützen."[12] Aufgrund der Vielfältigkeit und Toleranz ist jede Ansprache amerikanischer Führungskräfte in der Vergangenheit bis zur Gegenwart religiös, aber nicht konfessionell gefärbt. Jeder amerikanische Hoffnungsträger, Barack Obama ist nicht der erste, wusste und weiß das. So verwundert es nicht, dass John F. Kennedey die Ansprache, die er in Dallas an seinem Todestag hatte halten wollen, mit einer Zeile aus dem alttestamentlichen Psalm 127 beschließen wollte: „Wenn wie seit alter Zeit geschrieben steht: Wenn nicht der Herr die Stadt bewacht, wacht der Wächter umsonst."[13] Die Amerikaner sind fromm, zumindest in ihren öffentlichen und oftmals politischen Ansprachen. Evangelikal sind dabei besonders der Individualismus, das Priestertum aller Gläubigen und der Sinn für Verantwortung, Gerechtigkeit eines jeden Gläubigen und der Gemeinde. Der Anteil der Evangelikalen in der amerikanischen Gesellschaft steigt. Bereits heute sind über 800000 Menschen allein in New York City Mitglieder der Pfingstbewegung. Neben den benannten Charakteristika spielt ein Element eine bedeutende Rolle, das Barack Obama sehr geschickt in seinen Reden aufgreift und zu einem Markenzeichen seiner Politik geworden ist: ein unbändiger Optimismus, ausgedrückt in drei Worten: Yes, we can! Dieser optimistische Zug ist geradezu ein Markenzeichen evangelikaler Frömmigkeit. Eine Gewissheit, gespeist aus einem unerschütterlichen Gottvertrauen, geradezu naiv in den Augen eines kritischen und säkularisierten Westeuropäers. Wer hart arbeitet und Gott vertraut, der kann und schafft etwas. Diese Züge lassen sich bis heute in dem amerikanischen way of life finden. Zudem ist Religion ein Markenzeichen des öffentlichen Lebens in den USA. Keine Vermischung, sondern bewusste Pflege der Riten und Ausdrucksformen der jeweiligen Religion beherrscht aufgrund der jahrhundertealten Tradition von religiöser Toleranz das öffentliche Bild. Religion ist sichtbar und darf sichtbar sein. Historisches Gepäck darf man hinter sich lassen, wenn man in dieses Land kommt. Die Religion lässt sich auf die Gesellschaft ein und umgekehrt. Barack Obama weiß darum und redet immer wieder darüber, dass es ein freies, auch in der individuellen und religiösen Ausgestaltung freies Land ist, geprägt von religiöser Toleranz. „In einer Deklaration des Pluralismus, die auf Truett in den 1920 zurückgreift, heißt es im Manifest: ‚Wir wollen unmissverständlich bekannt geben, dass wir der religiösen Freiheit für alle Menschen jeden Glaubens verpflichtet sind, einschließlich des Rechts, zum christlichen Glauben

---

[12] Zitiert nach: Pally, M. (2008), Die hintergründige Religion. Der Einfluss des Evangelikalismus auf Gewissensfreiheit, Pluralismus und die US-Amerikanische Politik, Berlin: University Press, 32.
[13] Vgl. ebd., 38f.

zu konvertieren oder sich davon abzuwenden. Wir sind entschieden dagegen, wenn unserer pluralistischen Gesellschaft ein Gottesstaat aufgezwungen wird (...). Wir bekennen uns zu einem öffentlichen Bürgerforum – einer Vision von einem öffentlichen Leben, in dem die Bürger aller Glaubensrichtungen mitarbeiten und sich auf dem öffentlichen Bürgerforum auf Grundlage ihres Glaubens engagieren dürfen, jedoch in einem Rahmen, der als gerechter und freier Rahmen auch für andere Glaubensrichtungen vereinbart ist. Daher ist jedes Recht, auf das wir für uns Anspruch erheben, auch ein Recht, das wir für andere fordern. Das Recht für einen Christen ist auch das Recht für einen Juden, das Recht für einen Säkularisten, das Recht für einen Mormonen und das Recht für einen Muslim und das Recht für einen Scientologen und das Recht für alle Gläubigen aller Glaubensrichtungen in diesem ganzen großen Land."[14]

In seiner Rede ,A more perfect union' greift Obama auf ein weiteres Motiv zurück, das sowohl in der Bibel, in der Theologie als auch in der heutigen Situation, die zu Beginn kurz skizziert worden ist und die zu einer Sehnsuchtsbewegung sondergleichen geführt hat, seinen Platz hat: ,union' und ,unity'. Das Wort ,union' kommt in dieser in Philadelphia im Vorwahlkampf gehaltenen Rede zehn Mal vor, ,unity' kommt gleich zwanzig Mal vor. Das Wort ,together' benutzt er neun mal, ,community' gleich vierzehn Mal. Wiederum sieht er sich in Einheit mit denjenigen, die vor ihm waren: „ to continue the long march of those who came before us, a march for a more just, more equal, more free, more caring, and more prosperous America. ... I believe deeply that we cannot solve the challenges of our time unless we solve them together, unless we perfect our union by understanding that we may have different stories, but we hold common hopes" (Philadelphia, 8.03.2008). Einen langen Marsch – das hat durchaus auf dem evangelikalen Hintergrund gesehen biblische Wurzeln und mag an den Marsch der Israeliten durch die Wüste erinnern, an den dreijährigen Weg Jesu durch das Land seiner Väter – aber natürlich meint Obama hier in erster Linie die Geschichte Amerikas. Er scheint dennoch mit den Begriffen von ,union' und ,unity', von Gemeinschaft und von Bund zu sprechen. Gott hat damals mit seinem Volk einen Bund geschlossen, heute mit ihm und dem ganzen Volk der Amerikaner. Sucht Obama bewusst diese Verbindung?

In dieser Rede spricht Obama gleichzeitig von seinen religiösen Wurzeln und seiner innigen Verbundenheit mit dem umstrittenen Reverend Wright, der sich durch seinen Einsatz als Marine in die Reihe der Väter, die für ihr Land gekämpft haben, einreiht. Obama spricht wie selbstverständlich von seinen religiö-

---

[14] Ebd., 57f.

sen Bindungen, von der union mit seiner Kirche und der unity im Glauben, für ihn ein Bild dessen, was Amerika sein sollte und ist. Durch die Verbindung mit Reverend Wright steht Obama auch in der langen Reihe derer, die sich für die Gleichheit aller und gegen jedwede Rassendiskriminierung eingesetzt und ihr Leben gelassen haben. Union bedeutet vor allem auch die Einheit aller Rassen, die grenzüberscheitende Idee von Amerika. Alle sind gleich, egal welcher Hautfarbe, welcher Religion und welcher Ideologie angehörig. Mit allen seinen religiösen Konnotationen, Metaphern und Bildern spricht Obama seine Hörer direkt an, vermittelt ihnen eine Zukunft, die genau die Problematik der Vereinzelung, der spirituellen Vereinsamung und des absoluten Individualismus beheben wird.

Die Inaugurational Speech von Obama zeigt weitere Dimensionen auf: Obama geht von der Krise aus, die im Moment nicht nur Amerika, sondern die gesamte Welt betrifft: „On this day, we gather because we have chosen hope over fear, unity of purpose over conflict and discord." Obama greift seine an anderer Stelle beschriebenen key-words ‚hope' und ‚unity' auf und ruft die Amerikaner auf, gemeinsam zu denken.

Obama – ein Mann der Einheit

Im Juni 2009 hat Barack Hussein Obama an der Universität in Kairo eine für die ganze Welt und insbesondere für die muslimische Welt wichtige Rede gehalten, die fast euphorisch in der Weltgemeinschaft aufgenommen worden ist. Barack Obama fühlt sich als der richtige Mann, einige deutliche und ehrliche Worte an die muslimische Gemeinschaft zu richten, weniger als Präsident von Amerika, als vielmehr aufgrund seiner eigenen Geschichte. „I'm a Christian, but my father came from a Kenyan family that includes generations of Muslims. As a boy, I spent several years in Indonesia and heard the call of the azaan at the break of dawn and at the fall of dusk. As a young man, I worked in Chicago communities where many found dignity and peace in their Muslim faith" (Kairo, 4.06.2009). Obama punktet mit seiner multireligiösen Biographie, bekennt sich jedoch auch eindeutig zu seinem Glauben, ohne ihn mit anderen Richtungen zu vermischen. Er bezieht Stellung, nutzt dabei aber geschickt seinen muslimischen Hintergrund. Gleichzeitig ist er gekommen, um einen neuen Anfang im Dialog zwischen Amerika und der muslimischen Religion zu setzten, basierend auf gegenseitigem Respekt und gegenseitiger Offenheit, denn: „America and Islam are not exclusive and need not be in competition. Instead, they overlap, and share common principles – principles of justice and progress; tolerance and the dignity of all human beings." Der Islam ist nicht Feind und Gegner Amerikas, er gehört zu Amerika,

nicht zuletzt auch aufgrund der fast acht Millionen Moslems in den Staaten, die
ihre Religion frei und in aller Öffentlichkeit ausüben, nicht zuletzt auch aufgrund
der Geschichte Amerikas, in der Muslime immer wieder eine bedeutende Rolle
spielten. Immer wieder beschwört Obama in dieser Rede die Toleranz und den
Respekt, so wie ihn Amerika bis heute, grundgelegt in der eigenen Verfassung
durch die Gründerväter, gelebt hat. Das Recht auf freie Ausübung der Religion
ist ihm eines der wichtigsten Anliegen seiner Rede, denn daraus resultieren Dialog, der Versuch zu verstehen und Kommunikation. „Freedom of religion is cen-
tral to the ability of peoples to live together." So will Obama vor allem auch gegen Stereotype angehen, die den Islam von vornherein in die aggressive, rück-
ständige Ecke stellen, die nur ein Ziel kennt: die Vernichtung der westlichen
Kultur. Er hat den Islam auf drei Kontinenten, die zu seiner eigenen Biographie
gehören, anders kennen gelernt. Amerika hat den Islam trotz des 11. September
anders erlebt. Immer wieder, und darum geht es ihm! Daran will er anknüpfen.
„E pluribus unum – out of many one", diesen Grundsatz der amerikanischen
Geschichte und Verfassung, ja des amerikanischen Lebens, überträgt Obama auf
den Dialog mit dem Islam und allen anderen Religionen. Es geht um das Gemeinsame, um die gemeinsame Zukunft, und die kann die Weltgemeinschaft nur
in Einheit bestehen und positiv gestalten. Bei den Zielen greift Obama wiederum
auf die amerikanische Geschichte zurück und beschwört gemeinsame Werte, die
genau denen entsprechen, die eingangs beschrieben wurden als Sehnsucht und
Wunschtraum vieler Zeitgenossen. Aus diesen Sehnsüchten entsteht das Verlangen nach Spiritualität, das Obama hier in seiner Rede geschickt aufgreift: „So let
there be no doubt: Islam is a part of America. And I believe that America holds
within her the truth that regardless of race, religion, or station in life, all of us
share common aspirations – to live in peace and security; to get an education and
to work with dignity; to love our families, our communities, and our God. These
things we share. This is the hope of all humanity." Obama steht für diese Werte
ein, die die Werte Amerikas sind, er verkörpert sie und wird sie als Präsident, das
ist seine erste Pflicht, gegen jede Aggression verteidigen. Er steht für sein Land
und sein Amt, für das Recht auf Freiheit ein. Obama gesteht Fehler ein, die Amerika, mit seiner z. T. aggressiven und unüberlegten Art als Weltpolizei aufzutre-
ten, unterlaufen sind. Doch auch hier zitiert er die Vergangenheit, aus der man
lernen kann: „Indeed, we can recall the words of Thomas Jefferson, who said: „I
hope that our wisdom will grow with our power, and teach us that the less we
use our power the greater it will be." Im Folgenden greift Obama verschiedene
Spannungspunkte im politischen Welthandeln auf, die es auf Zukunft hin ehrlich
und offensiv gemeinsam anzugehen gilt, denn sie werden die Zukunft der Welt

bestimmen. Er schließt diese beeindruckende Rede, in der er immer wieder sehr intelligent aus dem Koran zitiert, mit Zitaten aus dem Talmud, dem Koran und der Bibel, die das Credo deutlich zum Ausdruck bringen, dass Gott die Welt und den Menschen geschaffen hat, dass jeder Mensch von daher unbedingten Anspruch auf Respekt und Toleranz hat. Kernpunkt dabei ist der Friede in der Welt, der umfassende Friede, der genau das ermöglicht: „There's one rule that lies at the heart of every religion – that we do unto others as we would have them do unto us. (Applause.) This truth transcends nations and peoples – a belief that isn't new; that isn't black or white or brown; that isn't Christian or Muslim or Jew. It's a belief that pulsed in the cradle of civilization, and that still beats in the hearts of billions around the world. It's a faith in other people, and it's what brought me here today. We have the power to make the world we seek, but only if we have the courage to make a new beginning, keeping in mind what has been written.

The Holy Koran tells us: „O mankind! We have created you male and a female; and we have made you into nations and tribes so that you may know one another."

The Talmud tells us: „The whole of the Torah is for the purpose of promoting peace."

The Holy Bible tells us: „Blessed are the peacemakers, for they shall be called sons of God."

The people of the world can live together in peace. We know that is God's vision. Now that must be our work here on Earth." Obama sieht sich und die Religionsgemeinschaften, ja die Weltgemeinschaft als Werkzeug des einen Gottes. Ein famoses, intelligentes und zukunftsweisendes Abschlussplädoyer einer Hoffnungsgestalt, die sich offenbar nahtlos und selbstbewusst in die Reihe der großen Gestalten einreiht, die vor ihm Veränderung wollten und Begeisterung ausgelöst haben – jedoch dafür mit ihrem Leben haben bezahlen müssen, Märtyrer im Dienste Amerikas: John F. Kennedey, Martin Luther King, Robert Kennedey! Er scheint für seine Anhänger und seine Gefolgschaft ihre Stärken zu vereinen und sich in ihrem Namen für ein freies und starkes Amerika einzusetzen.

Woran glaubt Barack Obama?

Das Credo des Barack Obama besteht aus drei Elementen: dem Glauben an den Menschen, die amerikanische Nation und an Gott.

Er glaubt an den Menschen, der sich immer wieder in der Geschichte für den anderen eingesetzt hat. Am Grab seines Vaters in Kenia legt er dem Verstorbenen seinen Glauben an den Menschen in den Mund, „.... einen aus Entbehrung entstandenen Glauben ..., einen Glauben, der nicht neu war, der weder schwarz noch weiß noch christlich noch muslimisch war, sondern in dem ersten afrikanischen Dorf und in dem ersten Haus in Kansas lebte – der Glaube an andere Menschen."[15] Die Geschichte Amerikas spricht davon, die Geschichte der Menschheit spricht davon, die jüngste europäische und deutsche Geschichte spricht sogar davon. So erinnert er mit bemerkenswerter Gestik (er legt nicht, wie viele andere Politiker vor ihm in Auschwitz einen Kranz, sondern drei einzelne weiße Rosen nieder) an eines der dunkelsten Ereignisse der Menschheitsgeschichte, das zugleich Helden der Erinnerung geschaffen hat. Menschen, die nicht müde werden, von den Grausamkeiten in Auschwitz zu erzählen, aber auch von den vielen kleinen Taten, die so vielen geholfen haben, diese Hölle zu überleben. Er lässt sich bei seinem Gang durch die Gedenkstätte von dem Friedensnobelpreisträger Elie Wiesel begleiten, dem berühmten Überlebenden von Auschwitz, dem Mann des Wortes und der Erzählungen. Auch dieser spricht zu seinem Vater und zu den vielen jüdischen Vätern an deren ‚Luft-Gräbern', womit er auf den Rauch der berüchtigten Verbrennungsöfen anspielt. Obama erinnert auch an seinen Onkel, der zu den ersten Amerikanern gehörte, die in die Lager in Europa gekommen waren und die Häftlinge aus ihrem Elend befreit haben. „Gerade so wie wir uns mit den Opfern identifizieren, müssen wir uns auch daran erinnern, dass die Täter menschliche Wesen waren. Und wir müssen uns hüten vor Grausamkeit in uns selbst."[16] Obama spricht damit aus, dass er trotzdem an den Menschen glaubt, und er stellt die Täter dieser unfassbaren Taten seinen Hörern vor Augen, denn der Mensch, der liebt und den anderen zum Leben befreit, hat zugleich auch das Potential in sich, den anderen zu zerstören. Barack Obama glaubt an den Menschen, weil er von Gott geschaffen ist. „So let us begin. Let us begin this hard work together. Let us transform this nation ... We can do that ... Together we can finish the work that needs to be done, and usher in a new birth of freedom on this Earth" (Springfield, 10.02.2007).

Er traut den Menschen auch das Gute zu, doch müssen sie an sich selbst arbeiten. Wie in Auschwitz, so auch in der Baptist Church in Atlanta, der Heimatstadt des großen Martin Luther King, mit dem er sich zutiefst verbunden weiß. An diesem bedeutenden Ort argumentiert Obama mit der Bibel, die den Menschen vor allem nach seinen Taten beurteilt. Die Veränderung muss zunächst von

---

[15] Obama, B. (2008), Ein amerikanischer Traum. Die Geschichte meiner Familie, München: Carl Hanser Verlag, 430.

[16] Schwarz, P./Finger, E. (2009, 10. Juni), Obama und das Böse. Woran glaubt der amerikanische Präsident? Sein Besuch in Buchenwald gibt einen Einblick. DIE ZEIT, 10.

jedem selbst ausgehen und in einem jeden seinen Anfang nehmen, nur so können vereint die großen Probleme des Landes in Angriff genommen werden. Eine sehr spirituelle Komponente in seiner Rede. Spiritualität hat es mit einer Innenschau, mit Veränderung, mit Taten und mit Konsequenzen zu tun, gerade auch im christlichen Bereich. Barack Obama weiß um das alles: „Scripture tells us that we are judged not just by word but by deed. And if we are trule to bring about the unity that is needed, that is so crucial in this time, we have to find it within ourselves to act on what we know, to understand that living up to this country's ideals and its possibilities is going to require great effort and great resources, sacrifice and stamina" (Atlanta, 20.01.2008).

Hier wird zugleich das zweite Element seines Credo deutlich: Barack Obama glaubt an Amerika. „But I also know how much I love America" (Berlin, 24.07.2008). Dieses Land, dessen Präsident er ist, war nicht nur allezeit bestrebt, seinen Bewohnern Freiheit, Frieden und Glück zu geben; Obama sieht diese Aufgabe als Pflicht Amerikas gegenüber der ganzen Welt an. In seiner Rede vor über 200 000 Menschen in Berlin weist er sehr deutlich darauf hin, dass insbesondere Berlin, wie kaum eine andere Stadt der Welt, den Traum der Freiheit kennt; dass die Berliner aber auch wissen, dass Amerika nicht unerheblich an der Verwirklichung dieses Traumes mitgearbeitet hat: „This city, of all cities, knows the dream of freedom. And you know that the only reason we stand here tonight is because men and women from both of our nations came together to work, and struggle, and sacrifice for that better life." (Berlin, 24.07.2008). Er betont vor allem die Zusammenarbeit der Menschen und der Nationen, aus der allein diese Stadt wieder aus Ruinen hat erstehen können. Dieses Motiv ist uns schon früher in seinen Reden begegnet. Obama ist der Gemeinsinn, die Kraft der Gemeinschaft, enorm wichtig. Amerika hat all das, was es erreicht hat, erreichen können, ausschließlich aufgrund der Tatsache, dass die Menschen gemeinschaftlich für Frieden, Freiheit und Glück gekämpft haben. 'Out of many – one!' Die Vergangenheit wird allerdings nicht nur glorifiziert, vielmehr sieht und benennt Obama sehr klar die Unterschiede zwischen Europa und Amerika, auch die unterschiedlichen Stimmungen der beiden Kontinente. Und diese waren und sind nicht immer freundlich und partnerschaftlich. Obama benennt die Ressentiments und Differenzen, und das in einer politischen Welt, in welcher oft entweder polemisiert oder geschwiegen wird. Er jedoch will für Ehrlichkeit und Aufrichtigkeit zum Wohle der Welt stehen, als Präsident eines Landes, zu dessen obersten Werten die Freiheit zählt. Aber: „This is the moment to stand as one." Die Geschichte Amerikas zeigt, dass das keine Utopie ist, denn dieses Land steht für Obama, nicht nur aufgrund seiner eigenen Geschichte, für Hoffnung, Opferbereitschaft um eines größeren Guts willen, für das Streben nach Einheit in der Vielfalt, für Inkulturation und das Ringen um das Miteinander der Völker im eigenen Land sowie weltweit.

> „In Indonesien war ich zwei Jahre auf eine muslimische Schule und zwei Jahre auf eine katholische Schule gegangen. Der Lehrer an der muslimischen Schule schrieb meiner Mutter, dass ich während des Koranunterrichts ständig Grimassen schneide. Meine Mutter war nicht allzu besorgt. ‚Du musst Respekt haben', sagte sie nur. Und wenn in der katholischen Schule gebetet wurde, schloss ich die Augen nicht ganz, weil ich sehen wollte, was im Klassenzimmer passierte. Nichts. Keine Engel stiegen vom Himmel. Nur eine hutzelige alte Nonne und dreißig braune Kinder, die Worte vor sich hersagten. (...) Doch das änderte nichts an dem, was ich in meinem Innern fühlte."[17]

Die dritte Komponente seines Credo betont Obama weniger stark, doch ist sie implizit immer vorhanden. Barack Obama glaubt an einen Schöpfergott, dem sich der Mensch, die Nationen und die Welt verdanken. Nichts geht ohne ihn. In diesem Zusammenhang spielen Reverend Wright und seine Trinity Church in Chicago eine bedeutende Rolle im Glaubensleben Obamas. Kennzeichnend für Obama ist, dass er auch dann noch zu seinem Freund steht, als dieser im Vorwahlkampf durch rassistische Äußerungen in die öffentliche Kritik gerät. In Philadelphia bezieht Obama Stellung. Er teilt nicht die politischen Verurteilungen, aber er erklärt in aller Offenheit, was er diesem Reverend Wright und seiner Gemeinde persönlich verdankt. Reverend Wright hat ihn nämlich vor zwanzig Jahren in den christlichen Glauben eingeführt und ihn begleitet. „The man I met more than twenty years ago is a man who helped introduce me to my Christian faith, a man who spoke to me about our obligations to love one another, to care for the sick and lift up the poor" (Philadelphia, 18.03.2008). Insbesondere die Geschichten und Erzählungen über Befreiungen, die Geschichte des kleinen Volkes Israel, das einen Gott zur Seite hatte und hat, der mitgeht und hilft, der sein Volk beschützt und die Kleinen groß macht – diese Erzählungen verbindet er mit der Geschichte Amerikas, ja mit seiner eigenen Geschichte. Sie bilden den Hintergrund für sein Engagement als Politiker und als Präsident. Reverend Wright hat ihm diese Befreiungsgeschichten nahe gebracht. Obama nimmt Wright nicht in Schutz, die rassistischen Äußerungen sind nicht entschuldbar. Aber für ihn ist der Mann wichtig. „He strengthens my faith, officiated my wedding, and baptized my children. Not once in my conversations with him have I heard him talk

---

[17] Obama, B. (2008), Ein amerikanischer Traum. Die Geschichte meiner Familie, München: Carl Hanser Verlag, 167f.

about any ethnic group in derogatory terms or treat whites with whom he interacted with anything but courtesy and respect" (Philadelphia, 18.03.2008). Obama steht zu seinen Allianzen, seinen Wurzeln und seinen Freunden. Er bekennt sich zum christlichen Glauben, der nicht den perfekten Menschen sucht, sondern den reuigen Sünder. Er glaubt an einen Gott, der vergibt.

Er streut immer wieder einmal, wie zu sehen war, Begriffe mit religiösen Konnotationen in seine Reden ein. Wie selbstverständlich beendet er die meisten seiner Reden mit dem Segenswunsch: ‚God bless you. And God bless the United States of America.' Der Gott, an den Barack Obama glaubt, ist der Gott des Alten und Neuen Testaments, an dem schon die Gründerväter, trotz aller Toleranz anderer Religionen gegenüber, festgehalten haben. Seine ‚Democratic Convention Presidential Nomination Acceptance Address' in Denver beschließt er mit dem eindeutigen Verweis auf die Hl. Schrift als Grundlage seines Glaubens, aber damit auch als Grundlage des amerikanischen Volkes: „At this moment, in this election, we must pledge once more to march into the future. Let us keep that promise, that American promise, and in the words of the Scripture hold firmly, without wavering, to the hope that we confess" (Denver, 28.08.2008). Das Schicksal und der Glaube an die Zukunft Amerikas werden ausdrücklich an die Versprechungen und die Hoffnung gekoppelt, wie sie exemplarisch in der Hl. Schrift zu finden sind. Insbesondere auch seine starke Beziehung zu Martin Luther King, dem Bürgerrechtler, der seine Kraft und Stärke aus dem gelebten Glauben und der Umsetzung des Evangeliums gezogen hat, machen die Quelle und den Glauben Barack Obamas deutlich. Der barmherzige Gott, der sich seines Volkes annimmt und Menschen führt und begleitet auf ihrem Weg der Befreiung, ist für ihn ein Beispiel, das sich in allen Religionen der Welt wiederfinden lässt: „In the end, then, what is called for is nothing more and nothing less than what all the world's great religions demand: that we do unto others as we would have them do unto us. Let us be our brother's keeper, Scripture tells us. Let us be our sister's keeper" (Philadelphia, 18.03.2008). Der Einsatz für den anderen, der gemeinsame Einsatz und ‚Marsch' für eine gerechte Welt und die Gleichheit aller, sind Werte und Visionen, die Barack Obama aus der dritten Säule seines persönlichen Credo zieht, der Religion.

Schlussbetrachtung

Benutzt Barack Obama nur die Religion und die spirituelle Sehnsucht vieler Menschen in der heutigen Zeit? Ist er der apokalyptische Redner, den Kardinal Stafford beschreibt? Nein, wohl kaum! Geschickt und gleichzeitig persönlich emotional spricht Obama in biblischen Bildern und religiösen Metaphern manche Sehnsucht nach Spiritualität an, bewusst und unbewusst! Religion ist für Obama eine Dimension, die Menschen nicht trennt, sie vielmehr einen sollte. Er greift die Sehnsüchte vieler Menschen nach Einheit, nach Frieden und Gerechtigkeit und nach einem Land, das diese Werte gewährleistet, auf. Seine Biografie hilft ihm dabei in einer Welt, die immer unterschiedlicher und divergierender wird und darin nach Einheit ruft. In seiner Person vereinen sich amerikanische Geschichte und Glauben, und so reiht er sich ein in die Reihe großer amerikanischer Persönlichkeiten, die sich für ihre Überzeugungen und ihre Träume eingesetzt haben und dabei nicht selten zu Tode gekommen sind. „Let us be our brother's keeper, Scripture tells us. Let us be our sister's keeper" (Philadelphia, 18.03.2008).

Drei Säulen spielen eine wichtige Rolle und bilden das Grundgerüst vieler seiner Reden: Obama glaubt an den Menschen, er glaubt an Amerika, er glaubt an Gott. Das belegen seine Reden, und er wird nicht müde, dieses Credo immer wieder zu sprechen.

> „And with eyes fixed on the horizon and God's grace upon us, we carried forth that great gift of freedom and delivered it safely to future generations" (Washington, 20.01.2009).

Bernd Rieken

Obamas märchenhafte Wirklichkeit – volkskundlich-psychoanalytische Zugänge

Einleitung: Märchen und Wirklichkeit

Die Wirklichkeit ist nüchtern, aber im Märchen ist alles möglich, Verwandlungen sind an der Tagesordnung. Gänsemägde entpuppen sich als Prinzessinnen, Frösche als Prinzen, und selbst einfache Menschen aus dem Volk können unverhofft zum Gemahl der Königstochter aufsteigen und später sogar Regent werden. Der soziale Aufstieg steht symbolisch für ein Bedürfnis nach Gerechtigkeit, vor allem aber „für die Erlösung des Menschen aus einem uneigentlichen zu seinem eigentlichen Dasein", wie es der schweizerische Märchenforscher Max Lüthi treffend formuliert hat.[1] Ähnlich verhält es sich auch mit Barack Obama, der als erster afroamerikanischer Präsident in die Geschichte eingegangen ist und dessen kometenhafter Aufstieg auf dem Nationalkonvent der Demokraten in Boston 2004 beginnt. Dort hält er eine Rede auf den damaligen Präsidentschaftskandidaten John Kerry, aber er spricht auch von sich und bekennt, dass „my presence on this stage is pretty unlikely", da noch sein Großvater schwarzafrikanischer Koch in Kenia gewesen sei (Boston, 27.07.2004). Vier Jahre nach dieser Rede ist Obama bereits Präsident der USA, und am Abend seines Wahlsieges bekundet er, dass nun all jene Lügen gestraft worden seien, „who still doubts that America is a place where all things are possible" (Chicago, 04.11.2008). Für ihn und für viele Amerikaner ist damit ein Märchen wahr geworden, und unter diesem Aspekt wollen wir im Folgenden nach den Gründen für Obamas Erfolg fragen. Schließlich kann auch das Märchen auf eine unglaubliche Erfolgsgeschichte zurückblicken, die unter anderem damit zu tun hat, dass es das Vertrauen in sich und andere stärkt und auf diese Weise ermutigend wirkt. Darüber hinaus handelt es sich um eine universelle Textgattung, die nicht nur in Europa anzutreffen ist,

---

[1] Lüthi, M. (1998), Es war einmal … Vom Wesen des Volksmärchens. 8. Aufl. Göttingen: Vandenhoeck & Ruprecht, 106.

sondern auch außerhalb davon, etwa auf dem afrikanischen Kontinent. Und
selbst wer als Jugendlicher nicht mehr in einer Märchentradition aufgewachsen
ist, fühlt sich von ihm in der Regel angesprochen, weil es eine Aufbruchsstimmung signalisiert, indem oftmals über junge Menschen berichtet wird, deren
Streben am Ende von Erfolg gekrönt ist. Insofern kann man ihm, im Verein mit
der ermutigenden Funktion, durchaus ein wirklichkeitsveränderndes Potential
zusprechen.

Auf der anderen Seite ist indes allgemein bekannt, dass in der Regel ein tie-
fer Spalt zwischen Märchen und Wirklichkeit klafft. Das hat auch Obama recht
bald erleben müssen, der mit einer Vielzahl seiner Projekte auf mannigfachen
Widerstand gestoßen ist. Und um diesen Spalt, um dieses Spannungsverhältnis
soll es im Folgenden gehen, und wir benötigen dazu die Volkskunde als jene
Wissenschaft, welche sich professionell mit populärer Dichtung beschäftigt, und
wir benötigen gleichzeitig die Psychoanalyse bzw. Tiefenpsychologie, um einen
Blick in jenen Spalt zu werfen, der zwischen Märchen und Realität klafft.

Das „Unwahrscheinliche" als Bindeglied zwischen Märchen und Wirklichkeit

Johann Wolfgang von Goethe bezeichnet in seinem „Westöstlichen Diwan" Märchen „als Spiele einer leichtfertigen Einbildungskraft, die vom Wirklichen bis
zum Unmöglichen hin und wider schwebt und das Unwahrscheinliche als ein
Wahrhaftes und Zweifelloses vorträgt". Gleichzeitig nennt er sie jedoch „Luftgebilde, über einem wunderlichen Boden schwankend".[2] Das ist eine interessante
Begriffsbestimmung, denn auf den ersten Blick erscheint sie widersprüchlich, auf
den zweiten hingegen in sich stimmig. Widersprüchlich deswegen, weil der Inhalt des Märchens als etwas „Wahrhaftes und Zweifelloses" bezeichnet wird,
denn damit werden Stabilität und Dauer assoziiert, während einem „Luftgebilde", das über „wunderlichem Boden schwankt", eher mangelnde Stabilität und
mangelnde Dauer zugeschrieben werden. Das inhaltliche Bindeglied zwischen
beiden Sätzen, durch das der vermeintliche Widerspruch aufgelöst wird, ist der
Begriff des *Unwahrscheinlichen*. Denn man kann daran mit wahrhafter Überzeugung glauben, obgleich es ein Luftgebilde ist, das sich vom „wunderlichen Boden" gelöst hat und darüber schwebt. Das Unwahrscheinliche ist wie eine Brücke, weil es uns, so Goethe, erlaubt, zwischen dem Wirklichen und dem Unmög-

[2] Goethe, J. W. von (1994), Werke. Hamburger Ausgabe in 14 Bänden. Hg. von Erich Trunz,
Bd. 2. 15. Aufl. München: Beck, 145.

lichen zu pendeln. Das wird deutlich, wenn man den Begriff in seine beiden Bestandteile zerlegt, denn es geht um etwas, das *unwahr* ist, doch gleichzeitig ist es nur dem *Scheine* nach unwahr, eben unwahr-scheinlich. Also beinhaltet das Unwahrscheinliche ein Hoffnungspotential – zwar fragil, aber nicht vollkommen unwirklich und aus der Welt. So steht es auch im „Großen Wörterbuch der deutschen Sprache" des Duden-Verlags, das den Begriff als „kaum möglich" oder als „kaum der Wirklichkeit entsprechend" definiert.[3] Demnach schrammt er ganz knapp am Irrealen vorbei und ragt mit einem Zipfel doch in den Bereich der Realität hinein, nämlich durch das Wörtchen „kaum". Dieses ermöglicht eine weitere Definition, denn laut dem Duden wird mit „unwahrscheinlich" auch etwas bezeichnet, das „sehr groß, sehr viel, riesig" ist,[4] zum Beispiel in der Verwendung „unwahrscheinliches Glück haben".

Gäbe es diese winzige Möglichkeit nicht, dann würden zum Beispiel nicht Abermillionen von Mitbürgern allwöchentlich Lotto spielen. Die Chance auf einen Haupttreffer ist zwar geringer, als vom Blitz erschlagen zu werden, doch hindert das die Menschen nicht daran, weiterhin auf den ersehnten Treffer zu hoffen. Regelmäßig gibt es dann auch Glückspilze, die den Jackpot knacken – für den einzelnen rein rechnerisch nicht planbar und nur durch die Unzahl abgegebener Tipps für ganz wenige realisierbar. Aber diese wenigen machen uns Hoffnung, und so ist es auch mit Barack Obama. Sein Großvater, Hussein Onyango Obama, ein Kenianer und von Beruf Koch im Dienste der britischen Kolonialherren, hätte sich wohl nie träumen lassen, dass sein Enkel einmal der erste schwarze Präsident der USA wird, denn das war bisher noch unwahrscheinlicher als sechs Richtige im Lotto zu haben. Eigentlich passiert so etwas nur im Märchen, jenem „Luftgebilde", das über einem „wunderlichen Boden" schwankt.

Obama scheint das selber kaum geglaubt zu haben – oder genauer: Er tut so, als hätte er es kaum geglaubt –, wenn man sich seine Rede auf dem Nationalkonvent der Demokraten vom Juli 2004 in Boston anschaut, jene Rede, die ihn in den USA bekannt gemacht hat und durch die er zum Hoffnungsträger der Demokratischen Partei wurde. Eine besondere Ehre sei es, auf dem Konvent sprechen zu dürfen, er drückt dafür seinen tiefsten Dank aus („Let me express my deepest gratitude for the privilege of adressing this convention" (Boston, 27.07.2004)), denn seine Anwesenheit auf jener Bühne sei „pretty unlikely", ziemlich unwahrscheinlich – und da ist sie wieder, Goethes Begriffsbestimmung des Märchens,

---

[3] Duden – Das große Wörterbuch der deutschen Sprache in acht Bänden, Bd. 7 (1995), 2. Aufl. Mannheim u.a.: Dudenverlag, 3603.
[4] Ebd.

nach der das Unwahrscheinliche „als ein Wahrhaftes und Zweifelloses" vorgetragen wird: Obama steht ja auf dieser Bühne, daran besteht kein Zweifel, es ist wahr.

Obama und das amerikanische „Märchenland"

Wie kommt es dazu, dass der Enkel eines schwarzafrikanischen Kochs aus Kenia auf dem Nationalkonvent der Demokraten in Boston spricht? Um diese Frage zu beantworten, rollt Obama seine Familiengeschichte in perspektivischer Zuspitzung auf: Bereits der Großvater hatte „larger dreams for his son", die anscheinend bewirkten, dass dieser durch harte Arbeit, Beharrlichkeit und Ausdauer ein Stipendium erhielt, um an einem „magical place" zu studieren. Bei diesem „magischen Ort" kann es sich natürlich um die Vereinigten Staaten von Nordamerika handeln, jenem Land, „that shone as a beacon of freedom". Diese Worte muss man sich einmal auf der Zunge zergehen lassen: „ein Land, das wie ein Leuchtfeuer der Freiheit glänzte", mithin ein magischer Ort, an dem Wünsche wahr werden, von denen man vorher bestenfalls zu träumen wagte.

Obamas Vater brach demnach in ein Märchenland auf, und während er dort studierte, lernte er seine Frau kennen. Ihr Vater, Baracks Großvater mütterlicherseits, habe während der Weltwirtschaftskrise in der Ölförderung und auf Bauernhöfen gearbeitet, sich aber nach dem Angriff auf Pearl Harbour zum Kriegsdienst verpflichtet und unter George Patton gedient, jenem berühmten General der Westalliierten, der die dritte US-Armee auf den französischen und deutschen Kriegsschauplätzen befehligte und dabei legendären Ruhm erlangte.

Nachdem der Krieg vorbei war, hätten Baracks Großeltern mithilfe der G.I. Bill of Rights – eines Gesetzes, das Kriegsveteranen den Zugang zu den Universitäten ermöglichte – studieren und durch günstige staatliche Kredite ein Haus bauen können. Und für ihre Tochter, Baracks Mutter, hätten auch sie große Träume gehabt, „a common dream, born on two continents". Seine eigenen Eltern seien nicht allein durch eine unglaubliche Liebe verbunden gewesen, sondern auch durch ein dauerhaftes Vertrauen „in the possibilities of this nation". Daher hätten sie ihm einen afrikanischen Vornamen gegeben, wobei „Barack" der „Gesegnete" bedeute, weil sie der Meinung gewesen seien, dass in einem toleranten Amerika ein Name kein Hindernis für Erfolg sei. Deswegen hätten sie sich vorgestellt, dass ihr Sohn die besten Schulen des Landes besuchen könne, obgleich sie nicht reich gewesen seien, denn in einem großzügigen Amerika brauche man nicht reich zu sein, um sein Potential zu realisieren.

Daher stehe er nun vor den Delegierten, wohl wissend, dass seine Geschichte ein Teil der größeren amerikanischen Geschichte sei, dass er all jenen Dank
schulde, die vor ihm waren, und dass in keinem anderen Land der Welt seine
Geschichte möglich sei. Im nächsten Absatz erinnert er folgerichtig an die „greatness of our Nation", die in erster Linie auf der berühmten Präambel aus der
Unabhängigkeitserklärung von 1776 beruhe, welche er dann auch zitiert: „We
hold these truths to be self-evident, that all men are created equal, that they are
endowed by their Creator with certain unalienable Rights, that among these are
Life, Liberty and the pursuit of Happiness".

Obama verbindet auf geschickte Weise seine eigene Lebensgeschichte mit
dem „American Dream" und erreicht dadurch Zweierlei: Zum einen werden
seine autobiographischen Äußerungen nicht als „Ego-Trip" missverstanden, zum
anderen präsentiert er sich als ein wohl integrierter Bürger der Vereinigten Staaten. Denn er muss das Kunststück vollbringen, als Afroamerikaner von der etablierten Gesellschaft akzeptiert zu werden, weshalb es zu vermeiden gilt, wie ein
„Deus ex machina" zu erscheinen, der plötzlich da ist und möglicherweise als ein
Fremdkörper empfunden würde. Daher betont er, dass sein Großvater väterli-
cherseits, obgleich Schwarzafrikaner, den – sozusagen mit den USA verwandten
– Briten diente und bereits den amerikanischen Traum verinnerlicht hatte, indem
er seinen Sohn dazu motivierte, in die USA, dem „magical place" schlechthin, zu
gehen, um dort zu studieren. Der Großvater mütterlicherseits hatte den „Makel"
des Dunkelhäutigen indes nicht, und so kann Obama ihn mühelos als aufrechten
Vaterlandsfreund darstellen, der selbst während der wirtschaftlichen Depression
in wichtigen Schlüsselindustrien – Energiegewinnung und Landwirtschaft – hart
arbeitete und nach dem Schock von Pearl Harbour wie selbstverständlich in die
Armee wechselte, um unter dem legendären General Patton gegen das national-
sozialistische Deutschland zu kämpfen. Nach dem Krieg durfte er studieren und
konnte mit staatlicher Unterstützung ein Haus bauen, woraus die Botschaft abzu-
lesen ist, dass in den USA diejenigen, welche der Nation dienen, reichlich belohnt
werden, eben weil es sich um einen gerechten Staat handelt. Es braucht daher
nicht zu überraschen, dass auch in der mütterlichen Linie bereits die Großeltern
„big dreams" für ihre Tochter hatten, sodass diese sich in der Elterngeneration
vereinigten und in der Figur Barack Obamas kulminierten.

Dieser nimmt die Glücksversprechungen der amerikanischen Unabhängigkeitserklärung und des „American Dream" beim Wort, erinnert seine Zuhörer
daran und legitimiert sich dadurch. Das „pursuit of happiness" macht die amerikanische Unabhängigkeitserklärung in der Tat zu einem einzigartigen Dokument,

weil man es in keiner anderen Verfassung der westlichen Welt findet,[5] auch nicht in den Grundrechtskatalogen jener europäischen Staaten, die wie die USA vom Machbarkeitsdenken und Fortschrittsglauben der Aufklärungsphilosophie geprägt sind. Den Fortschrittsglauben spürt man bei Obama aber nicht nur in der Bostoner Rede, sondern genauso in der Chicagoer Rede am Abend des Wahlsieges, als er gleich zu Beginn darauf hinweist, dass all jene nun Lügen gestraft worden seien, welche daran gezweifelt hätten, dass in Amerika alles möglich und der Traum der Verfassungsväter nicht mehr lebendig sei.

Marginalisierte Märchenhelden

In den „Kinder- und Hausmärchen" der Brüder Grimm findet man an erster Stelle den „Froschkönig", und er beginnt mit den berühmten Worten: „In den alten Zeiten, wo das Wünschen noch geholfen hat …".[6] Was dort in eine „graue Vorzeit" verlegt ist, ist in der amerikanischen Verfassung bis heute verbrieftes Recht, nämlich das Streben nach Glück, um sich seine Wünsche zu erfüllen. Darauf nimmt Barack Obama Bezug, und gleichzeitig verkörpert er dieses Prinzip und wurde damit zum Hoffnungsträger von Millionen. Insofern ist er ein Märchenheld, und wie viele andere seiner „Brüder" stammt er, zumindest in der Großelterngeneration, aus einfachen Verhältnissen, ist durch seine Hautfarbe und dem Umstand, einer Mischehe zu entstammen, zunächst marginalisiert und erbt am Ende doch ein „Königreich".

Marginalisierung erfolgt im Märchen oftmals über bestimmte Personentypen, wie den Jüngsten von mehreren Geschwistern oder den so genannten Dummling, die in einer Vielzahl von Erzählungen vorkommen. Man darf diese Begriffe allerdings nicht allzu wörtlich nehmen, denn der Jüngste entpuppt sich in der Regel als reifer und erfahrener denn seine älteren Geschwister, und auch der Dummling verhält sich im Laufe des Geschehens oftmals klug und geschickt. Marginalisierung zeigt sich aber auch anhand animalischen Aussehens, etwa einer Froschgestalt, oder tierischer Attribute, wie zum Beispiel das Märchen „Hans mein Igel" deutlich macht, welches die Brüder Grimm aufgezeichnet haben.

---

[5] Man findet es allerdings als wichtiges Schlagwort und politisches Ziel im Königreich Bhutan, das sogar eine staatliche „Kommission für das Bruttonationalglück" eingesetzt hat.
[6] Kinder und Hausmärchen [= KHM], gesammelt durch die Brüder Grimm (1999). Vollständige Ausgabe auf der Grundlage der dritten Auflage (1857). Hg. von Rölleke, H.. Darmstadt: Wissenschaftliche Buchgesellschaft, 23 [KHM Nr. 1].

Darin ärgert sich ein Bauer über seine Kinderlosigkeit sosehr, dass er eines Tages ausruft: „Ich will ein Kind haben, und sollts ein Igel sein".[7] Und so geschieht es, seine Frau gebiert ihm einen Sohn, halb Mensch, halb Igel, der auf den Namen „Hans mein Igel" getauft wird. Da er wegen seiner Stacheln in kein Bett passt, muss er auf Stroh hinterm Ofen schlafen. „Er konnte auch an der Mutter nicht trinken, denn er hätte sie mit seinen Stacheln gestochen. So lag er da hinter dem Ofen acht Jahre, und sein Vater war ihn müde, und dachte wenn er nur stürbe; aber er starb nicht, sondern blieb da liegen".[8] Doch nach einiger Zeit erwachen seine Lebensgeister, und er zieht in die Welt hinaus, um in einem großen Wald Schweinehüter zu werden. Als sich ein König dorthin verirrt, zeigt Hans ihm den Weg zum Schloss unter der Voraussetzung, dass dieser ihm das erste überlässt, was ihm daheim begegnet. Das ist die Königstochter, die dem Vater entgegengeht, als er den Hof erreicht. Einige Zeit später folgt Hans und wird, da der König sich an sein Versprechen hält, fürstlich empfangen. Als es Abend wird und die Königstochter schlafen gehen will, sagt Hans zu ihr, sie solle sich nicht fürchten, es werde ihr nichts passieren. Und so geschieht es: Als er in die Kammer geht, streift er die Igelshaut ab, lässt sie verbrennen und ist erlöst. Da er aber nun auf einmal von schwarzer Hautfarbe ist, wird er vom Arzt des Königs gewaschen und mit guten Salben balsamiert, wodurch er ganz weiß und zu einem schönen jungen Herrn wird. „Wie das die Königstochter sah, war sie froh, und sie stiegen auf mit Freuden, aßen und tranken, und ward die Vermählung gehalten, und Hans mein Igel bekam das Königreich von dem alten König".[9]

Am Anfang des Märchens steht eine Verwünschung, die zu einem Makel führt. Hans ist halb Mensch, halb Igel und kann von Beginn an kein würdiges Dasein führen. Er kann nicht gesäugt werden und passt in kein Bett, sondern muss wie ein Hund mit einem Platz hinterm Ofen Vorlieb nehmen. Das Märchen psychologisiert zwar nicht, doch es stellt seelische Eigenschaften durch äußere Attribute dar. Insofern ist es wörtlich wie metaphorisch zu nehmen, wenn man sagt: Hans eckt durch seine Stacheln an, er ist gewissermaßen ein Stachel im Fleisch der anderen, weswegen niemand etwas mit ihm zu tun haben will. Daraufhin zieht er sich zurück und „igelt sich ein". – So dämmert er jahrelang träge dahin, bis er endlich aktiv wird, in die Welt hinauszieht und dort sein Glück macht. Wahrscheinlich thematisiert dieses Märchen eine grundlegende Erfahrung des Menschen, dass nämlich Benachteiligung nicht nur zu Entmutigung führen

---

[7] Ebd., 460 [KHM Nr. 108].
[8] Ebd.
[9] Ebd., 465.

muss, sondern oftmals ein wesentlicher Antrieb sein kann, um sich zu entwickeln und brachliegende Potenzen zu verwirklichen. Daraus erklärt sich auch die Bedeutung des Jüngsten und Dummlings im Märchen, die anfänglich im Schatten der anderen stehen, deren Handlungen und Taten wider Erwarten jedoch im weiteren Verlauf von Erfolg gekrönt sind. Ähnlich ist es auch hier: Die Tiergestalt steht symbolisch für Entfremdung von sich selbst und seinen eigenen Möglichkeiten. Erst als sich Hans von der Igelshaut befreit hat, ist der wichtigste Schritt zu einem menschenwürdigen Dasein vollzogen. Allerdings muss er sich noch mithilfe des königlichen Leibarztes seiner schwarzen Hautfarbe entledigen, doch das ist eher kosmetische Arbeit, auch wenn die dunkle Haut ebenfalls ein Ausdruck der Entfremdung ist.

Minderwertigkeitsgefühl und Geltungsstreben

Was in dem Märchen auf poetische Weise geschildert wird – Marginalisierung als Antrieb der Entwicklung –, hat Alfred Adler, der Begründer der Individualpsychologie, in eine wissenschaftliche Sprache gegossen, indem er schreibt: „Bedenkt man, dass eigentlich jedes Kind dem Leben gegenüber minderwertig ist und ohne ein erhebliches Maß von Gemeinschaftsgefühl der ihm nahestehenden Menschen gar nicht bestehen könnte, fasst man die Kleinheit und Unbeholfenheit des Kindes ins Auge, die lange anhält und ihm den Eindruck vermittelt, dem Leben nur schwer gewachsen zu sein, dann muss man annehmen, dass am Beginn jedes seelischen Lebens ein mehr oder weniger tiefes *Minderwertigkeitsgefühl* steht. Dies ist die treibende Kraft, von der die Bestrebungen des Kindes ausgehen und sich entwickeln, die ein Ziel erfordert, von dem das Kind alle Beruhigung und Sicherstellung seines Lebens für die Zukunft erwartet und die einen Weg einzuschlagen zwingt, der zur Erreichung dieses Ziels geeignet erscheint".[10]

Alfred Adler ist der bedeutendste Schüler Sigmund Freuds und teilt mit ihm die Auffassung, dass das menschliche Verhalten und Erleben in einem hohen Ausmaß durch unbewusste Prozesse bestimmt wird und dass diese psychodynamischer Natur sind, das heißt Konflikte hervorrufen, die man nur mehr oder weniger auszutarieren vermag. Die Lehre Alfred Adlers ist im Wesentlichen eine Theorie der Selbstwertregulation, es geht um die dynamische Beziehung zwischen dem Minderwertigkeitsgefühl, das nur schwer zu ertragen ist, und dem Wunsch nach sozialer Gleichwertigkeit bzw. dem Streben nach Geltung oder

---

[10] Adler, A. (2007), Menschenkenntnis. Göttingen: Vandenhoeck & Ruprecht 2007 (Alfred Adler Studienausgabe, Bd. 5), 72.

Macht. Dieser Drang nach dem Höheren, Kompensation genannt, ist kein neurotisches Verlangen, weil *jeder* Mensch – und das nicht nur zu Beginn seines Lebens – mit Gefühlen der Unsicherheit, Unzulänglichkeit und Minderwertigkeit zu kämpfen hat. Nur sind es die wenigsten, welche sich eingestehen, dass ihrem Erleben, Verhalten und Urteilen Minderwertigkeitsgefühle zugrunde liegen. Demnach werden sie verdrängt, fallen dem Unbewussten anheim und sind dennoch wirkmächtig. Das ist ein allgemeines Phänomen, aber im Falle Obamas kamen besondere Umstände hinzu, die das Minderwertigkeitsgefühl wahrscheinlich als besonders drückend empfinden ließen. Aus seiner Autobiografie geht hervor, dass er sich lange Zeit nicht integriert gefühlt hat, weder in der Welt der Weißen noch in der der Schwarzen daheim und dadurch hin- und hergerissen.[11] Außerdem ließen sich seine Eltern, von denen es doch in seiner Rede heißt, dass sie durch eine „unglaubliche Liebe" verbunden gewesen seien, bereits nach drei Jahren scheiden, was wohl ebenfalls dazu beigetragen hat, sich als Außenseiter zu fühlen. Was bei „Hans der Igel" die Stacheln sind, die zur Entfremdung von der Umwelt führen, ist bei Obama der Umstand, sich aufgrund seiner Hautfarbe und der Scheidung seiner Eltern zunächst nirgendwo daheim zu fühlen. Von daher ist es auch aus psychologischer Sicht verständlich, wenn er zum Lobgesang auf den „common dream, born on two continents" anhebt und sich mittlerweile als vollständig integrierten Amerikaner darstellt. In diesem Sinn hat bereits Jacob Grimm in seiner „Deutschen Mythologie" gemeint, es erscheine „heldenmäßig, dass die Kindheit und erste Jugend ein Fehler verunstalte und aus solchem Dunkel hernach plötzlich die leuchtende Erscheinung, gleichsam die zurückgehaltene Kraft vortrete."[12]

Der amerikanische Traum und seine Verdrängungsleistung

Wenn Obama sich als Teil des „American Dream" beschreibt, sagt das aber nicht nur etwas über ihn, sondern auch über das Land aus, in dem er lebt. Der Lobgesang auf die amerikanischen Tugenden gleicht einer Beschwörung, die mit religiöser Inbrunst vorgetragen wird und die aus europäischer Perspektive reichlich übertrieben erscheint, weil man derartige Töne bestenfalls von Vertretern weltanschaulicher Dogmen kennt, etwa orthodoxen Marxisten oder strenggläubigen Katholiken. Man stelle sich einmal vor, Angela Merkel würde in einer entschei-

---

[11] Obama, B. (2008), Ein amerikanischer Traum. Die Geschichte meiner Familie. München: Hanser.
[12] Grimm, J. (1875), Deutsche Mythologie, Bd. 1. 4. Aufl. Berlin: Dümmler, 321f.

denden Rede die Meinung äußern, dass sie seit jeher von dem Wunschtraum beseelt gewesen sei, an einem magischen Ort namens Deutschland zu leben, wo alles möglich sei, wo die Träume der Staatsgründer lebendige Wirklichkeit seien und wo jeder das unveräußerliche Recht habe, nach dem Glück zu streben. Ein solches Statement würde im besten Fall ein verhaltenes Lächeln auslösen, mehrheitlich aber auf Unverständnis stoßen. Aus europäischer Sicht wäre das nämlich zu viel des Guten und hätte daher einen merkwürdigen Beigeschmack. Wenn man tiefenpsychologisch denkt, stehen die Gründe dafür klar vor Augen, denn ein Zu-Viel ist immer die Kompensation für ein Zu-Wenig; neigt sich die eine Waagschale zu sehr nach unten, bedarf es des Ausgleichs auf der anderen Seite. Einfach formuliert: Wer sich dauernd bestätigen muss, wie wunderbar alles ist, hat es offenbar nötig. Das Streben nach Glück, die Beschwörung von Freiheit und Gleichheit lesen sich auf dem Papier mit Wohlgefallen und hören sich in wohlmeinenden Reden gut an, doch die amerikanische Realität mit ihren enormen Einkommensunterschieden und den massiven ethnischen Konflikten spricht eine deutlich andere Sprache. Begegnet man Amerikanern, versichern sie indes, dass sie sich „happy" fühlen und einen „great day" haben. „Eine gewisse Grundstimmung des Positiven, Optimistischen und Tatkräftigen ist verpflichtend, wenn man die Grenzen des guten Anstands nicht überschreiten will; ganz anders als der wohlbemessene Grant, den mitteleuropäische Menschen des Morgens in der Straßenbahn an den Tag legen", schreibt der Grazer Soziologe Manfred Prisching in pointierter Form.[13] Die permanent zur Schau getragene positive Grundstimmung ist Ausdruck eines naiven Fortschrittsglaubens, einer Machbarkeitsideologie und eines Sendungsbewusstseins, das die tragischen Dimensionen der menschlichen Existenz ausklammert. Das hat auch historische Gründe, denn man schaut nicht gern zurück, weil man dann einerseits erkennen müsste, dass der Aufbau der amerikanischen Gesellschaft mit dem Blut der indigenen Bevölkerung bezahlt ist und dass andererseits die europäischen Vorfahren auf eine mehr als 2000-jährige Geschichte zurückblicken können, die ihnen selber fehlt. Jenes erzeugt unbewusste Schuldgefühle, dieses unbewusste Minderwertigkeitsgefühle, und beides ruft kompensatorische Tendenzen hervor. Das amerikanische Selbstverständnis mit seinen beschwörenden Floskeln beruht demnach in einem hohen Ausmaß auf einer kollektiven Verdrängungsleistung und ist bis zu einem gewissen Grad eher dem Schein verpflichtet, während die europäische Sicht trotz Aufklärungsphilosophie stärker von einem skeptizistischen Menschen- und Welt-

---

[13] Prisching, M. (2006), Good Bye New Orleans. Der Hurrikan Katrina und die amerikanische Gesellschaft. Graz: Leykam, 93.

bild geprägt ist, das authentischer ist. Wäre die amerikanische Gesellschaft wirklich so egalitär, wie sie sich darstellt, dann hätte es nicht als Sensation gelten müssen, dass ein Afroamerikaner Präsident wird. Mit Vergleichbarem kann Europa nämlich ebenfalls aufwarten, ohne allerdings viel Aufhebens darum zu machen. Dass etwa eine Frau aus der ehemaligen DDR einer christlich-konservativen, männlich geprägten Partei vorsteht, Bundeskanzlerin ist und ihr Vizekanzler ein bekennender Homosexueller, spielt im offiziellen politischen Diskurs der BRD überhaupt keine Rolle. Auch aus der Vergangenheit ließen sich Beispiele anführen. Erinnert sei nur daran, dass Friedrich Ebert, der erste Reichspräsident der Weimarer Republik, das vierte von sechs Kindern eines Schneiders war.

Bemerkenswert ist allerdings, dass Angela Merkel in ihrer Rede vor dem Kongress am 3. November 2009 ähnliche Töne angeschlagen hat wie Obama in seinen Reden. Sie habe sich, sagt sie, seit jeher „begeistert für den American Dream", doch habe sie sich, bevor die deutsch-deutsche Mauer gefallen sei, in ihren „kühnsten Träumen nicht ausmalen können [...], in die Vereinigten Staaten von Amerika reisen zu dürfen, geschweige denn eines Tages hier zu stehen".[14] Doch das ist keine Rede, die man vor dem Deutschen Bundestag halten könnte. Vielmehr ist sie für den amerikanischen Kongress bzw. für die US-Bürger bestimmt, die solch schmucke Worte gern hören.

Märchenheld Obama – Antiheld George W. Bush

Was folgt aus den bisherigen Überlegungen? Obama ist wirklich ein Märchenheld, denn er entwirft eine Welt, die es gar nicht gibt. Das optimistische Selbstverständnis der Amerikaner ist durch eine massive Verdrängungsleistung erkauft, und ähnliches gilt cum grano salis auch für ihren Präsidenten, der seine „dunkle" Vergangenheit eliminiert zu haben glaubt. Das mag übertrieben klingen, ist es aber nicht, wenn man davon ausgeht, dass es außer wohltönenden Worten auch noch eine andere Realität gibt, mit der man nur ungern in Berührung kommen möchte, weil sie aus den Tiefen der Landesgeschichte bzw. der eigenen Lebensgeschichte herrührt, der Kindheit und Jugend.

Dass Obama ein Märchenheld ist, zeigt sich außerdem in anderer Hinsicht, denn wie im Märchen gibt es auch im wirklichen Leben einen Antipoden zum

---

[14] Rede der Bundeskanzlerin Merkel vor dem Kongress der Vereinigten Staaten von Amerika am 03.11.2009. http://www.bundeskanzlerin.de/Content/DE/Rede/2009/11/2009-11-03-rede-merkel-usa.html.

Helden, eben den Antihelden – und das ist George W. Bush. Wenn im Volksmärchen der Niedrigste an die höchste Stelle gelangen kann, dann gilt auch das Umgekehrte, indem böse Königinnen oder verwöhnte Töchter in die Tiefe stürzen und vernichtet werden. Aschenputtel, die schmutzigste Arbeiten verrichten muss, heiratet am Ende einen Prinzen, während ihren Stiefschwestern die Augen ausgepickt werden.[15] Sneewittchen bekommt ebenfalls einen Prinzen zum Mann, doch ihre hinterhältige Stiefmutter muss zur Strafe solange in rotglühenden Eisenpantoffeln tanzen, bis sie tot zusammenbricht.[16] Über George W. Bush wurde noch während seiner Amtszeit gerichtet. Oliver Stone, der einen Spielfilm über ihn mit dem schlichten Titel „W." gedreht hat, meinte in einem Interview, er „sei vielleicht der schlechteste Präsident aller Zeiten. Aber eben auch eine großartige ‚story‘".[17] Vernichtender kann ein Urteil kaum ausfallen, und es beruht wohl auf dem Unmut vieler Zeitgenossen gegenüber den Fehlern und Versäumnissen der Bush-Administration, angefangen von seinen Kriegszügen gegen den Irak und Afghanistan, über die Politik sozialer Unausgewogenheit bis zur untätigen Haltung gegenüber Umweltproblemen und dem Klimawandel. Aber neben realen Faktoren existiert auch eine symbolische Ebene, und diese beruht auf dem populären Bedürfnis nach klaren Zweiteilungen: Obama ist die märchenhafte Lichtgestalt, während Bush, der einst gegen die „Achse des Bösen" zu Felde zog, mittlerweile selber dem Reich der Finsternis und des „Bösen" zugerechnet wird.

Die Dreizahl

Ein weiteres Merkmal, das sowohl für das Volksmärchen als auch die Sprache Obamas typisch ist, betrifft ein eher formales Merkmal, nämlich die Dreizahl. Diese spielt in der westlichen Kultur und zum Teil darüber hinaus eine zentrale Rolle, und das in ganz unterschiedlichen Bereichen. Sie repräsentiert eine Ganzheit, etwa in der zeitlichen Strukturierung von Vergangenheit, Gegenwart und Zukunft oder Geburt, Leben und Sterben sowie in der räumlichen Strukturierung von Unterwelt, Erde und Himmel. Im Christentum existiert überdies nicht nur die Idee des dreifaltigen Gottes als Vater, Sohn und Heiliger Geist, sondern auch die Einteilung des Geschichtsablaufs in Paradies, Vertreibung aus dem Paradies,

---

[15] Kinder und Hausmärchen, gesammelt durch die Brüder Grimm (wie Fußnote 6), 116–122 [KHM 21].

[16] Ebd., 235–244 [KHM 53].

[17] Schmitz, G. P. (2008, 17. Mai), Bush-Film lässt Republikaner bangen, Spiegel Online, http://www.spiegel.de/kultur/kino/0,1518,553612,00.html.

Jüngstes Gericht. Eine ähnliche historische Strukturierung findet man in weltlichen Ideologien, etwa im Marxismus mit seiner Anordnung in Urkommunismus, Klassengesellschaft und der Wiedererlangung der klassenlosen Gesellschaft durch die proletarische Revolution. Darüber hinaus gibt es in der europäischen Geschichtsschreibung die herkömmliche Einteilung in Altertum, Mittelalter und Neuzeit. Zwei andere Beispiele betreffen die Philosophie, nämlich die Unterteilung des Menschen in Körper, Seele und Geist und Hegels Strukturierung des Geschichtsablaufs und der Denkprozesse in These, Antithese und Synthese. Doch man findet die Dreigliedrigkeit nicht nur in Religion und Philosophie, sondern auch in der populären Kultur. So hat der klassische Hollywoodfilm in der Regel eine schlichte dreiteilige Struktur, die mit dem Bedürfnis nach Spannungsaufbau und Spannungslösung zu tun hat: Anfangs sind die Verhältnisse stabil, dann erfolgt eine Erschütterung, durch die die Welt der Protagonisten aus den Fugen gerät, bis am Ende das wohlverdiente „Happy end" mit stabilem Endzustand erreicht ist. Besonders prägend aber ist die Dreizahl im Volksmärchen: Drei Proben müssen die Helden in schöner Regelmäßigkeit ausführen, drei Dinge müssen getan oder drei Orte aufgesucht werden, und drei Tage hat man Zeit, um etwas zu vollbringen. So ergeht es auch der liebreizenden Müllerstochter, der Rumpelstilzchen eben diese drei Tage Zeit gibt, um seinen Namen zu erraten: In der ersten Nacht versucht sie es mit allen Namen, die sie kennt; in der zweiten Nacht mit Namen, die sie von ihren Untertanen erfragt hat. Und am dritten Tag erfährt sie schließlich von einem Boten den richtigen Namen.[18]

Analoges findet sich auch in Obamas Reden, nämlich die parallele Stellung dreier Satzglieder oder Sätze, in der Rhetorik Trikolon genannt. Man findet es bei ihm zuhauf, die Chicagoer Rede ist geradezu gespickt mit Trikola und beginnt bereits mit einem solchen: „Hello, Chicago. If there is anyone out there, *who still* doubts that America is a place where all things are possible, *who still* wonders if the dream of our founders is alive in our time, *who still* questions the power of our democracy, tonight is your answer" (Chicago, 04.11.2008).

Eine interessante Verwendung findet das Trikolon auch in der Bostoner Rede, denn er verwendet es dazu, um auf die zentrale Aussage aus der Präambel zur Unabhängigkeitserklärung hinzusteuern. Zunächst sagt er, er stehe vor den Delegierten, wohl wissend, „*that* my story is part of the larger American story, *that* I owe a debt to all of those who came before me, *and that*, in no other country on earth, is my story even possible" (Boston, 27.07.2004). In direktem Anschluss

---

[18] Kinder und Hausmärchen, gesammelt durch die Brüder Grimm (wie Fußnote 6), 250–253 [KHM 55].

daran heißt es: „Tonight, we gather to affirm the greatness of our Nation – *not because of* the height of our skyscrapers, *or* the power of our military, *or* the size of our economy", sondern wegen einer „very simple premise", die bereits über 200 Jahre alt sei, womit er natürlich die Präambel aus der Unabhängigkeitserklärung meint, nach der alle Menschen frei seien und das Recht hätten, nach Glück zu streben.

Bis zu diesem Abschnitt geht es in der Rede um autobiografische Details, und an diesem Punkt verbindet Obama auf geschickte Weise seine Lebensgeschichte mit dem amerikanischen Traum – die zentrale Bedeutung dieser Verknüpfung für seinen eigenen Werdegang wurde bereits erwähnt. Wenn er dafür das Trikolon verwendet, fügt sich das einerseits in seine „märchenhafte Wirklichkeit" ein, da das Märchen ebenfalls von der Dreigliedrigkeit beherrscht wird, und andererseits ist er damit auch Teil der westlichen Kultur, für die dieses Prinzip von großer Bedeutung ist.

Gründe für Obamas Erfolg

Wenn wir uns abschließend fragen, worin der Erfolg von Barack Obama begründet sein könnte, lässt sich aus den bisherigen Ausführungen folgender Schluss ziehen: Man muss gute Identifikationsflächen für breite Schichten der Bevölkerung bieten. Dann ist es möglich, dass diese ihre Wünsche und Vorstellungen auf den „Helden" projizieren können. Das ist bei Obama der Fall, denn als Afroamerikaner scheint er aus einfachen Verhältnissen zu stammen und sich gegen das herrschende Establishment hinaufgearbeitet zu haben, da er, wie er sagt, nie der aussichtsreichste Kandidat gewesen sei. Immer wieder nimmt er in den Reden Bezug auf Kontakte mit „einfachen Menschen", die mit ihm gesprochen und ihm ihre Not mitgeteilt hätten. Gleichzeitig betont er, dass sein Wahlkampf von den „kleinen Leuten" getragen worden sei und begonnen habe „in the backyards of De Moines and the living rooms of Concord and the front porches of Charleston" (Chicago, 04.11.2008), nebenbei bemerkt ein weiteres Trikolon, das inhaltlich deswegen interessant ist, weil die „Hinterhöfe von De Moin", die „Wohnzimmer von Concord" und die „Vordächer von Charleston" so etwas wie Authentizität vermitteln: Obama ist einer von uns, denn dort kennt er sich aus, er weiß, wovon er spricht.

Wenn man es volkskundlich formulieren möchte, könnte man sagen, dass er ein positiver Märchenheld ist, der, wie so viele seiner „Brüder" aus unzähligen anderen Märchen, marginalisierten Verhältnissen entstammt, sich emporarbeitet und am Ende ein Königreich gewinnt. Oftmals gelingt das den Märchenhelden deswegen, weil sie während ihrer Abenteuer sensibel auf Ungerechtigkeiten reagieren. Wenn zum Beispiel in dem Grimm'schen Märchen „Die Bienenkönigin" der Jüngste von drei Brüdern den beiden Älteren verbietet, Tiere zu quälen, dann erweisen diese sich im weiteren Verlauf der Geschichte als dankbar und helfen ihm dabei, ein Königreich zu gewinnen.[19] Ähnlich verhält es sich mit Obama, der „ein Herz" hat für benachteiligte Menschen, für einfache Arbeiter oder Soldaten, und die dann im Wahlkampf, trotz geringer Ersparnisse, „5 dollars and 10 dollars and 20 dollars" (Chicago, 04.11.2008) für ihn gespendet haben.

Wenn er aus volkskundlicher Sicht ein positiver Märchenheld ist, dann ist er aus tiefenpsychologischer Perspektive ein förderliches Projektions- und Übertragungsobjekt für den „guten Vater". Bedenkt man, dass zwischenmenschliche Beziehungen stets von ambivalenter Natur sind und dass zwangsläufig jedem Kind vonseiten der Eltern Traumata zugeführt werden, dann kann man den Wunsch nach einer männlichen „Lichtgestalt" verstehen, die in allem um so viel besser zu sein scheint als es wirkliche Menschen bzw. wirkliche Eltern sind, zumal Obama auch noch ein guter Ehemann und guter Vater für seine Töchter sein soll. Die Idealisierung ist auch deswegen möglich, weil es in Gestalt von George W. Bush einen „idealen" Antihelden gibt, der anscheinend alles falsch gemacht hat und obendrein rhetorisch nicht sonderlich geschickt war.

Schlussbetrachtung

Um es auf den Punkt zu bringen: Obama ist ein märchenhaft-mythischer Held mit einer klaren Entwicklung aus einer benachteiligten Position heraus, der ein Herz für die „breite Masse" hat und authentisch wirkt, sodass sich individuelles mit sozialem Wohlergehen paart. Außerdem gibt es einen etablierten Antihelden, der als Negativfolie gegenüber dem emporstrebenden „Novizen" fungiert. Das sind, kurz gefasst, jene Faktoren, welche aus unserer Sicht einen Teil seines Erfolges erklären und darüber hinaus wohl eine gewisse Allgemeingültigkeit beanspruchen dürfen, wenn man danach fragt, warum jemandes Reden auf so breiten Widerhall stoßen. Dennoch ist eine Einschränkung zu machen: Der Lobgesang auf das eigene Land und seine Glücksverheißungen würde hierzulande eher mit Befremden quittiert werden, denn dabei handelt es sich um spezifische mentale Strukturen, die deutlich von den hiesigen abweichen. Während im „alten Europa" nach der Französische Revolution Aufklärungsphilosophie und Religion mehr und mehr zu Gegensätzen wurden, blieben sie in den Vereinigten Staaten

---

[19] Ebd., 301ff. [KHM 62].

vereint. Der amerikanische Individualismus, das „Streben nach Glück", ist als Reaktion der Auswanderer auf die als drückend empfundenen feudalen Strukturen in der „alten Welt" zu verstehen, und er ist puritanisch gefärbt, denn am wirtschaftlichen oder gesellschaftlichen Erfolg findet Gott Gefallen. In Europa sind demgegenüber Denken und Philosophie skeptizistischer getönt, und man weiß, dass es tragische Konstellationen gibt, die auch dann eintreten können, wenn man guten Willens ist und etwas aus sich machen möchte. Daher nimmt der Sozialstaatsgedanke auf unserem Kontinent einen breiteren Raum ein als in den USA, und man ist weitaus weniger optimistisch, was Erfolgsversprechungen und Glücksverheißungen angeht.

Hans Bernhard Schmid

Obama und das Selbstvertrauen
Philosophische Überlegungen

Wie wohl kaum je eine Präsidentschaftskampagne zuvor war diejenige von Barack Obama auf einen einzelnen *slogan* zugespitzt: die drei Worte, die ein gemeinsames Können bejahen: „Yes, we can!" Das Motto hat eine gewaltige, emotional, spirituell und gedanklich aufgeladene mobilisierende Kraft entfaltet. Diese Kraft erklärt sich wohl daraus, dass dieses Motto erstens die Person bzw. Familiengeschichte Obamas mit dem traditionellen amerikanischen Selbstverständnis als Land der unbegrenzten Möglichkeiten verband und zweitens diese unbegrenzten Möglichkeiten auf ein gemeinsames Projekt, die individuellen Eigeninteressen auf die nationale Einheit und sogar die globale Einheit der Menschheit hin zu überschreiten erlaubte. Damit ist es Obama in drei Worten gelungen, die demokratischen politischen Sonderanliegen nach größerer innergesellschaftlicher (und, in geringerem Maß, auch globaler) Solidarität und mehr Umverteilung scheinbar nahtlos mit dem semantischen Kern des amerikanischen Selbstverständnisses zu verbinden und zugleich mit seiner eigenen Person zu identifizieren.

Allerdings kommt auch diese umfassende Großtat integrativer charismatischer politischer Rhetorik nicht ohne Gegner aus; dabei handelt es sich nicht bloß um die „feindlichen Netzwerke" draußen in der Welt, die Obama in seinen Reden immer wieder erwähnt hat und zu zerschlagen versprach, sondern vor allem um einen inneren Gegener: den „skeptic", den Zweifelnden, der vor übertriebenen Hoffnungen, überrissenen Plänen und übersteigertem Selbstvertrauen warnt, und gegen den sich Obama noch in seiner Amtseinsetzungsrede wenden zu müssen glaubt. Dieser Gegner nagt tatsächlich an den Wurzeln seines Charismas: wo bleibt Werben für den Griff nach den Sternen der nüchterne Sinn für die Grenzen der eigenen Reichweite?

Im folgenden Beitrag wird diese Gegenstellung philosophisch, d.h. auf ihre begrifflichen Grundlagen hin, analysiert. In einem ersten Abschnitt wird Obamas Motto und seine Absetzung vom skeptischen Gegner in wahlkampftaktischer und politisch-programmatischer Hinsicht beleuchtet. In einem zweiten Schritt wird die Position des Gegners rekonstruiert: im Gegensatz zu Hoffnung und Selbstvertrauen geht es aus dieser Perspektive in der Selbsteinschätzung primär um nüchterne und realistische Selbsterkenntnis, die einen klaren Begriff von den Grenzen des eigenen Könnens hat. Ein dritter Abschnitt soll zeigen, wie tief dieser Gegensatz in fachphilosophische Debatten um die Grundbegriffe unseres Daseins hineinreichen: es wird anhand einiger philosophischer Rätsel der Frage nachgegangen, welche Rolle Überzeugungen bezüglich der eigenen Fähigkeiten in der Bildung von Absichten spielen. Das Schlusskapitel verbindet diese fachphilosophische Problematik wieder mit der Figur Obamas: es wird die These vertreten, dass das von Obama beworbene Selbstvertrauen affektive Qualität hat und als solches durchaus neben divergierenden kognitiven Einschätzungen bezüglich der eigenen Fähigkeiten bestehen kann: neben der emotionalen „Audacity of Hope" bleibt immer auch Platz für nüchterne Selbsterkenntnis.

„Yes, we can!"

Obama hat einen bemerkenswerten Moment gewählt, um sein Motto in seinen Präsidentschaftswahlkampf einzuführen. In den parteiinternen Primärwahlen war er ursprünglich mit dem Wahlspruch „Change We Can Believe In" angetreten – ein *slogan*, der wohl vor allem auf die Hauptkonkurrentin (und Favoritin) Hillary Clinton zielte, welche leicht als Teil des politischen Establishments darzustellen war – aufgrund ihrer Beteiligung an der Administration Clinton, besonders aber auch aufgrund ihres politischen Kurses während der Administration Bush. Der vielbeschworene „Wechsel" oder „Wandel" nach acht Jahren Bush sei, so die implizite Botschaft, nicht mit einer Rückkehr zu den Clintons, sondern in der Wendung zu Obama zu machen, „the skinny guy with a funny name", dem relative Newcomer auf der politischen Bühne, Sohn eines afrikanischen Schafhirten, Enkel eines Hausdieners der britischen Kolonialherren.

Am 8. Januar 2008, wenige Tage nach seinem unerwarteten Sieg in der vorgezogenen parteiinternen Ausscheidung in Iowa, unterlag Barack Obama Hillary Clinton in der Primärwahl in New Hampshire – einer Wahl, der deshalb besonderes Gewicht zu kommt, weil sie traditionellerweise die erste Primärwahl ist und als solche eine Signalwirkung hat. In der Nacht nach dem Wahltag präsentierte Obama seinen neuen *slogan* in einer Rede, welche er in der *Nashua High School South* vor einem ernüchterten Publikum von 1500 Anhängern hielt, die nach den vorgängigen Umfragen auf eine Wiederholung des Siegs in Iowa gehofft hatten und die noch das alte Plakat – „Change We Can Believe In" in den

Händen hielten. Der Gefühlsumschwung von Ernüchterung zu Selbstvertrauen während dieser Rede ist quasi mit Händen zu greifen; er markiert den Beginn des eigentlichen Siegeszugs, schwenkte Obama hier doch von der innerparteilichen Konkurrenz um auf eine Rhetorik, die ihn als Einheitskandidaten präsentierte und auf ein „Wir" zielte, das bereits die Wechselwähler ins Auge fasste. „Yes, we can" – der Blick wird vom gegenwärtigen Hindernis weggelenkt auf das große Ziel.

Obama gratulierte zunächst seiner siegreichen Opponentin. Dann skizzierte er routiniert und knapp die Eckpunkte seines Wahlprogramms – allgemeine Krankenversicherung, wirtschaftliche Anreize für Unternehmen, Aufbau von Arbeitsplätzen in den USA, Rückzug aus Irak und Sieg gegen die Al Kaida in Afghanistan, Vorgehen gegen die nukleare Bedrohung und Reagieren auf den Klimawandel. Darauf erst folgte der entscheidende Wechsel der Perspektive: weg von seinem Wahlprogramm und seinen eigenen Vorhaben und der Konkurrenz der demokratischen Präsidentschaftskandidaten hin zu einem anderen Subjekt: dem großen „Wir" der Wählerschaft: „Alle Kandidaten in diesem Rennen teilen diese Ziele und haben gute Ideen (...). Was unserer Kampagne aber schon immer ausgezeichnet hat, ist, dass es sich dabei nicht bloß darum dreht, was ich als Präsident tun werde; es geht auch darum, was ihr – das Volk, welches dieses Land liebt – tun kann, um es zu ändern." Diese Verschiebung des Fokus ist aus John F. Kennedy's Amtseinsetzungsrede bekannt und dürfte wohl auch wirklich ein Echo dieser berühmten Rede darstellen: „Meine Mit-Amerikaner, fragt nicht danach, was Euer Land für Euch tun kann; fragt danach, was Ihr für Euer Land tun könnt. Meine Mit-Weltbürger, fragt nicht, was Amerika für Euch tun könnt; fragt danach, was wir gemeinsam tun können für die Freiheit des Menschen. [...] Hier auf Erden muss Gottes Werk unser eigenes sein." Ein Appell an gemeinsames Handeln tritt an die Stelle politischen Programms. Bei Obama, der diese Akzentverschiebung zu einem ganz anderen Zeitpunkt macht – am Anfang des Präsidentschaftswahlkampfes statt wie Kennedy an dessen Ende –, klingt dies so:

> „Wir wissen, dass die Schlacht, die vor uns liegt, lang sein wird, aber denkt immer daran: Was für Hindernisse uns auch immer im Weg stehen mögen, nichts kann der Macht von Millionen Stimmen widerstehen, die nach Wandel rufen. Ein Chor von Zynikern, der in den kommenden Wochen noch lauter und schriller ertönen wird, hat uns gesagt, dass wir das nicht tun können. Wir sind dazu aufgefordert worden, für einen Realitätscheck innezuhalten. Wir sind davor gewarnt worden, dem Volk dieser Nation falsche Hoffnung zu geben. Aber in der unwahrscheinlichen Geschichte, die Amerika ist, ist nie irgendetwas falsch gewesen an der Hoffnung. Denn wann immer wir uns mit scheinbaren Unmöglichkeiten konfrontiert gesehen haben; wann immer

uns gesagt wurde, dass wir nicht bereit sind, oder dass wir's nicht versuchen sollten, oder dass wir's nicht können, haben die Amerikaner immer mit einem schlichten Bekenntnis reagiert, welches den Geist eines Volks zusammenfasst: *Yes, we can. Yes, we can. Yes, we can.*"
(Die Zuhörerschaft greift nun den *slogan* auf und wiederholt im Chor: „Yes, we can, yes we can!")
„Es war ein Bekenntnis, dass in die Gründungsdokumente geschrieben wurde, welche die Bestimmung eines Volkes deklarierten. *Yes, we can.* Es wurde von Sklaven und Sklavereigegnern geflüstert, als sie durch die dunkelste Nacht einen Weg bahnten auf die Freiheit zu. *Yes, we can.* Es wurde von Einwanderern gesungen, als sie von fernen Ufern her aufbrachen, und von Pionieren, als sie westwärts vorstießen in eine gnadenlose Wildnis. *Yes, we can.* Es war der Ruf der Arbeiter, die sich organisierten; der Frauen, die nach dem Stimmrecht griffen; eines Präsidenten, der die Grenze auf den Mond verschob; und eines Königs, der uns auf die Bergspitze nahm und uns den Weg zum Gelobten Land wies. *Yes, we can* zur Gerechtigkeit und Gleichheit. *Yes, we can* zu Chancen und Prosperität. Ja, wir können diese Nation heilen. Ja, wir können diese Welt reparieren. *Yes, we can.*"

Den Schluss der Rede bildeten Bemerkungen dazu, dass die verschiedenen Probleme, mit denen verschiedene Amerikaner an verschiedenen Orten der Nation kämpfen, so unterschiedlich gar nicht seien. Danach schloss Obama: „Wir sind Ein Volk, Eine Nation. Zusammen werden wir das nächste große Kapitel in der amerikanischen Geschichte anfangen mit drei Worten, die von Küste zu Küste, von See zu glänzender See erschallen werden: *Yes, we can!*"
Man braucht sich nicht davon irritieren zu lassen, dass Obamas *slogan* in Tat und Wahrheit gar nicht so neu war, sondern vielmehr ein wiederverwertetes Element aus seinem Wahlkampf um einen Senatssitz des Staates Illinois im Jahre 2004.[1] Es ist atemberaubend, welche Menge an „definierenden Momenten", ent-

---

[1] Damals hatte Obama sein „yes, we can" noch ans Ende der parteiinternen Ausmarchung gesetzt und – obwohl in der Wir-Form gehalten – ausschließlich auf seinen persönlichen Sieg (und noch nicht auf die Rettung der Welt) bezogen. Nachdem er bei den Wahlen gesiegt hatte, erklärte er: „Die allgemeine Ansicht war, dass wir nicht gewinnen können. Es würde für einen hageren Jungen von der Südseite [von Chicago] mit einem seltsamen Namen wie Barack Obama unmöglich sein, eine staatsweites Rennen zu gewinnen. Sechzehn Monate später sind wir da. Und Demokraten aus ganz Illinois, Vorstädten, Stadtzentren, dem Oberland, dem Unterland, schwarz, weiß, hispanisch, asiatisch, haben erklärt: *Yes, we can!*"
Im Hintergrund von Obamas *slogan* steht das (allerdings grammatisch unpersönlich gehaltene) Motto der Farmarbeiter-Gewerkschaft seit 1972: *Sí, se puede!* Die Internet-Weisheit

scheidenden Figuren, nationalen Mythen und sozialen Bewegungen Obama mit
seinem *slogan* in eine imaginäre Gleichgerichtetheit bringt, und man kann sich in
der Tat wohl kaum eine andere Demokratie vorstellen, in der eine derart weit
ausgreifende politische Rhetorik nicht nur akzeptiert, sondern geschätzt wird.
Amerika als großes Projekt des gemeinsamen Ergreifens der unbeschränkten
Möglichkeiten: Diese rhetorische Konstruktion überbrückt nicht nur Heterogeni-
täten wie jene zwischen der Kolonisierung des Westens der Vereinigten Staaten,
dem Apollo-Programm und der Arbeiterbewegung. Sie überdeckt die begrifflichen Risse zwischen Werten und Wertgruppen wie jenem der Gleichheit, der
Freiheit, der Prosperität und der Nachhaltigkeit. Vor allem aber besteht die rhetorische Leistung des Mottos darin, dass es das demokratische politische Kernan-
liegen nach stärkerer Solidarität, sozialer Absicherung und Umverteilung nahtlos
mit den semantischen Kernbeständen amerikanischer politischer Rhetorik verbindet: dem Motiv des Wandels, der Hoffnung, und der Eigenständigkeit bzw.
dem Vertrauen in die eigene Kraft. Diese Verbindung funktioniert rhetorisch
wesentlich auch durch die Verkörperung des *slogans* in Obamas eigener Person:
seinem Namen, seiner bescheidenen Herkunft. Obama selbst präsentiert sich als
lebendiges Zeugnis für sein „yes, we can": wer würde angesichts eines Präsidentschaftskandidaten, der Sohn eines afrikanischen Schafhirten ist und den mittleren
Namen „Hussein" trägt, noch ernstlich zweifeln wollen, dass die Möglichkeiten
unbeschränkt sind?

Indes ist es genau dieser Zweifel, der neben dem großen gemeinsamen Projekt in dieser Passage von Obamas Rede die prominenteste Rolle kriegt. Er spielt
die Rolle des Gegners: nicht des äußeren und zu schlagenden Gegners der feindlichen Netzwerke, sondern des inneren Gegners, der gegnerischen Stimme aus
dem „Wir" heraus. Dem Chor des „yes, we can" stellt Obama rhetorischen „Chor
der Zyniker" gegenüber. Kritische Rückfragen werden gleich am Anfang der
relevanten Passage ausgeschaltet: Zweifel ist Zynismus und gleichsam Verrat am
innersten Wesen Amerikas, dem Glauben an die Unbeschränktheit der Möglichkeiten; wer daran zweifelt, dass sich das Projekt „Amerika" so verwirklichen
lässt, hat dieses Projekt nicht verstanden; dass es als unmöglich erscheint, ist
gerade, was dieses Projekt im historischen Kern ausmacht. Unschwer lässt sich in
dieser Figur eine Tendenz zur Immunisierung erkennen: Die Kritik wird zum
Beleg für das Projekt. Dies wie auch die eigenartige Synthese, die Obama mit
seinem *slogan* rhetorisch zuwege bringt, ist wohl durchaus auch von politisch-

---

schreibt den ersten Gebrauch des *slogans* „Yes, we can" dem Baseball-Spieler Dave Cash der
Philadelphia Phillies zu.

philosophischem Interesse. In philosophischer Hinsicht noch interessanter ist aber eine weit grundsätzlichere Ebene: was bedeutet es, das Können auf scheinbar Unmögliches zu beziehen? Und welche Rolle spielt dabei das Ausschalten der skeptischen Alternative?

Selbstvertrauen und Selbsterkenntnis

Als Einführung in die Problematik sei hier auf eine Gegensicht verwiesen: eine Figur, die in Sachen der Einschätzung der eigenen Fähigkeiten in politischen Angelegenheiten zu einer ganz anderen, viel vorsichtigeren Haltung rät. Dabei sind sich die Kontrahenten – abgesehen von ihren Lebensdaten – viel näher, als man anhand ihrer Sichten denken könnte. Es geht ebenfalls um einen wichtigen Politiker, Schriftsteller und Feldherrn, und zwar um einen, der nicht nur ebenfalls mit Überzeugungskraft zum gemeinsamen Selbstvertrauen aufgerufen hat, sondern der sein Gemeinwesen auch tatsächlich erfolgreich auf das scheinbar Unmögliche hin geführt und damit eine historische Leistung vollbracht hat. Im Unterschied zu Obamas Rede schreibt er indes seine Überlegungen zur Rolle des Sinns fürs gemeinsame Können in der Politik zu einem Zeitpunkt nieder, zu dem er sein Engagement bereit hinter sich hat. Xenophon (426 – nach 355 v. Chr.) hatte den „Zug der Zehntausend" angeführt und damit sein Heer aus einer völlig aussichtslosen Situation – der Feldzug war zum Desaster geworden, nachdem der Persische Verbündete geschlagen und das gesamte Kader der griechischen Truppen ermordet worden war und sich mithin führungslos mitten im Feindesland fand – doch noch zu einem glimpflichen Ausgang gelenkt hat. Xenophon ist, wie seine Taten zeigen, kein Advokat der verzagter Kleinmütigkeit; er ist ein Politiker, der weiß, was es bedeutet, angesichts von scheinbar unüberwindlichen Hindernissen den Mut und die Hoffnung zu bewahren und auf die eigenen Kräfte zu vertrauen. „Yes, we can" – das hat auch Xenophon im entscheidenden Moment gesagt, als er die völlig verzweifelte Truppe um sich sammelte und sie zum scheinbar völlig aussichtslosen Zug auf die ferne Heimat hin motivierte.

Trotz seiner Leistung ist Xenophon indes alles andere als ein Ideologe der „Self-Efficacy", der selbst in der amerikanischen akademischen Kognitionspsychologie verbreiteten Lehre von der Notwendigkeit der grenzenlosen Stärkung des Selbstvertrauens, der uramerikanischen „can do"-Ideologie. In seinen *Memorabilia* rät er vielmehr zur realistischen Selbsterkenntnis; und zu dieser, so Xenophon, gehört dazu, *die eigenen Grenzen genau zu kennen*: zu wissen, was man kann, und was jenseits der eigenen Fähigkeiten liegt, „zu wissen, was die eigenen Kräfte vermögen und was nicht" (Memorabilia, Buch 4, Kapitel 2, 26). Die Grenzen seiner Kräfte zu kennen schütze davor, sich in aussichtslose Projekte zu stürzen und dadurch am Ende sich selbst und anderen Schaden zuzufügen; eine Überlegung, die Xenophon ganz ausdrücklich auch auf die Kräfte ganzer Staaten bezieht (ibid. 4; 2; 29): Staaten, welche ihre eigenen Kräfte überschätzen, werden schließlich scheitern und untergehen. Auch auf der kollektiven Ebene bringt Xenophon gegen den Ansatz beim grenzenlosen Selbstvertrauen des Nach-den-Sternen-Greifens die realistische *Selbsterkenntnis* ins Spiel. Auch die vereinten Kräfte von Millionen sind nicht unbegrenzt. Einen Begriff der Leistungen und Grenzen der vereinten Kräfte zu haben ist Bedingung verantwortlicher Politik.

Xenophon, der erfolgreiche Praktiker des Strebens nach dem scheinbar Unmöglichen, rät in fortgeschrittenem Alter mit Nachdruck zum *Realismus* in der individuellen und kollektiven Selbsteinschätzung. Aber rückt Obama diese Haltung nicht zu Recht ins Zwielicht: Ist es nicht falsch, der Hoffnung auf bislang Unerreichtes und dem Selbstvertrauen in die eigenen Fähigkeiten, die Grenzen des bislang Erreichten zu verschieben, von vornherein eine Absage zu erteilen? Ist nicht die Zuversicht selbst eine wichtige Vorbedingung des Gelingens? Wer's gar nicht versucht hat, wird schließlich nie wissen, ob er's nicht vielleicht doch noch gekonnt hätte. Sollte im individuellen und gemeinsamen Handeln nicht stets das Selbstvertrauen statt eine Überzeugung bezüglich der eigenen Grenzen am Anfang stehen? Ist die Furcht vor dem Scheitern nicht das entscheidende Hindernis, das es beim Ergreifen der eigenen und gemeinsamen Möglichkeiten zu überwinden gilt?

Philosophische Rätsel

Die Gegenüberstellung von Obama und Xenophon führt ins Grundsätzliche: es geht um Hoffnung, Wollen, Können, Selbstvertrauen und Verantwortung. Wie sollten Akteure, denen an der Verwirklichung der eigenen Fähigkeiten liegt, sich zu sich selbst stellen: optimistisch sich am Wünschbaren orientieren und unverzagt auf dieses zustreben, oder einen klaren Begriff der eigenen Grenzen herausbilden? Philosophische Orientierung ist in diesen Fragen nur über begriffliche Klärung zu erwarten. Und diese muss hinter die sowieso schon sehr grundsätzliche Frage der „richtigen" Haltung noch einen weiteren Schritt zurück machen: was bedeutet es überhaupt, sich eine Fähigkeit zuzuschreiben – und welche Rolle spielt ein solcher „Sinn fürs Können" im Handeln? Diese Fragen betreffen nicht nur Obama und Xenophon. Sie betreffen *alles* Handeln: es sind wichtige, allgemeine, grundsätzliche Fragen: eben Thema der Philosophie.

Der Sinn fürs Können, das Vertrauen in die eigenen Fähigkeiten, ist ein in der Philosophie bislang noch zu wenig thematisierter Aspekt der Phänomenologie des Handelns. Dabei spielt er im individuellen und gemeinsamen Leben eine grundlegende Rolle. Die Auffassung davon, was in den eigenen Kräften liegt, bestimmt die Art von Zielen, welchen sich einzelne Akteure oder ganze Gemeinschaften verschreiben. Sie bestimmt weiter den Grad des Engagements dieser Akteure. Und sie ist bestimmend dafür, in welchem Maß Individuen und Gemeinschaften ihr Ergehen als an ihnen selbst liegend (statt als von äußeren Umständen abhängend) erleben. Der Sinn fürs Können, das Selbstvertrauen in die eigenen Fähigkeiten bestimmt den Grad, zu dem sich Individuen und Gemeinschaften als *Akteure*, als ihres eigenen Glückes Schmied, erleben.

Zwischen Obamas politischer Rhetorik und Xenophons Reflexionen zeichnet sich eine interessante, ins rein Begriffliche reichende und damit die Domäne der Philosophie tangierende Divergenz ab. Auf der einen Seite steht die Ansicht, dass es für den Sinn fürs Können *rationale Kriterien* gibt: Es gibt einen *richtigen* Grad von Selbstvertrauen, dem gegenüber sowohl ein Mangel an Selbstvertrauen wie auch ein übersteigertes Selbstvertrauen zu vermeiden ist. Weiter gehört zu dieser ersten Sicht, dass es in der Herausbildung des richtigen Maßes von Selbstvertrauen wichtig ist, aus der Erfahrung (auch am Scheitern!) zu lernen; und drittens gehört zu dieser Sicht, dass wir nur dann wirklich handeln, wenn wir Grund zur Annahme haben, dass zumindest eine minimale Erfolgsaussicht besteht.

Die Gegenposition bestreitet alle diese Punkte. Aus dieser Sicht gibt es erstens keine unabhängigen Rationalitätskriterien für den Sinn fürs Können: Selbstvertrauen hat man nie genug, denn jede Begrenzung des Selbstvertrauens ist nur eine Vorwegnahme des Scheiterns. Wenn es, zweitens, aus dieser Sicht etwas aus der Erfahrung zu lernen gibt, dann bloß dies, dass jeder Zweifel an den eigenen Fähigkeiten eine selbsterfüllende Prophezeiung ist. Die Frage, was im Bereich der eigenen Fähigkeiten liegt, ist nicht unabhängig davon zu beantworten, wozu man sich selbst für fähig hält. Es gibt mithin keine externen Vorgaben, nach denen der Sinn fürs Können sich zu richten hätte; Selbstvertrauen ist vielmehr eine entscheidende Voraussetzung fürs Können selbst: Der erste Schritt zum Erfolg ist die Zuversicht. Und drittens soll sich diese Zuversicht nicht von dem Schein der Unmöglichkeit beeindrucken lassen: Was uns zu Akteuren macht, ist gerade die Fähigkeit, nach den Sternen zu greifen.

Die Sichten widersprechen sich diametral, aber gleichzeitig hat jede von ihnen ihre intuitive Plausibilität. Das ruft die Philosophie auf den Plan: Wo auch immer sich vortheoretisch plausible Intuitionen bezüglich grundsätzlicher Begriffe widersprechen– und das Können gehört unzweifelhaft zu den Grundbegriffen

–, ist die Philosophie zuständig. Solche Konflikte gehören zu den philosophischen Problemen. Die Philosophie hat die Aufgabe, die entsprechenden Intuitionen zu artikulieren und zu systematisieren. Ziel ist es, ihren Widerspruch aufzulösen: entweder dadurch, dass sich eine der Intuitionen als falsch herausstellt, oder aber dadurch, dass sich zeigt, dass der Widerspruch bloß ein Scheinbarer war. Schauen wir also etwas genauer hin: wie verhält es sich mit der Rationalität, der Erfahrungsbezogenheit und der limitierenden Funktion des Vertrauens in die eigenen Fähigkeiten?

Beginnen wir mit einem aus dem Alltag vertrauten Phänomen, und beschränken wir uns dabei zunächst auf Individuen (ähnliche Überlegungen wären auch in Bezug auf Gruppen anzustellen). Es gibt Menschen, welche Dinge, die sie eigentlich gern tun würden, deshalb nicht tun, weil sie sich diese schlicht nicht zutrauen – obwohl es für Außenstehende offensichtlich scheint, dass diese Menschen ohne weiteres fähig und in der Lage wären, die entsprechenden Ziele zu erreichen; objektive Möglichkeiten und subjektive Kompetenz scheinen durchaus gegeben, nur das Selbstvertrauen fehlt. Es scheint richtig, solchen Menschen einen *irrational unterentwickelten* Sinn fürs Können zuzuschreiben. Umgekehrt sind aus dem Alltag auch Menschen bekannt, die sich alles zuzutrauen scheinen, auch Dinge, die sie aus der Außensicht nie und nimmer werden bewältigen können: Sei es, dass diese Dinge (unter den gegebenen Umständen) objektiv unmöglich sind oder aber offensichtlich die Kompetenzen der betreffenden Person übersteigen. In diesem Fall würden wir intuitiv wohl von einem irrational *übertriebenen* Sinn fürs Können oder *überentwickelten* Selbstvertrauen reden.

Die Frage ist indes: Worauf nimmt denn dieses Kriterium, anhand dessen wir so urteilen, überhaupt Bezug? Was berechtigt es, die Fähigkeiten eines Akteurs gleichsam unabhängig von seiner Selbstbeurteilung zu bestimmen? Eine einfache und nüchterne Antwort lautet: der *reality check,* den auch Obama in seiner Rede erwähnt, die Erfahrung, das faktische Handeln. Ob jemand etwas kann oder nicht, beweist sich an der Tat. Und wer einmal etwas mit hinreichender Zuverlässigkeit geschafft hat, von dem kann rationalerweise – auch von ihm selbst – erwartet werden, dass er es wieder können wird. Er hat also Grund, sein Selbstvertrauen anhand der gemachten Erfahrung anzupassen.

Obama erwähnt, die in der amerikanischen Geschichte kondensierte Erfahrung, der eigentliche *reality check*, lehre gerade, dass Akteure stets mehr können, als sie vielleicht glauben: immer sei die Hoffnung und keine vermeintliche „realistische Selbstsicht" der richtige Ratgeber gewesen. Aber was erlaubt, von Geschichte auf Zukunft zu schließen? Man muss indes nicht erst auf die komplexe, von David Hume aufgeworfene philosophische Debatte rund um die Problematik der Induktion eingehen, um zu sehen, dass etwas schief ist an diesem einfachen Rationalitätskriterium für den Sinn fürs Können. „Erfahrung" ist kein einfacher Prüfstein für die Herausbildung eines adäquaten Selbstvertrauens. Ein Gedankenexperiment mag das illustrieren. Man stelle sich vor, man habe die oben genannte Person, die sich durch ein irrational unterentwickeltes Selbstvertrauen auszeichnet, mit viel gutem Zureden endlich dazu gebracht, es doch einmal zu versuchen – worauf es ihr gelingt (zu ihrer eigenen Überraschung, aber ganz wie von den anderen erwartet). Wird sie angesichts der objektiven Tatsachen nun endlich einsehen müssen, dass ihr Selbstvertrauen, ihre eigene Einschätzung ihres Könnens irrational unterentwickelt war? Wohl kaum. Sie wird schlicht und einfach sagen, Glück gehabt zu haben – der Erfolg wird von ihr einfach den Umständen zugeschrieben, nicht der eigenen Kompetenz (obwohl diese Zurechnungsweise bei größerer Zahl der Wiederholung natürlich zunehmend unplausibel wird). Umgekehrt stelle man sich vor, man habe einen Menschen mit einem irrational übersteigerten Selbstvertrauen einmal dazu gebracht, sein Können unter Beweis zu stellen: „Hic Rhodus, hic salta!" Zu seiner eigenen Überraschung, aber ganz gemäß der Erwartung aller Umstehenden scheitert er. Wird er durch diesen *reality check* dazu gebracht werden, seinen übersteigerten Sinn fürs eigene Können endlich den Realitäten anzupassen? Die Antwort wird auch in diesem Fall wohl eher negativ ausfallen. Der Betreffende wird vermutlich einfach sagen, er habe es halt eben nicht stark genug gewollt oder zu wenig entschlossen versucht, er könne es nur, wenn er es *wirklich* wolle.

Man mag denken, dass die Erklärungen dieser beiden Modellmenschen irgendwie *abnorm* sind, und dass *normale* Menschen die objektive Erfahrung als unabhängige Richterin über das eigene Können akzeptieren. Aber die Sachverhalte, auf welche die beiden Menschen mit unter- bzw. überentwickeltem Selbstvertrauen in Reaktion auf den Erfolgs- bzw. Scheiternsfall verweisen, sind ja durchaus real: Es gibt *tatsächlich* Fälle, wo man aus einem Erfolg besser nicht auf eigenes Können schließt, sondern auf „Glück" (wer einmal im Lotto gewonnen hat, sollte besser nicht davon ausgehen, dass das etwas ist, was er „kann"). Und ebenso real ist die Tatsache, dass der Wille zum Erfolg gehört; zur Handlung gehört das Wollen dazu, und dieses kommt – zusammen mit dem Engagement, in dem es sich äußert – in Graden. Es ist daher kein Zufall, dass das menschliche Selbstvertrauen sich ein Stück weit vermeintlichen *reality checks* entzieht; denn zwischen faktischer Erfahrung und Können besteht eine Kluft, in welcher subjektive Kompetenz und objektive Umstände auf undurchschaubare Weise ineinandergreifen; es ist nie eindeutig zu sagen, wie weit es „Glück" war, wenn's gelang, oder wie weit es bloß am Willen gefehlt hat, wenn's schiefging.

Das Bild, das sich aus diesen Überlegungen ergibt, ist tatsächlich ein dilemmatisches: Es scheint intuitiv durchaus gerechtfertigt, rationale Kriterien für ein adäquates Selbstvertrauen zu definieren; andererseits ist es kein Zufall, sondern in der Struktur des Handelns selbst begründet, dass kein „objektiver" Prüfstein fürs Können zur Verfügung steht. Mit dieser Tatsache hat es zu tun, dass das Selbstvertrauen von Akteuren mehr mit individuellem Charakter oder aber Kultur zu tun hat als mit objektiven Leistungen. Alle, die in ihrem Leben schon in verschiedenen Milieus und Kulturen gelebt haben, werden es wohl bestätigen können: es gibt *kulturelle* Standards für den Grad an Selbstvertrauen, der von einem Individuum der entsprechenden Bevölkerungsgruppe erwartet wird. In manchen Milieus wird von Akteuren mehr Selbstvertrauen erwartet (und über Erziehung ein größeres Selbstvertrauen gefördert) als in anderen. Einige Milieus fördern ein Selbstvertrauen, welches aus der Perspektive anderer irrational erscheint („Glaube an Dich!"; „Wo ein Wille ist, ist auch ein Weg!"), wohingegen andere Milieus eine Haltung fördern, die aus externer Perspektive ein irrational tiefes Selbstvertrauen hervorbringt. Diese Unterschiede scheinen besonders offensichtlich im Vergleich zwischen den Vereinigten Staaten und Europa sowie zwischen städtischen und ländlichen Milieus. Diese Beobachtung führt zusammen mit der obigen Überlegung in eine ziemlich unangenehme Lage, ein eigentliches Trilemma. Wir haben folgende Möglichkeiten (von denen keine akzeptabel zu sein scheint): Entweder wir ziehen die Unterscheidung zwischen dem Selbstvertrauen (dem Sinn fürs Können) und dem Können selbst ein – das ist unplausibel, weil tatsächliches Können und vermeintliches Können zwei verschiedene Dinge sind. Oder wir sagen, dass die Kriterien für einen angemessenen bzw. rationalen Sinn fürs Können eben kulturell definiert sind – das ist unplausibel, weil sich die kulturellen Standards unterscheiden, es aber intuitiv wenig glaubwürdig scheint, zu sagen, dass die Angehörigen der einen Kultur grundsätzlich (d.h. nicht bezogen auf spezifische Tätigkeiten) „fähiger" sind als diejenigen einer anderen. Oder aber wir definieren Kriterien, unter denen objektiver Erfolg als rationaler Prüfstein fürs Können gilt – das ist, ganz abgesehen vom oben formulierten Zweifel daran, ob das ob der besonderen Struktur von Handeln überhaupt machbar ist, auch deshalb unplausibel, weil wir dann die kulturellen Standards für adäquates Selbstvertrauen ihrerseits wieder beurteilen müssten: Es gäbe dann Kulturen, die ein „irrationales" Maß an Selbstvertrauen fördern.

Ein in der Philosophie (insbesondere der analytischen Handlungstheorie) breit diskutiertes Problem ist die Frage, ob es begrifflich überhaupt konsistent ist, einem Akteur die Absicht zuzuschreiben, etwas zu tun, was er selbst für unmöglich hält. In den letzten fünfundzwanzig Jahren ist zu dieser Frage relativ viel geschrieben worden; ich werde mich auf eine Übersicht über die wichtigsten Gedanken beschränken.[2] Ursprünglich haben einige Philosophen die Ansicht formuliert, man könne etwas nur dann zu tun beabsichtigen, wenn man davon ausgehe, es dann auch tatsächlich zu tun. Das ist deshalb unplausibel, weil man ja auch Dinge beabsichtigen kann, von denen man alles andere als sicher ist, ob man sie auch wirklich erreichen kann: Man kann beabsichtigen, Goethes Faust ganz auswendig zu lernen, obwohl man weiß, dass man es vielleicht (oder sogar wahrscheinlich) nicht schaffen wird. Plausibler ist deshalb folgende These zum Verhältnis von Absicht und subjektiver Erfolgseinschätzung: Wenn man sich subjektiv absolut *gewiss* ist, etwas nicht tun zu können, dann kann man's auch nicht beabsichtigen. Das lässt Absichten zu, die sich auf Ziele erstrecken, die sehr ungewiss sind, schließt aber solche Ziele aus, die mit Sicherheit für unerreichbar gehalten werden. An dieser These ist etwas intuitiv durchaus Plausibles: Wer sich etwas vornimmt, muss sich eine wie auch immer minimale Erfolgschance zurechnen. Nun kann darauf im Hinweis auf Fälle entgegnet werden, in denen Menschen eine Handlung trotz ihrer Überzeugung, chancenlos zu sein, *versucht* haben. Die Frage, die sich dann stellt, lautet: Ist die Absicht, A zu tun, und die Absicht, zu versuchen, A zu tun, ein- und dasselbe? Unsere Sprache ist hier mehrdeutig. Es gibt einen Sinn, in dem jede Ausführung einer Handlung den *Versuch* zur Ausführung dieser Handlung impliziert. Aber es gibt auch einen intuitiven Sinn, in dem es einen Unterschied macht, ob man eine Handlung wirklich auszuführen beabsichtigt oder bloß den Versuch dazu vorhat. Die Handlung und der Versuch zur Handlung sind dann in Tat und Wahrheit unterschiedliche Tätigkeiten. Sie haben unterschiedliche Erfüllungsbedingungen: Man kann den Versuch unternommen haben, ohne dabei die Handlung ausgeführt zu haben. In diesem zweiten, vom ersten klar zu unterscheidenden Sinn ist es mit der obigen Restriktion problemlos verträglich, zu sagen, dass man auch das subjektiv Unmögliche versuchen kann: Sich einen Versuch vorzunehmen, und die Handlung auszuführen, sind ja dann unterschiedliche Dinge, und man kann sich selbst da, wo man keinerlei Selbstvertrauen in Bezug auf die Handlung selbst hat, wenigstens den Versuch dazu zutrauen. Aber die Debatte rund um diese Problematik hat gezeigt, dass es unplausibel ist, zu sagen, dass Menschen, die subjektiv Unmögliches versuchen, dies *immer* nur in diesem eingeschränkten zweiten Sinn

---

von „versuchen" tun. Es gibt tatsächlich Fälle, wo Menschen davon überzeugt sind, keinerlei Erfolgsaussichten zu haben, und trotzdem mehr wollen und auf mehr abzielen als nur darauf, einmal den Versuch gemacht zu haben. Es gibt es tatsächlich, das genuine, nicht auf bloßes Versuchen ausgerichtete „reaching for the stars"! Soweit diese Tatsache akzeptiert wird, resultiert daraus ein weiteres Dilemma: Wie ist dieses Phänomen in Einklang zu bringen mit der ebenso plausiblen Intuition, dass zur Absicht ein gewisses (wenn auch minimales) Selbstvertrauen hinzugehört?

So viel zu den philosophischen Rätseln, die sich im Hinblick auf Möglichkeit und Fähigkeit an den Begriff des Könnens knüpfen. Es ist Zeit, vom Aufweisen von Gegensätzen und Dilemmata zu einem konstruktiven begrifflichen Vorschlag überzugehen. Im Hintergrund steht dabei die Frage: Wie ist Obamas Werben für ein von Selbstzweifeln befreites Inangriffnehmen eines gemeinschaftlichen Großprojekts (das bis hin zur Rettung der Welt reichen soll) ins Benehmen zu setzen mit Xenophons ernsthafter Warnung, dass die Projekte, die man sich vornimmt, von einer nüchternen Selbsterkenntnis geleitet werden sollen und man sich zuerst überlegen soll, was man *kann*, bevor man seine Absichten in den endlosen Horizont der Wünschbarkeiten entwirft?

Schlussbetrachtung: Selbstvertrauen als Gefühlssache

Das *Time Magazine* hat kurz nach der Wahl Barack Obamas zum 44. Präsidenten der Vereinigten Staaten ein eigenartiges Bild für die Haltung gefunden, die Obama zum Erfolg getragen hat: „Obama ist wie ein Golfspieler, der auf einer langen, schwierigen Bahn den Ball mit einem einzigen Schlag einloch, und dann mit Unverständnis auf das allgemeine Erstaunen reagiert: ‚Genau das habe ich doch gewollt!'" Es ist reichlich maliziös (und der politischen Richtung des *Time Magazine* zuzuschreiben), das Phänomen Obama im Bild auf den Golfplatz zu verlegen; aber das begriffliche Problem, welches dieses Beispiel beleuchtet, steht tatsächlich im Kern des Phänomens von Obamas Wahlkampf: Es geht um ein gewisses Unbehagen gegenüber dem Verständnis von „Können", das in Obamas politischer Rhetorik steckt. Wir sollten einen Begriff unseres Könnens haben, der von nüchterner Einsicht belehrt ist und sich nicht aus blindem Selbstvertrauen speist. Aber vielleicht liegt darin gar kein Widerspruch. Vielleicht bedeutet das Selbstvertrauen, für welches Obama wirbt, gar keine Absage an Xenophons nüchterne Selbsteinschätzung bezüglich der eigenen Fähigkeiten. Der Vorschlag lautet: Selbsterkenntnis ist eine Sache der eigenen *Überzeugungen*, Selbstvertrauen aber eine Sache der *Gefühle* bzw. der affektiven Einstellungen. Obamas Aufruf betrifft unsere Emotionen, Xenophons Warnung unser nüchternes Denken. Mit dieser Unterscheidung soll Raum geschaffen werden für die Möglichkeit, dass jemand sich etwas (affektiv) zutraut, was er (koginitiv) nicht leisten zu können glaubt (was ebenso möglich zu sein scheint wie der umgekehrte Fall: dass jemand kognitiv zwar genau weiß, ein Ziel erreichen zu können, aber affektiv einfach nicht das Selbstvertrauen dazu aufbringt. Wäre der Vorschlag demgemäß der: auch dann ein starkes Selbstvertrauen zu kultivieren, wenn entsprechende Überzeugungen einmal fehlen – sich mit seinen Absichten entschlossen tief in den Horizont des Wünschbaren hinein zu entwerfen, aber dies sehenden Auges zu tun, also nicht mit blindem Selbstvertrauen, sondern mit einem klaren Bewusstsein der zu erwartenden Folgen?

Dass das Selbstvertrauen in Tat und Wahrheit eine Gefühlssache ist, passt gut zu den verschiedenen oben dargestellten Charakteristika und Problemen. Wir finden diese in der in den letzten Jahren intensiv diskutierten Philosophie der Emotionen wieder. Die Philosophie der Emotionen schwankt charakteristisch zwischen Rationalität und Kultur; erfahrungsbezogene Rationalitätsbedingungen werden ebenso diskutiert wie die These, dass es letztlich kulturelle Standards sind, die definieren, welches die „richtigen" Gelegenheiten für einen emotionalen Zustand sind und was das „richtige" Maß einer Emotion ist. Und Emotionen sind bekannt dafür, dass sie die Erfahrung gleichsam nach Belegen für sich selbst absuchen und dadurch in der Tendenz selbstbestätigend wirken. Das erinnert stark an die „Erfahrungsresistenz" des Selbstvertrauens, welche oben diskutiert wurde, und plausibilisiert die Vermutung, dass es sich beim Selbstvertrauen tatsächlich um einen emotionalen Zustand handelt, auch wenn dieser in den üblichen Katalogen emotionaler Zustände nicht vorkommt. Wenn Selbstvertrauen tatsächlich ein emotionaler Zustand ist: ist es dann nicht naheliegend, dass sich Selbstvertrauen und Selbsterkenntnis manchmal im Konflikt miteinander befinden? Und darf dies nicht so sein?

Ein Einwand gegen diese Deutung bezieht sich indes darauf, dass unsere Gefühle bzw. emotionalen Einstellungen und unsere Überzeugungen bzw. kognitiven Einstellungen im rationalen Normalfall nicht im Konflikt miteinander liegen sollten. Normalerweise werden unsere Gefühle durch unsere Überzeugungen informiert und richten sich danach: die Hoffnung auf ein Ereignis wird aufgegeben, sobald eingesehen wird, dass es unmöglich auftreten wird; der Ärger auf den Nachbar verschwindet, sobald klar ist, dass nicht er es war, der den Wagen beschädigt hat. Es kommt zwar real durchaus vor, dass unsere Gefühle nicht auf unseren Verstand hören wollen – David Hume erwähnt die Höhenangst in einer real ungefährlichen Situation als Beispiel, Charles Darwin die Angst vor der

Schlange, die gar nicht gefährlich ist, weil sie in einem Terrarium hinter Glas steckt. Solche Fälle gehören eher in den Bereich der „Phobien" als zu unserem normalen Gefühlsleben: Ein rationaler Mensch zeichnet sich dadurch aus, dass seine Überzeugungen und seine Gefühle nicht im Widerstreit miteinander stehen. Aber vielleicht lohnt es sich, hier genauer hinzusehen. Vielleicht ist es nicht immer so, dass unsere Emotionen sich nach unseren Überzeugungen zu richten haben. Vielleicht machen im Standardfall die Emotionen den ersten Schritt und geben die Gelegenheit dazu, unsere Überzeugungen noch einmal zu überprüfen.

Das Bild, das sich daraus ergibt, wäre das Folgende: Der Appell ans Selbstvertrauen wäre nicht als Aufruf zu blindem Wunschdenken zu lesen, der sich allen berechtigten Zweifeln verschließt. Vielmehr würde es darum gehen, der nüchternen Selbsterkenntnis die Gelegenheit zu geben, sich anhand eines stärkeren Selbstvertrauens noch einmal zu überprüfen. Vielleicht können wir ja tatsächlich mehr, als wir denken. Immerhin ist die allgemeine Krankenversicherung in den USA eben dabei, Wirklichkeit zu werden. Wo nüchterne Selbsteinschätzung den eigenen Sinn fürs Können zu stark limitiert, wird sie tatsächlich, wie Obama sagt, zum Zynismus. Es ist gut, ihr Grund zu geben, sich zu korrigieren. Aber es ist umgekehrt – hier behält Xenophon gegen Obama Recht – sicherlich problematisch, die Stimme nüchterner Selbsterkenntnis im politischen Diskurs zu diskreditieren – und sei dies auch nur in einem sowieso schon überemotionalisierten Moment wie einer Präsidentschaftskampagne.

Matthias Warstat

Obamas Körper
Performative Aspekte politischer Rhetorik

Schon vor seinem Amtsantritt als 44. Präsident der Vereinigten Staaten am 20. Januar 2009 war Barack Obama zu einer Ikone zeitgenössischer politischer Körperlichkeit avanciert. Kommentatoren in aller Welt schwärmten nicht nur von seinen viel versprechenden politischen Ideen und der Chance auf einen grundlegenden Neuanfang in Washington, sondern auch von Obamas unkonventioneller Art, sein Reformprogramm in der Öffentlichkeit zu *verkörpern*. Seither hat sich der Eindruck verfestigt, dass in Obamas Selbstdarstellung Politik und Körper auf besondere Weise zusammenwirken. Weit mehr als sein Vorgänger George W. Bush, aber auch anders als der physisch ebenfalls stark präsente Bill Clinton versteht es Obama, seinen Körper in der politischen Kommunikation zur Geltung zu bringen. Er scheint, so könnte man zuspitzen, ein zeitgemäßes Konzept des körperlichen Erscheinens in der Politik gefunden zu haben. Wie lässt sich dieses Konzept ausbuchstabieren? Wofür steht Obamas Körper in den verzweigten öffentlichen Diskursen um Macht, präsidentielle Führung und demokratische Legitimation? Welche Perspektiven für zukünftige Formen politischer Öffentlichkeit liegen in der Weise, wie Obamas Körper weltweit in den Medien zum Erscheinen kommt? Diese Fragen sollen im Folgenden aus theaterwissenschaftlicher Perspektive erörtert werden – ohne damit konkrete Ratschläge für eine gelungene Darstellung von Führungskompetenz zu verbinden. In dieser Hinsicht ist Zurückhaltung geboten, weil der Fall Obama nicht zuletzt zeigt, wie schwer sich erfolgreiche individuelle Selbstdarstellungsstrategien übertragen, geschweige denn kopieren lassen. Die wenigen Versuche deutscher Politiker, sich einzelne Obama-Gesten oder -Slogans anzueignen, sind kläglich gescheitert. Strategien der Selbstdarstellung können schon deshalb nicht einfach von anderen adaptiert werden, weil sie an Physiognomien konkreter Körper gebunden sind, die sich nicht unbegrenzt transformieren lassen. Diese körperliche Komponente politischer Performance soll im Folgenden am Beispiel Obamas genauer untersucht werden.

Seit Ernst Kantorowiczs einflussreicher Studie THE KING'S TWO BODIES (1957) zählt die Frage nach der Bedeutung des Körpers für die Entstehung moderner Staatlichkeit zu den klassischen Themen politischer Theoriebildung.[1] In Bezug auf die Könige des christlichen Mittelalters hatte Kantorowicz auf die fundamentale Unterscheidung zwischen einem natürlichen, sterblichen und einem übernatürlichen, unsterblichen Körper des Herrschers hingewiesen. Diese Zwei-Körper-Lehre war ein entscheidender Schritt auf dem Weg zur europäischen Idee des neuzeitlichen Staates. Die Vorstellung von der Dauerhaftigkeit und Unantastbarkeit staatlicher Institutionen beruhte auf der Überzeugung, dass Herrschaft nicht ausschließlich an den fehlbaren, verfallenden und gefährdeten biologischen Körper eines Menschen gebunden sein darf. Schon die Anhänger des mittelalterlichen Königtums wussten, dass es neben diesem lebendigen Leib eine abstrakte Körperschaft braucht, die in der Lage ist, die begrenzte Zeit des physischen Körpers zu überdauern. In die Funktion dieser Körperschaft traten nach und nach die Institutionen des neuzeitlichen Staatswesens ein. Im Mittelalter lastete die Idee der Unsterblichkeit aber noch unmittelbar auf dem Körper des Königs. Die Königswürde kulminierte in der Konvergenz zweier Körper, die sich als fleischliche Wirklichkeit und als institutionelle Macht in ein und derselben Person trafen. Nachdem die abstrakte Königswürde im Zuge der modernen Staatenbildung durch mächtige Institutionen abgelöst wurde, stellte sich die Frage nach der Bedeutung des Herrscherkörpers unter veränderten Voraussetzungen. Auch wenn dieser Körper von nun an seiner Unsterblichkeit beraubt war, schien er nach wie vor in eine besondere Aura gehüllt, die nun in anderen Wendungen erklärt werden musste. Max Webers Charisma-Begriff, entwickelt in WIRTSCHAFT UND GE-SELLSCHAFT (1922), kann als ein Versuch gesehen werden, die Anziehungskraft des modernen Politikerkörpers begrifflich zu fassen.[2]

Aber nicht nur Sozialtheorie, Kultursoziologie und politische Philosophie beschäftigen sich mit der Körperlichkeit von Politikern. Auch für die Theaterwissenschaft, die mit Darstellungsformen des Politischen befasst ist, gilt es zu klären, wie und mit welchem Zweck Körper auf dem Feld der Politik zum Erscheinen kommen. Wenn vom ,leiblichen Erscheinen' die Rede ist, wird der Körper nicht

---

[1] Deutsche Ausgabe: Kantorowicz, E. H. (1992), Die zwei Körper des Königs. Eine Studie zur politischen Theologie des Mittelalters, Stuttgart: Klett-Cotta.

[2] Für eine gegenwartsbezogene Ausformulierung des charismatischen Potenzials von Politikern: Hitzler, R. (2002), Inszenierung und Repräsentation. Bemerkungen zur Politikdarstellung in der Gegenwart, in: Soeffner, H.-G. / Tänzler, D. (Hrsg.), Figurative Politik. Zur Performanz der Macht in der modernen Gesellschaft, Opladen: Leske + Budrich, 35-49, bes. 45 f.

einfach als Medium betrachtet, das in der Vermittlung der Botschaft früher oder später verschwindet.[3] Stattdessen betont eine solche Rede das Eigengewicht des Körpers in der politischen Begegnung: Der Körper hat eine eigene Realität in der politischen Öffentlichkeit; er ist aus den Interaktionen zwischen Herrschern und Beherrschten, Machthabern und Wählern, Akteuren und Zuschauern nicht wegzudenken. Einerseits ist der Körper von einer politischen Philosophie Foucaultscher Prägung als passive Größe stark gemacht worden. Unter dem Begriff *bio-pouvoir* (Bio-Macht) fasst Foucault all jene modernen politischen Strategien zusammen, mit denen der moderne Staat die Körper seiner Untertanen hervorbringt (von Diätvorschriften über Hygieneverordnungen, Ertüchtigungsprogramme, medizinische Einrichtungen bis hin zur Geburtenkontrolle).[4] Andererseits muss der Körper aber auch als aktive Komponente politischer Beziehungen analysiert werden. In der politischen Performance, d. h. im sichtbaren öffentlichen Handeln von Politikern, kann der Körper einen entscheidenden Unterschied machen. Darin liegt eine schlechte Nachricht für diejenigen, die glauben, dass politische Führungsqualitäten lernend erworben werden können. Natürlich gehört das Einstudieren der wichtigsten Kniffe publikumswirksamer Selbstdarstellung heute zum Rüstzeug jedes professionellen Politikers. Aber der Körper entzieht sich in seiner Physiognomie, seinem Aussehen und seinem Eigengewicht einer vollständigen strategischen Modellierung. Er bleibt im politischen Alltag flüchtig, ungreifbar, und ist dennoch für das Gelingen politischer Kommunikation von größter Bedeutung.

Die kultur- und kunstwissenschaftlichen Fächer haben in den letzten Jahren zwei gegensätzliche Wege der theoretischen Beschäftigung mit Körpern beschritten. Im Anschluss an Theorien der Dekonstruktion und insbesondere an die Performancetheorie von Judith Butler wurde zum einen die diskursive Hervorbringung von Körpern untersucht. Körper, so könnte man die Auffassung dieser Schule zusammenfassen, sind mit ihren Merkmalen und Qualitäten nicht einfach vorhanden, sondern werden durch Sprache und durch Bedeutungszuweisung im alltäglichen Handeln erst konstituiert.[5] „Doing gender", Judith Butlers Formel

---

[3] Zur Unterscheidung der Begriffe Leib und Körper: Barkhaus, A. / Fleig, A. (2002), Körperdimensionen oder die unmögliche Rede vom Unverfügbaren, in: Dies. (Hrsg.), Grenzverläufe. Der Körper als Schnitt-Stelle. München: Fink, 9-23.

[4] Erstmals entwickelt hat er den Begriff in Foucault, M. (1977), Der Wille zum Wissen. Sexualität und Wahrheit 1, Frankfurt/M.: Suhrkamp.

[5] Eine gute Zusammenfassung der Grundthesen dieser Richtung bietet: Butler, J. (2002), Performative Akte und Geschlechterkonstitution. Phänomenologie und feministische Theo-

zum Verständnis von Geschlecht, bringt die Idee von der diskursiven Konstitution von Körpern auf den Punkt: Kein Mensch wird als Mann oder Frau, Junge oder Mädchen geboren. Es sind vielmehr historisch gewachsene Regeln des Sprechens und des Handelns, die dazu führen, dass wir bestimmte Areale des Körpers als primäre und sekundäre Geschlechtsmerkmale identifizieren. Nicht biologische Realitäten, sondern gesellschaftliche Konventionen entscheiden darüber, ob einzelne Verhaltensweisen als ,männlich' oder ,weiblich' wahrgenommen werden. Solche dichotomischen Zuordnungen entspringen nach Butler einem heterosexuellen Zwangssystem, das es zu überwinden gilt. Aber auch jenseits feministischer politischer Forderungen eignet sich die Theorie von der kulturellen Konstruiertheit des Körpers, um öffentliche Körperdarstellungen (auch von Politikern) zu analysieren. Denn was für das Beispiel geschlechtlicher Attribute gezeigt wurde, gilt auch für verschiedenste andere körperbezogene Zuschreibungen: Wer verstehen will, wie Körper wahrgenommen werden und wie sie wirken, muss sich mit den Bedeutungen befassen, die ihnen angedacht werden. Die Verknüpfungen zwischen Körper und Bedeutung werden durch gesellschaftliche Diskurse geregelt, deren Funktionalität in konkreten historischen Kontexten man kulturwissenschaftlich analysieren kann.

Eine andere Richtung der kultur- und kunstwissenschaftlichen Beschäftigung mit Körperlichkeit wendet sich kritisch gegen die These, dass Körper erst im Sprechen oder im Handeln hervorgebracht würden. Ohne den Körper, so das Credo dieser phänomenologisch inspirierten Gegenposition, gebe es weder Wahrnehmung, noch Subjektivität, noch ein Ich, das Bedeutungen zuweisen könne. Insofern müsse man den Körper zunächst als etwas Gegebenes (und nicht als Endpunkt eines Konstruktionsprozesses) begreifen.[6] Phänomenologische Körpertheorien versuchen, ein Verständnis und eine Sprache für die Gegebenheit des Körpers zu entwickeln. Von dieser Absicht ausgehend gelangen sie zu einem auch methodologisch völlig anderen Umgang mit dem Körper. Anstatt sprachliche Deutungen und Besetzungen des Körpers zu studieren, empfehlen Phänomenologen, sich um eine Innensicht des Körpers zu bemühen. Tatsächlich macht es einen Unterschied, ob man die auf die Oberfläche des Körpers zielenden Projektionen analysiert oder den Körper gleichsam ,von innen' zu erspüren versucht. So haben wir zum Beispiel kein genaues Bild von unseren inneren Organen und

---

rie [USA 1988], in: Wirth, U. (Hrsg.), Performanz. Zwischen Sprachphilosophie und Kulturwissenschaften, Frankfurt am Main: Suhrkamp, 301–320.

[6] Siehe zu diesen Auffassungen zusammenfassend Böhme, G. (2008), Leib: die Natur, die wir selbst sind, in: Ders., Ethik leiblicher Existenz, Frankfurt am Main: Suhrkamp, 119–135.

Strukturen, können aber versuchen, diese amorphe, bewegte und dynamische Innenwelt bewusster wahrzunehmen. Ähnlich können wir uns darauf kaprizieren, die Ausstrahlungen des anderen, uns begegnenden Körpers von der Position des Wahrnehmenden aus zu beschreiben. Die deutsche Sprache offeriert für diesen anderen Umgang mit dem Körper sogar einen alternativen Begriff: Philosophen wie Hermann Schmitz, Gernot Böhme oder Bernhard Waldenfels sprechen vom ‚Leib', um den Körper als etwas Gegebenes, Zu-Spürendes zu beschreiben – als „die Natur, die wir selbst sind".[7]

An Barack Obama lässt sich die Vielschichtigkeit der Relevanz des Körperlichen in politischen Inszenierungen exemplarisch zeigen. Obwohl Obama gerade zu Zeiten des Wahlkampfs von 2009 weit überdurchschnittliche Popularität genoss, bot sein Körper schon damals Anlass zu widerstreitenden Sichtweisen und kontroversen Debatten. Es scheint lohnend, Verbindungen zwischen der Art seiner Körperdarbietung und diesen Debatten anzudeuten, denn dabei kommen zentrale Themen der jüngeren Diskussion um politische Körperinszenierungen in den Blick. Diese Themen sind zwar aufs engste miteinander verwoben, sollen aber im Folgenden heuristisch getrennt werden, um eine bessere Übersicht über die Komplexität aktueller Körperdebatten zu gewinnen, die sich in Obamas Körper überschneiden. Die fünf Themen bezeichnen zugleich verschiedene Aspekte, die man in politischen Körperdarstellungen unterscheiden kann:

1. den umkämpften Körper;
2. den ästhetischen Körper;
3. den rhetorischen Körper;
4. den authentischen Körper;
5. den sexualisierten Körper.

Zweifellos gibt es auch andere Möglichkeiten, die Wirkungsaspekte von inszenierten Körpern in der Politik zu differenzieren. Die hier vorgeschlagenen Themen scheinen mir aber besonders geeignet, zentrale Konflikte um Obamas Körper zu erhellen. Die traditionellen gesellschaftlichen Trennungskritierien von *race*, *gender* und *class*, die nicht nur in der US-amerikanischen Gesellschaft weiterhin virulent sind, betreffen alle fünf Themen und erklären nicht zuletzt, warum sich auf Obamas politischen Aufstieg einerseits enorme Hoffnungen, andererseits aber auch aggressive Ressentiments richteten.

---

[7] Ebd.

Der umkämpfte Körper

Von Anfang an wurde Obama im Wahlkampf als möglicher ,erster schwarzer Präsident der Vereinigten Staaten' wahrgenommen. Kein schreibender Beobachter der *Primaries* und dann der eigentlichen *Election Campaign* ließ es sich nehmen, die Hautfarbe des Kandidaten vor jeglicher Beschäftigung mit dessen Themen und Forderungen zu markieren. Obama stand für einen Politikwechsel, für eine personelle Erneuerung der herrschenden ,Kaste' in Washington und für einen partnerschaftlicheren Zugang Amerikas zur Weltpolitik – aber vor alledem stand er für die politische Teilhabe von rund 45 Millionen farbigen US-Bürgern am höchsten Amt der Republik. Diese brisante und elementare Komponente des Wahlkampfs kam auf allen öffentlichen Versammlungen, in allen Werbespots und Medienevents zur Geltung, noch bevor der Kandidat eine Forderung formuliert oder einen Satz ins Mikrofon gesagt hatte. In den meisten Phasen des Wahlkampfs neigte Obama dazu, das Thema der ethnischen Konflikte innerhalb der amerikanischen Gesellschaft eher auszuklammern (mit einigen markanten Ausnahmen wie etwa seiner Rede auf der Selma Voting Rights March Commemoration am 04.03.2008). Dennoch begleitete ihn die Frage nach dem politischen Durchbruch des ,schwarzen Amerikas' auf allen seinen Reisen und Auftritten – und dies ganz unvermeidlich durch die Präsenz seines Körpers.

Obama kam also nicht umhin, als ,schwarzer' oder ,farbiger' Kandidat wahrgenommen zu werden. Was genau dies für seine öffentliche Wirkung bedeutete, lässt sich kaum verallgemeinernd feststellen. In Europa scheint es ihm große Sympathien eingebracht zu haben, in bestimmten Regionen der USA hat es aber nachweislich auch Widerstände hervorgerufen. Zumindest ist auffällig, wie wenig der Kandidat selber über weite Strecken auf diese Komponente seiner Auftritte setzte. Seine demoskopisch ermittelte Aufgabe musste es im Wahlkampf sein, gerade skeptische weiße, männliche, ländlich geprägte Amerikaner auf seine Seite zu bringen. Dafür schien es nicht sinnvoll, die eigene ethnische Identität in den Vordergrund zu stellen – zumal sie vom Körper ohnehin (wenn auch auf diffuse Weise) transportiert wurde.

Unverkennbar war Obamas Bemühen, eine Polarisierung, die von der Wahrnehmung seiner Hautfarbe in einer von ethnischen Konflikten nicht freien Gesellschaft auszugehen drohte, nach Kräften zu vermeiden. Die ständige Beteuerung, nach der Wahl der ,Präsident *aller* Amerikaner' sein zu wollen, ist eine feste rhetorische Figur in der Geschichte der amerikanischen Wahlkämpfe, aber im Falle Obamas gewann sie – über die allfällige Demonstration von *bipartisanship* hinaus – besondere Dringlichkeit und oft genug beschwörenden Charakter.

So zeigte Obamas öffentliches Agieren im Wahlkampf auf verwirrende Weise beides: einerseits den Anspruch der farbigen Amerikaner auf ihren vollen Anteil an der politischen Macht, andererseits aber auch die ängstliche Sorge, dieser Anspruch könne von der weißen Bevölkerungsmehrheit nach wie vor nicht akzeptiert werden.[8] Diese Sorge hatte insofern einen realen Hintergrund, als Obamas Wahlkampfteam landauf landab immer wieder mit rassistisch grundierten Ressentiments gegen den Kandidaten konfrontiert wurde. Am Körper des Protagonisten entzündete sich ein Kampf, der nur durch Obamas strategische Zurückhaltung in ruhige und schließlich erfolgreiche Bahnen gelenkt werden konnte.

Dies alles sind Besonderheiten des amerikanischen Wahlkampfs, die nicht auf anders strukturierte Öffentlichkeiten zu übertragen sind; aber bei aller Spezifik der dahinter stehenden sozialen und kulturellen Konflikte geht es doch auch um eine Relevanz von Körperpolitik, die sich in allen modernen Mediengesellschaften beobachten lässt. Der Körper eines Politikers ist selbst schon Botschaft und Programm – ganz gleich, wie sehr sich der jeweilige Akteur dessen bewusst ist. Helmut Kohl stand mit seiner raumgreifenden und zugleich behäbigen Figur (trotz der rückblickend auch innovativ anmutenden Aspekte seiner Kanzlerschaft) für eine konservative Politik des ‚Weiter so'. Dabei war es nicht zuletzt der massige Körper als solcher, von dem sowohl ein beruhigendes Gefühl der Sicherheit als auch ein lähmender Eindruck von Stillstand ausgehen konnte. Auch zu diesem Körper konnte man ganz unterschiedliche, ja gegensätzliche Einstellungen entwickeln, aber niemand kam umhin, sich in der Wahrnehmung von Kohls Körper irgendwie zu der Frage nach Bewegung oder Stillstand, Aufbruch oder Ausharren zu verhalten. Es gibt also in der politischen Inszenierungskultur Körper, die bestimmte politische Kämpfe und Streitfragen ganz unvermeidlich aufs Tapet bringen. Man denke an die grazil-ätherische Petra Kelly, die in den 1980er Jahren nicht zuletzt durch ihre defensive und zugleich insistierende körperliche Präsenz die Frage nach der Möglichkeit pazifistischer Haltungen in die höchsten bundesdeutschen Institutionen trug. Ein anderer damaliger Grünen-Politiker, Otto Schily, bewies allein durch die konservativ-traditionelle Erscheinung seines stets in Krawatte und Anzug gewandeten Körpers, dass die neue Ökopartei auch bürgerliche Wählerschichten für sich zu gewinnen trachtete. Sein Körperbild warf die (inzwischen längst entschiedene) Streitfrage auf, ob Parlamentarismus und Basisdemokratie miteinander verbunden werden könnten.

---

[8] Eine viel disktuierte Theorie politischer Teilhabe, die die Bedeutung der Sichtbarkeit auf den Bühnen einen Gesellschaft unterstreicht, bietet Rancière, J. (2002), Das Unvernehmen. Politik und Philosophie, Frankfurt/M.: Suhrkamp (frz. 1995).

Der politische Konflikt ist, so kann man folgern, in einer Mediendemokratie immer auch ein Kampf um Körper und deren Bedeutung. Mit Körpern verbinden sich Ansprüche und Forderungen, vor allem aber Streitfragen, die durch ein bloßes öffentliches Erscheinen dieser Körper – nahezu unabhängig von den jeweiligen Akteuren – auf die Tagesordnung gelangen. Es gehörte zu den Erfolgsfaktoren der Kampagne Barack Obamas, dass sich der Kandidat dieser körperlichen Dimension seiner politischen Arbeit immer bewusst war und die zu erwartenden Reaktionen auf seine physische Präsenz einkalkulierte. Ihm und seinen Medienberatern war klar, dass es in seinen Wahlkampfauftritten in der Regel nicht darum gehen konnte, sich zum Kämpfer für die Rechte der Farbigen zu stilisieren. Diese Dimension seiner Politik wurde im Medium des eigenen Körpers ohnehin transportiert. Entsprechend kam es eher darauf an, mögliche negative Reaktionen und Ressentiments performativ aufzufangen, um noch breitere Mehrheiten auch weißer Wählerschichten gewinnen zu können.

Der ästhetische Körper

Das erstaunliche Ausmaß, in dem Obamas Aussehen in medialen Diskursen auch einer ästhetischen Bewertung unterzogen wurde, kann ebenfalls kaum unabhängig von seiner Hautfarbe verstanden werden. Denn fraglich ist, ob ein weißer Politiker von der Ausstrahlungskraft Obamas in der medialen Wahrnehmung gleichermaßen auch als physisches, körperliches Objekt behandelt worden wäre. Zwar ist es üblich geworden, dass die äußere Erscheinung eines Politikers oder einer Politikerin in den Medien einer genauen Prüfung unterzogen wird: Gerade dann, wenn sich diese Erscheinung entweder durch besondere Eleganz oder durch außergewöhnliche Stilsünden vom Gros der politischen Protagonisten abhebt, ist ihr eine große öffentliche Aufmerksamkeit gewiss. Diese Form der Aufmerksamkeit sollte aber nicht mit einer ästhetischen Würdigung verwechselt werden. In der Regel beschränken sich Geschmacksurteile über Politiker auf flüchtige Kommentare zu rhetorischen Eigenheiten, Kleidungsauswahl, gestischen oder mimischen Kompetenzen. Im Falle Obamas funktioniert die mediale Bearbeitung anders: Schon während der Vorwahlen kam es zu ausführlichen Reflexionen darüber, wie sich der Kandidat bewegte und gebärdete und woher die besondere Grazie rührte, die man in seiner Performanz erkannte. Erst wenn das Schreiben und Sprechen über die Erscheinung eines Politikers eine derartige Intensität, Differenziertheit und Reflexivität erreicht, wie das im Falle Obamas früh der Fall war, erscheint das Attribut ‚ästhetisch' legitim und sinnvoll.

Ästhetische Diskurse haben seit der klassischen Moderne nur noch wenig mit der Frage zu tun, was ‚schön' ist und warum ein Sinneseindruck als ‚angenehm' empfunden wird. Im Zeitalter der Avantgarden, deren Produkte bisweilen als ‚nicht mehr schöne Künste' tituliert wurden, verschoben sich die Erkenntnisinteressen der philosophischen Ästhetik. Fortan ging es weniger um das so genannte ‚Kunstschöne' als allgemeiner um die Frage, wie Wahrnehmungen – auch, aber nicht nur in den Künsten – auf den Betrachter wirken und wie sie diesen zu einer *Wahrnehmung der eigenen Wahrnehmung* veranlassen können. Ästhetische Theorie entwickelte sich auf diese Weise zu einer komplexen Reflexion der eigenen Wahrnehmung. An die Stelle der Frage nach dem Schönen rückte das Nachdenken darüber, warum uns bestimmte Sinneseindrücke in besonderer Weise zu irritieren und zu beschäftigen vermögen.[9] Ein ebensolches Nachdenken richtet sich seit den ersten vielbeachteten Medienauftritten auf den Körper Barack Obamas. Schnell waren sich die Kommentatoren darüber einig, dass es sich bei Obama um einen gutaussehenden, attraktiven Politiker handelte. Mit dieser Feststellung war die Debatte über sein Äußeres aber nicht am Ende, sondern fing im Grunde erst richtig an: Man machte sich nun Gedanken darüber, worin das besondere Sex Appeal des Kandidaten bestand, ob es eher von seiner Physiognomie oder vom Rhythmus seiner Bewegungen ausging, und welcher Duktus seiner Gesten für die Überzeugungskraft seiner Auftritte verantwortlich war. Von einem ästhetischen Körper kann im Falle Obamas also deshalb gesprochen werden, weil die Wahrnehmung dieses Körpers immer wieder zu langwierigen, differenzierten und zum Teil selbstreflexiven Erörterungen Anlass gab.

Alles andere als selbstverständlich ist der weitgehend positive Unterton, der diese Erörterungen prägte. Denn seit Walter Benjamins Hinweis auf eine „Ästhetisierung der Politik" durch den Faschismus sind ästhetisierende Politikdarstellungen mit einem Generalverdacht behaftet.[10] Wenn politische Auftritte eine starke ästhetische Kraft gewinnen, liegt der Manipulationsverdacht nahe. Schnell kommt es dann zu der Befürchtung, das glitzernde öffentliche Erscheinungsbild solle über eine dunkle, negative oder sogar gefährliche Seite des politischen Inhalts hinwegtäuschen.[11] Es mag ein Teil von Obamas Erfolgskonzept sein, dass er

---

[9] Einen Überblick über die neuere Ästhetikdebatte bietet der Sammelband von Küpper, J. / Menke, C. (Hrsg.) (2003), Dimensionen ästhetischer Erfahrung, Frankfurt/M.: Suhrkamp.

[10] Vgl. Benjamin, W. (1977), Das Kunstwerk im Zeitalter seiner technischen Reproduzierbarkeit, Frankfurt/M.: Suhrkamp, bes. 42-44. (erstmals 1936)

[11] Daraus resultiert die oft sehr skeptische Beurteilung politischer Theatralität durch Politikwissenschaftler; siehe z.B. Meyer, T. (2001), Mediokratie. Die Kolonisierung der Politik durch das Mediensystem, Frankfurt/M.: Suhrkamp, S. 139-174.

solche Verdachtsmomente von Anfang an zu zerstreuen vermochte. Trotz seiner
Fähigkeit, binnen kurzer Zeit die Massen zu begeistern, geriet er nie auch nur in
die Nähe des Leumunds eines demagogischen Verführers. Seine erstaunliche
Fähigkeit, inmitten opulenter und unverhohlen propagandistischer Medienin-
szenierungen glaubwürdig zu bleiben, resultiert aus einer dissonanten Konstella-
tion: Inhaltlich und argumentativ folgen Obamas Reden überdeutlich den Idealen
eines aufklärerischen Rationalismus. Selbst in den hitzigsten Wahlkampfphasen
verließ sich der Kandidat auf Reden, die die Kraft des besseren Arguments in
nahezu akademischer Manier feierten (vgl. etwa seine vorlesungshafte Rede „A
More Perfect Union" in Philadelphia am 18.03.2008). Man kann diesen rationalis-
tischen Grundzug exemplarisch in Obamas programmatischem Manifest THE
AUDACITY OF HOPE (2006) studieren: Anstatt politische Postulate stark zu machen,
verfällt diese Schrift immer wieder in einen eher wissenschaftlichen Argumentationsstil. Betont sachlich werden Probleme benannt, um dazu dann – wie in einer
Art Metastudie – verschiedene Lösungsstrategien anhand definierter Kriterien
gegeneinander abzuwägen.[12] Dieser Stil könnte trocken wirken, würde er sich
nicht mit dem glanzvoll inszenierten Auftreten Obamas in einer spannenden
Dissonanz überlagern. Rationalität und Pathos konvergieren in der Wahrnehmung des Publikums zu einem ausgewogenen, harmonischen Gesamtbild.

Auch unter ästhetischen Gesichtspunkten ist Obamas körperliches Erscheinen einerseits paradigmatisch für allgemeine Tendenzen unserer politischen
Kultur, andererseits aber von einer außergewöhnlichen Erfolgsstrategie getragen.
Paradigmatisch ist sein Erscheinen, weil es eine ästhetische Aufmerksamkeit auf
die Spitze treibt, die heute vielen Politikern (wenn auch in geringerem Maße)
entgegengebracht wird. Als außergewöhnlich sticht hervor, wie Obama Ästhetisierung und Glaubwürdigkeit miteinander vermittelt, ohne Manipulationsvor-
würfe auf sich zu ziehen. Er hat dafür ein überzeugendes Konzept gefunden: Die
formale Eleganz und äußere Attraktivität seines Auftretens kombiniert er auf
inhaltlicher Ebene mit einem sachorientierten und bisweilen geradezu rationalis-
tischen Argumentationsstil.

Der rhetorische Körper

Schon im Wahlkampf und noch mehr seit seinem Amtsantritt hat sich Barack
Obama als ein Politiker erwiesen, dessen Selbstverständnis, Publizität und Wirk-

---

[12] Deutsche Ausgabe: Obama, B. (2008), Hoffnung wagen. Gedanken zur Rückbesinnung
auf den American Dream, 10. Aufl., München: Riemann.

samkeit in bemerkenswertem Maße auf die politische Rede gegründet sind. Außen- wie innenpolitisch hat Obama durch Grundsatzreden gepunktet, die – man denke an seine Adresse an die islamische Welt in Kairo am 04.06.2009 – den Eindruck großen Veränderungswillens und weitreichender Reformbemühungen hinterließen. Die körperliche Inszenierung seiner Reden gestaltet Obama ebenso einfach wie stilsicher. Er steht sehr aufrecht, schaut kaum je nach unten und verzichtet weitgehend auf gestische Schnörkel. Die Hände kommen vergleichsweise sparsam zum Einsatz. Auffällig ist dabei der gleichmäßige, fast paritätische Einsatz von rechter und linker Hand. Die meisten seiner akzentuierenden Gesten führt Obama sowohl mit rechts als auch mit links aus, und er neigt dazu, die beiden Seiten abwechselnd zu aktivieren, was Ausgewogenheit und Stabilität suggeriert. Für besonders wichtige Hervorhebungen führt er beide Hände parallel. Kaum je kommen die Hände in die Nähe des Gesichts; er lässt sie auf Bauch- oder Brusthöhe, um die Wirkung von Blick und Mimik nicht zu schmälern. Denn zweifelsohne bilden Kopf- und Gesichtsbewegungen den eigentlichen Schwerpunkt von Obamas rhetorischem Gestus. Sein ruckartiges Wenden des Kopfes beim Reden strahlt Energie und Entschlossenheit aus. Zum Bewegungsrepertoire von Obama-Ansprachen gehört auch ein Hochreißen des Kopfes, bei dem das Kinn gleichsam dem Wind entgegen gereckt wird – ein kämpferischer Ausdruck, gut geeignet, Zweifel an der Durchführbarkeit von Zukunftsplänen zu zerstreuen.

Eine Note besonderer Seriosität erhalten Obamas Reden durch seine strikte Funktionalisierung des körperlichen Ausdrucks. Der Redner bewegt sich maßvoll und sparsam, er fuchtelt nicht herum und verzichtet auf große Gesten, wo sie dem Gewicht des Gesagten nicht entsprechen. Nie würde sich Obama mit seinen Händen zu sehr in den Nahbereich des Zuschauers begeben. Wenn er den Zeigefinger hebt, richtet er ihn eher in die Vertikale als ins Publikum. Auch bleibt kein Zweifel an der Priorität des gesprochenen Wortes: Stets geht die eigentliche Emphase von Obamas Stimme aus; Zeigegesten forcieren lediglich Akzente, die stimmlich schon vorbereitet sind. Typisch ist die Punktierung wichtiger Wörter mit Daumen und Zeigefinger von rechter und/oder linker Hand. Dabei werden Daumen und Zeigefinger so aneinander gelegt, dass die betreffende Hand zugleich zu einer lockeren Faust geschlossen scheint. Entschlossenheit und Präzision können auf diese Weise in ein- und derselben Geste zum Ausdruck gebracht werden. Selten erlaubt sich Obama ein lässiges Auflösen der Rednerpose oder gar unplanmäßige gestische Reaktionen auf Publikumsimpulse. Auch in dieser Abstinenz scheint er fest mit seiner einnehmenden, sympathischen Ausstrahlung zu rechnen, die durch Nüchternheit und Stringenz der Performance nur gewinnen kann: Aus der Kombination einer strahlenden Lässigkeit des persönlichen Auftritts mit einer gewissen Strenge in den einstudierten Gesten entsteht der erfolgversprechende Gesamteindruck vertrauenerweckender Seriosität.

Gerade dieser Seriositätseffekt erscheint mittlerweile, im zweiten Jahr der Präsidentschaft, latent gefährdet. Obamas Rhetorik hat Wirkungsverluste erlitten, für die der Redner unmittelbar nichts kann, weil sie mit der politischen Gesamtentwicklung einhergehen: Einige der in seinen Reden gegebenen Versprechen hat Obama im Laufe der bisherigen Amtsführung nicht einhalten können. Diese Diskrepanz zwischen Anspruch und Wirklichkeit ist in der Politik zwar nichts Ungewöhnliches, wird von der Öffentlichkeit in der Regel auch einkalkuliert und verziehen, aber dennoch gilt: Ein Publikum, das diese Erfahrung machen musste, bringt dem Redner nicht mehr dasselbe Vertrauen entgegen wie vor dessen Amtsantritt. Ein Verlust an Überzeugungskraft kann sich schon durch die unvermeidliche Wiederholung von Reden und Redewendungen einschleichen. Der Präsident erreicht in den Vereinigten Staaten eine hohe Fernsehpräsenz durch die allfälligen Übertragungen seiner öffentlichen Ansprachen und Pressekonferenzen. Schnell kann dabei der Eindruck aufkommen, das Staatsoberhaupt glänze mehr durch Reden als durch Taten. Gegen diesen Abnutzungseffekt hilft nur eine streng eingehaltene Zweck-Mittel-Relation, wie sie Obama ohnehin beherzigt. Klarheit, Dringlichkeit und Genauigkeit des Ausdrucks mögen schon in der Phase des Kennenlernens für einen Kandidaten sprechen, aber noch wichtiger sind diese Qualitäten dann, wenn ein Redner Gefahr läuft, verstärkt nach seinen Taten (und nicht mehr nach seinen Versprechungen) beurteilt zu werden.

Lassen sich aus Obamas Rhetorik allgemeine Ratschläge für politische Redner ableiten? Mit der Sparsamkeit seiner redebegleitenden Gesten entspricht Obama einem längerfristigen Trend, den man kaum als seine exklusive Eigenart bezeichnen kann. Eher geht es um einen allgemeinen, fernsehbedingten Stilwandel der politischen Inszenierungskultur: Es genügt ein kurzer Höreindruck von akustisch dokumentierten Reden aus den 1920er Jahren oder aus dem Jahrzehnt nach dem Zweiten Weltkrieg, um sich zu vergewissern, dass der rhetorische Stil früherer Zeiten mehr Bombast erlaubte als nach heutigen Maßstäben empfehlenswert. Die Vorteile einer reduzierten, aber klaren Gestik haben sich unter fernseherprobten Politikern herumgesprochen. Man braucht also keinen Obama als Vorbild, um die eigenen Körperbewegungen beim Reden vor Publikum im Zaum zu halten. (Lernen kann man eher von der besonderen Zentriertheit seiner Haltung. Außergewöhnlich ist, wie es dem Redner Obama gelingt, sich von seiner Sprecherposition aus zu gleichen Teilen nach rechts und nach links zu wenden, ohne dabei je maßgeblich von einer stabilen Mittellinie abzuweichen.)

Der authentische Körper

Theaterwissenschaftliche Untersuchungen der letzten Jahre haben betont, dass sich Inszenierung und Authentizität nicht gegenseitig ausschließen, sondern einander bedingen.[13] Etymologisch geht der Authentizitätsbegriff auf die Idee der Urheberschaft (griech.: *auto-entes* = der Selbstvollendende) zurück, und tatsächlich transportiert diese Idee treffend die verschiedenen Konnotationen, die mitschwingen, wenn heute in politischen Diskursen von Authentizität die Rede ist.[14] Authentizität darf nicht mit Ehrlichkeit oder Offenheit verwechselt werden. Die Frage nach der Authentizität eines Auftritts entscheidet sich vielmehr daran, ob man den Akteur tatsächlich als Urheber hinter seinen Worten und Handlungen sieht. Obwohl zum Beispiel Gerhard Schröder von einer breiten Öffentlichkeit als raffinierter Selbstdarsteller wahrgenommen wurde, konnte man ihn in seinem Auftreten zugleich für ‚authentisch' halten. Dieser Eindruck ergab sich dadurch, dass er stets Herr seiner Inszenierungen zu sein schien. Schröder wahrte ironische Distanz, zeigte sich über die Erwartungen seines Publikums im Bilde und wirkte so, als hätte er Spaß daran, für öffentliche Auftritte eine unterhaltsame Form zu finden. Man wusste durchaus, dass Schröder sich publikumswirksam in Szene setzte, aber so lange man ihm zutraute, diese Inszenierungen selbst unter Kontrolle zu haben, taten sie seiner Authentizität keinen Abbruch. Die Bedeutung der Medien für die modernen Demokratien wird mittlerweile weithin anerkannt. Von daher kreidet man es nicht negativ an, sondern empfindet es eher als wohltuend, wenn Politiker mit den Medien geschickt umzugehen verstehen.

Dieselbe Abgeklärtheit gegenüber politischer Selbstdarstellung ist auch in Bezug auf Obama beobachtbar. Natürlich weiß jeder um die ‚Show', die seine öffentlichen Auftritte umgibt. Niemand, der die US-amerikanischen Wahlkämpfe aufmerksam verfolgt, käme auf die Idee, den Inszenierungscharakter von Obamas Veranstaltungen zu unterschätzen. Schon als Kandidat wurde Obama nicht dafür geliebt, dass man ihn für direkt und offenherzig gehalten hätte. Eher verhielt es sich umgekehrt: Die Inszeniertheit seines Auftretens wurde wahrgenommen, aber man schätzte an Obama gerade die Perfektion und Lässigkeit seiner Inszenierungen. Tatsächlich können Politiker heute aus der Qualität ihrer Insze-

---

[13] Vgl. etwa den Sammelband von Fischer-Lichte, E. u.a. (Hrsg.) (2007), Inszenierung von Authentizität, 2. Aufl., Tübingen und Basel: A. Francke.
[14] Siehe zur Etymologie die Studie von Kalisch, E. (2007), Aspekte einer Begriffs- und Problemgeschichte von Authentizität und Darstellung, in: Fischer-Lichte, E. u.a. (Hrsg.), a.a.O., 31-44, hier bes. 32.

nierungen Kompetenzzuschreibungen gewinnen: Jemand, der sich gut zu inszenieren weiß, kann, so die landläufige Meinung, kein ungeschickter Politiker sein. Damit diese Zuschreibung greift, muss die Performance elegant und mühelos wirken. Jeder Anschein von Überforderung oder Verkrampfung ist zu vermeiden. Man muss den Eindruck gewinnen, dass der Politiker nicht nur hinter den Inhalten, sondern auch hinter der Form seines öffentlichen Auftretens steht. Auch eine gute Hintergrund-Narration kann zur Authentizität des Politikers beitragen: Die offiziell verbreitete biografische Erzählung über Obama beinhaltet seine Jahre als Volkstribun in Chicago, seine geschliffenen Reden als Kongressabgeordneter und nicht zuletzt seinen großen Auftritt bei der Kandidatenkür John Kerrys in der vorangegangenen Kampagne (Boston, 27.07.2004). Eine solche Vorgeschichte lässt darauf schließen, dass der Betreffende alle Finessen politischer Selbstdarstellung beherrscht.

Die Herkunft des Begriffs Authentizität von einer Wortverbindung, die sich mit der Wendung „von eigener Hand" übersetzen lässt, deutet darauf hin, dass der Körper wesentlich an der Hervorbringung eines authentischen Eindrucks mitwirkt. Authentizität scheint vom Körper auszugehen: Es geht um eine weitreichende Übereinstimmung zwischen Wirkungsanspruch und Körper. Einen authentischen Eindruck von Willensstärke und Mut wird ein Redner beispielsweise nur dann erzeugen können, wenn der Betrachter diese Qualitäten auch am Körper und an den physischen Bewegungen des Redners wiederfinden kann. Authentizität entsteht dort, wo der Betrachter tatsächlich zu der Auffassung gelangt, dass die besondere Stimmung einer Situation oder eines Auftritts vom Körper des Akteurs ausgeht. Die Geradlinigkeit und Entschlossenheit, die man Obama im Wahlkampf zugeschrieben hat, wirkten nicht zuletzt deshalb authentisch, weil sich beide Eigenschaften auf Obamas Körper rückbeziehen ließen. Dem hoch aufgeschossenen, geraden und dynamischen Körper nahm man die verbal beanspruchte Entschlossenheit sofort ab. Es schien plausibel, dass die Durchsetzungskraft des Kandidaten im Körper verankert war. Diese Verbindung ließ sich auch für andere Aspekte von Obamas Kampagne herstellen: Dem Grundmotiv der Kampagne – ein junger Mann, der eine frische Note nach Washington bringen möchte – entsprach der jugendlich und sportlich wirkende Körper voll und ganz. Stimmigkeit und Homogenität der Inszenierung erweisen sich einmal mehr als entscheidende Kriterien des Authentischen.

Der sexualisierte Körper

Das Thema Sexualität und Politik hat in Bezug auf die amerikanische Präsidentschaft eine lange Tradition, zu deren jüngeren Fixpunkten die breit diskutierten
außerehelichen Affären von John F. Kennedy und Bill Clinton gehören. Die Art
der öffentlichen Aufarbeitung dieser Affären führte im Falle Clintons zu einem
Mediendiskurs über einzelne Sexualpraktiken des Präsidenten. Die Lewinsky-
Episode war ein spezieller Fall, der aus einer besonderen politischen Konstellati-
on heraus verstanden werden muss, aber an der daran anschließenden Berichterstattung wird doch deutlich, was für weitreichende Einblicksrechte die amerikanische Öffentlichkeit auch gegenüber der sexuellen Dimension des präsiden-
tiellen Lebens reklamiert. Fördert die öffentliche Aufmerksamkeit sexuelle Verfehlungen zutage, kann das zu einer massiven Schwächung des Präsidenten führen. Der Einblicksanspruch der Öffentlichkeit erstreckt sich auch auf körperliche
Details, was sich etwa an den ärztlichen Bulletins zeigt, die die US-Präsidenten in
regelmäßigen Abständen veröffentlichen müssen. Natürlich gilt eine ernsthafte
Krankheit des Präsidenten als politisches Problem, über das die Öffentlichkeit
informiert werden will. Aber auch kleinere Irritationen der präsidialen Gesundheit (im Falle Clintons etwa Hautwucherungen) werden breit diskutiert. Der
öffentliche Umgang mit der Person des Präsidenten hat insofern eine biopoliti-
sche Komponente: Nur ein gesunder und sexuell integrer Präsident gilt als star-
ker Präsident. Dahinter steht zum einen die ernsthafte Sorge über Beeinträchti-
gungen der praktischen Amtsführung, zum anderen aber eine offenkundige
Assoziation (wenn nicht gar Identifikation) der Nation mit dem Körper des Präsidenten: Moral und Gesundheit der ganzen Gesellschaft sollen sich in Moral und
Gesundheit des Präsidenten widerspiegeln.

Vor diesem Hintergrund ist es für Obama vorteilhaft, dass von ihm weder
gesundheitliche Probleme noch sexuelle Eskapaden bekannt sind. Gerade weil
Obama fit wirkt, muss er sich nicht annähernd so oft beim Joggen ablichten lassen wie seine Vorgänger. Wie eine lange Reihe seiner Vorgänger wird Obama für
die breitere Öffentlichkeit als Familienmensch inszeniert. Zahlreiche autorisierte
Fotos zeigen ihn als Teil einer heterosexuellen Ehe und Mittelpunkt einer wohl
organisierten Familie. Bei der Betonung des traditionellen Familienmodells wird
wohl nicht zuletzt an jene konservativen Segmente weißer Bevölkerungsgruppen
gedacht, die einen schwarzen Präsidenten leichter akzeptieren können, wenn er
einem traditionellen Bild von heterosexueller Ehe und Familie entspricht. Für
Bevölkerungsgruppen, denen die Identifikation mit diesem Bild schwer fällt, hat
Obama als Projektionsfläche ebenfalls viel zu bieten. Denn trotz aller Demonstra-

tionen eines traditionellen Lebensstils repräsentiert der Präsident durch sein körperliches Erscheinen weiterhin eine Bevölkerungsgruppe, die bis in die letzten Jahrzehnte hinein mit Ressentiments konfrontiert wurde und lange Zeit keine wirkliche Gleichberechtigung erfuhr. Schwarze in höchsten Staatsämtern und einflussreichen politischen Positionen sind in den USA nach wie vor in der Minderheit. Obama steht also zugleich für den Aufstieg einer politischen Randgruppe und für das Mehrheitsmodell der heterosexuellen Ehe und Familie. Darin könnte ein weiterer Schlüssel seines Publikumserfolges liegen. In Obamas körperlicher Performanz überschneiden sich konservative Familienwerte und liberale Emanzipationsvorhaben. Diese Kombination hat sowohl traditionalistischen als auch linksliberalen Milieus einiges zu bieten.

Auch aus der europäischen Fernwahrnehmung ist der Körper Barack Obamas in seinem öffentlichen Erscheinen sexualisierbar. Es mag hier ein exotistisches Moment zum Tragen kommen: Farbige Politiker sind in Europa weitaus ungewohnter als in den USA. Dieser Eindruck von Fremdheit wirkt in der europäischen Wahrnehmung auf vorteilhafte Weise mit Obamas Selbstinszenierung als heterosexueller Familienvater zusammen. Aus der Verbindung von sexueller Verlässlichkeit und familiärer Nähe mit augenscheinlicher Fremdheit ergibt sich eine unleugbare Faszinationskraft. Aber auch unabhängig von diesem Einwirken der ethnischen Komponente verkörpert Obama ein scharf konturiertes, in der politischen Landschaft unterrepräsentiertes Männerbild: Sensibilität verbindet sich mit Dominanz und Entschiedenheit, rationale Vernunft wird von großer Offenheit für neue Wege und kreative Lösungen ausgeglichen. Diese individuellen Qualitäten haben eine persönliche und erotische Komponente, spiegeln sich aber zugleich in Obamas politischem Programm.

Schlussbetrachtung

Die Beschäftigung mit verschiedenen Dimensionen von Obamas Körperdarstellung wirft abschließend die Frage auf, wie stark politische Inszenierungen von den körperlichen Eigenheiten einzelner Akteure bestimmt sind. Eine eindeutige Antwort lässt sich darauf kaum geben, denn die Indizien sind uneinheitlich. Einerseits hat sich ein starkes Eigengewicht des physischen Körpers in gegenwärtigen Politikinszenierungen gezeigt. Obwohl Körperbilder heute in jeder Hinsicht medial manipuliert und ‚nachbearbeitet' werden können, lässt sich die Physiognomie eines Politikers bei der Entwicklung passförmiger Selbstdarstellungsstrategien nicht einfach ignorieren. Ein erheblicher Teil der Fernsehbilder, die von einem Politiker zirkulieren, wird auf öffentlichen Versammlungen aufgezeichnet.

Deshalb hängt die Wirksamkeit der Fernsehübertragung eines Politikers immer auch davon ab, ob es ihm gelingt, das Live-Publikum für sich einzunehmen. Im direkten Kontakt zum Publikum auf einer Live-Veranstaltung ist der Politiker aber umso mehr auf seine körperlichen Ressourcen angewiesen. Das Bild, das er dem körperlich anwesenden Publikum von sich vermittelt, kann jedenfalls nur bedingt medial manipuliert werden. Für ein starkes Eigengewicht des physischen Körpers in der Politik spricht auch die Beobachtung, dass sich aus den Körperdarstellungen eines anderen Menschen nur wenig Tipps und Anregungen für die eigene Performanz ableiten lassen. Man möchte jedenfalls keinem Politiker empfehlen, sich (inszenierungstechnisch) an einer Obama-Kopie zu versuchen. Selbstdarstellung ist offenbar so sehr an individuelle Körper und deren diskursive Einbettung gebunden, dass sich strategische Ratschläge immer am konkreten Einzelfall orientieren müssen.[15]

Andererseits sollte das Eigengewicht des Körpers in der Performanz aber auch nicht überschätzt werden. Nie zuvor waren die Möglichkeiten einer technischen Transformation von Körpern so ausgeprägt wie heute. Das Wissen um die medialen Verfahren, die Körpern völlig veränderte Qualitäten und Wirkungen verschaffen können, hat unsere Aufmerksamkeit auf die Instabilität von Körperdarbietungen gelenkt. Diese Flüchtigkeit gilt nicht nur für die Produzenten-, sondern auch für die Rezipientenseite: Was heute an Körpern geschätzt und bewundert wird, kann schon morgen zum Hindernis für eine medienwirksame Selbstdarstellung werden. Obama mag am Ende auch ein Beispiel dafür sein, wie rasch sich die Einstellung gegenüber einem bestimmten Stil der politischen Körperdarbietung ändern kann. Schon durch die feste Einbindung in tradierte politische Rituale (Pressekonferenzen, Empfänge, Fototermine), denen sich kein Spitzenpolitiker entziehen kann, entsteht ein Wiederholungseffekt, der noch den ausstrahlungskräftigsten Körper in ein gedämpfteres, nüchterneres Licht taucht. Je länger ein Akteur auf der politischen Bühne präsent ist, desto sichtbarer lastet auf ihm die Bürde, das die Versprechungen, die von einem Körper ausgehen, irgendwann auch eingelöst werden müssen.

---

[15] So wäre es beispielsweise ein unzulässiges Pauschalurteil, nur dem weithin als attraktiv geltenden Körper Vorteile im medialen Wettbewerb zuzutrauen. Auch aus körperlichen, stimmlichen und inszenatorischen Unzulänglichkeiten können Politiker bisweilen Kapital schlagen, weil gerade das Imperfekte Identifikation erleichtert und Sympathie einzubringen vermag.

Jörg Merten

Mimische Indikatoren der Solidarisierung und Handlungsmacht in den Reden Barack Obamas – Wie mimischer Ausdruck die Überzeugungskraft des gesprochenen Wortes steigert

Einleitung

Die Reden Barack Obama's während des Wahlkampfs und die gelungene Mobilisierung von Wählern belegen beeindruckend, dass er in der Lage ist, Menschen zu überzeugen und zu mobilisieren. Was ist das Besondere am Redestil des Präsidenten? Wie gelingt es ihm, dass seine Zuhörer sich mit ihm und seinen Zielen identifizieren, und wie gelingt es ihm, sie davon zu überzeugen, dass sowohl er als auch sie – die Bürger der Nation – über die nötige Handlungsmacht und das Änderungspotential verfügen, „die Nation zu retten"?

Dieses Beziehungs- und Perspektivenmuster wird in den Slogans „Yes, we can" und „Change" verbal verdichtet zum Ausdruck gebracht. Damit diese Slogans als authentisch erlebt werden, bedarf es nicht nur eines inhaltlich überzeugenden Programms, einer entsprechenden Biografie und dem Einsatz moderner Medien, sondern der Sender, der sie vermittelt, muss als Person auch emotional überzeugend wirken.

Analog zur Verdichtung, wie sie in verbalen Slogans vollzogen wird, kann man sich die Wirkung emotionaler Signale z.B. in der Mimik vorstellen. Emotionen beinhalten die Bewertung einer Situation und stellen rudimentäre, evolutionär erprobte Lösungsansätze bereit. Sie sind ebenfalls verdichtete Kurzaussagen, die als eine Art nonverbaler Slogans verstanden werden können. In beiden Fällen wird kompakt eine Nachricht vermittelt, die beeinflussen soll. Im Fall der emotionalen Signale kommt hinzu, dass wir evolutionär dazu ausgestattet sind, diese auch dann wahrzunehmen, wenn sie sehr kurz sind und unser Verhalten in Teilen danach auszurichten.

Die Emotionalität des Senders ist somit nicht nur ein privater, subjektiver Zustand, sondern wirkt über den Ausdruck der Emotion auch mobilisierend auf die Zuhörer. In den Emotionen des Redners bilden sich seine kognitiven Bewertungen, bis hin zu seiner Überzeugung, Probleme zu lösen, ab.

Der nonverbale Ausdruck von Emotionen innerhalb der Reden Obama's führt außerdem zu Prozessen der emotionalen Ansteckung bis hin zum differenziertem empathischen Miterleben beim Zuhörer und stärkt so die Brücke zwischen Barack Obama und seinen Anhängern.

„Emotionen sind mehr als subjektives Erleben" – Die Komponenten und soziale Aspekte der Emotion

Emotionen werden im Alltagsverständnis meist auf das subjektive Erleben eines emotionalen Zustands reduziert, und als lediglich für das Individuum selbst relevant erachtet. Die wissenschaftliche Analyse emotionalen Verhaltens ergibt jedoch, dass Emotionen sich aus mehreren sogenannten Komponenten zusammen setzten, die auf das Subjekt aber auch stark auf das soziale Umfeld wirken.

Komponenten von Emotionen werden in den meisten Definitionen wie folgt beschrieben[1]:

(a) Die subjektive Erfahrung:
Affektive Erfahrungen, wie Gefühle der Erregung oder Lust/Unlust, bewirken können.
(b) Die physiologie Aktivierung:
Es kommt zu physiologischen Anpassungen an die erregungsauslösenden Bedingungen.
(c) Der Ausdruck:
Der emotionale Zustand findet Ausdruck in Mimik und Stimme (Basisemotionen).
(d) Die Handlungstendenz:
Emotionen können zu Verhalten führen, welches oft zielgerichtet und adaptiv ist.
(e) Der Einfluss auf kognitive Prozesse:
Es kann zu emotionalen Wahrnehmungseffekten, Bewertungen, Klassifikationsprozessen kommen.

---

[1] Kleinginna, P.R. jr./Kleinginna, A.M. (1981), A categorized list of emotion definitions with suggestions for a consensual definition, in: Motivation and Emotion, 5, 345-379; Merten, J. (2003), Einführung in die Emotionspsychologie, Stuttgart: Kohlhammer.

Der eigentliche Prozess der Entstehung einzelner Emotionen in bestimmten Situationen wird als die Aktualgenese von Emotionen bezeichnet und lässt sich dadurch beschreiben, dass (a) eine Person – bewusst oder unbewusst – ein wahrgenommenes Ereignis als bedeutsam für ein wichtiges Anliegen (ein Ziel) bewertet. (b) Aus dieser Bewertung ergibt sich die eigentliche Emotion mit dem zugehörigen emotionalen Erleben, der Ausdrucksreaktion, physiologischen Anpassungprozessen und der Handlungsbereitschaft („readiness to act"). So generierte Emotionen haben die Eigenschaft, dass sie die Zielhierarchie eines Individuums beeinflussen. Sie geben einer oder wenigen Handlungen Vorrang vor anderen und verleihen dieser Handlung eine hohe Dringlichkeit. Zusätzlich werden evolutionär erprobte Verhaltensmuster bereitgestellt (prompting), die rudimentäre Handlungspläne umfassen[2]. Eine Emotion kann also andere Ziele und Handlungen unterbinden und/oder mit ihnen konkurrieren.

Eine Emotion hat die Funktion, das Verhalten einer Gruppe zu koordinieren und auf ein gemeinsames Ziel auszurichten. Darin liegt eine evolutionär gegebene Eigenschaft von Emotionen, die sie bei der Mobilisierung von Menschen so stark, aber auch gefährlich, machen kann.

Der mimische Ausdruck von Emotionen

Ekman und Friesen gehen von der sogenannten „Universalitätshypothese„ aus, die besagt, dass bestimmte Muster von Gesichtsbewegungen bei allen Menschen existieren und von allen Menschen potentiell erkannt werden. Nach dieser Hypothese existiert eine Reihe von Gesichtsbewegungen, die als Ausdruck bestimmter Emotionen gelten, und in denen von allen Menschen auch die zugehörigen Emotionen erkannt werden.

In Abbildung 1 sind prototypische Muster der Basisemotionen abgebildet.

---

[2] Oatley, K./Jenkins, J.M. (1996), Understanding emotions, Cambridge, Mass: Blackwell Publishers.

Abbildung 1: Prototypische Ausdrucksmuster der Basisemotionen[3]

Anger   Disgust   Contempt   Fear   Sadness   Joy   Surprise

Die Basisemotionen werden durch die folgenden zwei definitorischen Bestimmungsstücke charakterisiert[4]:

1. Die Annahme, dass es eine bestimmte Zahl deutlich unterscheidbarer Emotionen gibt, deren Erfassung die Möglichkeiten dimensionaler Beschreibungen überschreitet.
2. Die spezifischen und die gemeinsamen Eigenschaften der Basisemotionen sowie ihre Funktionen sind größtenteils das Resultat evolutionärer Entwicklungsprozesse.

Nach Ekman und Izard gehören folgende Emotionen zu den Basisemotionen: happiness, surprise, sadness, fear, disgust, anger. Izard nennt zusätzlich interest-exitement, distress-anguish, shame und guilt. „contempt" wird von beiden Autoren ebenfalls als Basisemotion angesehen, die empirische Befundlage zu dieser Emotion ist aber unvollständig.

Emotionen und persönliche Authentizität

Das „we" im Slogan „Yes, we can" muss zunächst vor allem der Präsidentschaftskandidat bzw. Präsident selbst überzeugend ausfüllen. Barack Obama wirkt auf seine Zuhörer als eine Person, der zugetraut wird, die von ihm verfolgten Ziele auch in die Tat umzusetzen. Im Folgenden wird verdeutlicht, wie aus der Wahrnehmung von meist emotionalen Signalen ein Eindruck von Mitmen-

---

[3] Übersetzung der prototypischen Ausdrucksmuster der Basisemotionen: Ärger, Ekel, Missachtung, Angst, Traurigkeit, Freude, Überraschung
[4] Ekman, P. (1992), An Argument for basic emotions, in: Cognition and Emotion, 6 (3/4), 169-200.

schen entsteht und man sich so einer Erklärung des Phänomens „Obama" annähern kann.

Der Prozess der Eindrucksbildung bezüglich Persönlichkeitseigenschaften
und/oder der Authentizität der Aussagen einer Person greift im Wesentlichen auf
Parameter des nonverbalen Verhaltens zurück. Der Zuhörer oder besser Zuschauer nimmt Parameter der Mimik, der Gestik, des Blickverhaltens, der Kör-
perhaltung und der Stimmqualität beim Sender wahr und integriert diese Informationen zu einem Urteil über die Person des Senders und die von ihm getätig-
ten Aussagen. Diese Wahrnehmungs- und Integrationsprozesse laufen weitgehend implizit und ohne bewusste Aufmerksamkeit ab. Authentizität wird unter
anderem dadurch erreicht, dass Inhalte emotional angereichert werden und dadurch als unmittelbarer und als persönlicher Bestandteil der Person erlebt werden.

Der spezifische Ausdruck von Emotionen erfolgt vorwiegend über die Mimik, die Stimmqualität und weniger spezifisch über z.B. Körperhaltungen und
Gestik. In der Mimik und der vokalen Qualität der Stimme sind Parameter zu
identifizieren, die relativ eindeutig bestimmten Emotionen zugeordnet werden
können. Es handelt sich dabei um die sogenannten Basisemotionen nach Ekman
(1992), die kulturübergreifend in gleichen mimischen Mustern ihren Ausdruck
finden und auch von Angehörigen aller Kulturen erkannt werden sollen. Diese
Theorie ist nicht unumstritten, die empirische Basis für die Existenz und Unterscheidung universeller mimischer und vokaler Muster für die Basisemotionen ist
aber überzeugend[5].

Eine weitere wichtige Theorie zum emotionalen Ausdruck geht davon aus,
dass sich in Mimik und Stimmqualität die Ergebnisse jedes einzelnen kognitiven
Bewertungsschritts ausdrücken und erkennbar werden. Die Gesamtheit dieser
Bewertungsschritte – das sogenannte Bewertungsprofil – repräsentiert schluss-
endlich die Genese einer bestimmten Emotion. Bei dieser Theorie erhöht sich das
Auflösungsvermögen der Analyse erheblich, da nicht nur das Endprodukt, die
Emotion, analysiert werden kann, sondern der Weg, der zur Emotion geführt hat.

---

[5] Eine Diskussion unterschiedlicher Standpunkte zur sogenannten Universalitätshypothese
des mimischen Ausdrucks findet man z.B. in Merten, J. (1997), Facial-affective behavior,
mutual gaze and emotional experience in dyadic interactions, in: Journal of Nonverbal
Behavior, 21(3), 179-201.

Die Analyse der einzelnen Schritte dieses Weges gibt Auskunft über das Urteilen und Denken einer Person[6].

Die einzelnen Stationen, die im kognitiven Bewertungsprozess durchlaufen werden, lassen sich grob in vier Einzelschritte aufteilen: a) die Bewertung eines Ereignisses nach seinem Neuheitswert, b) nach der Relevanz für die von der Person/Gruppe/Nation verfolgten Ziele, c) nach der Einschätzung des Bewältigungspotentials („coping-potential"), der Handlungsmacht und d) nach internen und externen Werten wie z.B. Fairness. Man erhält somit Zugang zu einem hoch differenzierten System, innerhalb dessen Situationen von Menschen bewertet werden. Dieses System speist sich aus einer ganzen Reihe psychologischer Theorien und zeigt auf, wie umfassend emotionale Reaktionen von Menschen begründet sein können.

Barack Obama bedient sich – wahrscheinlich unbewusst – dieser Möglichkeiten, indem er nicht nur Sachverhalte und seine Bewertungen verbal benennt, sondern an relevanten Stellen diese Aussagen auch mimisch, emotional unterstreicht. Weiter unten wird das am Beispiel des Ausdrucks von Ärger verdeutlicht.

Emotionaler Ausdruck und Sprache

Hier findet sich ein wichtiges Bindeglied zwischen Emotion und Sprache, da die kognitiven Bewertungsschritte, die zur Emotion führen, prinzipiell auch verbalisierbar und sprachlich verständlich zu machen sind. Wird etwas als neu erlebt, so kann dies sprachlich und durch den entsprechenden mimischen Ausdruck geäußert werden und erlangt durch diese Kombination eine gesteigerte Wirkung. Wird z.B. verbal geäußert: „das ist neu und entspricht nicht meiner Erwartung" und simultan die Augenbrauen gehoben und gesenkt, erhält die Aussage authentische Qualität. Man kann das mimische Signal der „Neuheit und Relevanz" – das Heben der Augenbrauen – auch instrumentalisieren, um die Aufmerksamkeit des Zuhörers auf den Inhalt einer sprachlichen Äußerung lenken. Ergänzt man eine beliebige Äußerung um das mimische Ausdrucksmuster des Hebens des inneren und äußeren Teils der Augenbrauen, wird der Zuschauer unwillkürlich seine Aufmerksamkeit und Relevanzbewertung für den simultanen sprachlichen Inhalt erhöhen. Das Augenbrauenheben ist allerdings mehr als ein Bestandteil eines

---

[6] Scherer, K. R. (2001), Appraisal considered as a process of multilevel sequential checking, in: Scherer, K.R./Schorr, A./Johnstone, T. (Hrsg.), Appraisal process in emotion: Theory, Methods, Research. Oxford: Oxford University Press.

emotionalen Ausdrucks, sondern hat vielfältige andere Funktionen[7]. Um wichtige Inhalte sprachlicher Äußerungen zu markieren, wird es in der Funktion als Illustrator benutzt[8]. Es markiert und betont als sogenannter „baton" wichtige Punkte einer Rede in der Art eines Taktstocks. Durch das jeweilige kurze Anheben und Absenken der Augenbrauen wird signalisiert, dass gerade etwas Wichtiges passiert oder gesagt wird. Hinzu kommt, dass diese Mimik bis in die Tiefe der Zuhörerschaft gut wahrgenommen werden kann, da sich die Augenbrauen meist sehr gut vom restlichen Gesicht absetzen. Auch wird mehr vom Augapfel sichtbar, was als „Aufblitzen der Augen" auch auf Distanz sehr gut wahrgenommen werden kann.

Die Relevanz und Neuheit eines Ereignisses für eine Person stellt nur einen ersten Schritt in der kognitiven Bewertung dar. Dem schließen sich die weiteren oben genannten an, zu denen ebenfalls korrespondierende mimische Ausdrucksmuster gesendet werden, auf die weiter unten teilweise am Beispiel der Mimik von Barack Obama eingegangen wird.

Die aus dem kognitiven Bewertungsprozess resultierende Emotion bündelt und verdichtet also die gesamten Einstellungen und Urteile – auch Vorurteile – einer Person, wie sie ihn zu einem bestimmten Sachverhalt, einem Ereignis oder einer Person (einer Personengruppe) durchlaufen hat und löst die oben beschriebenen emotionalen Komponenten aus: Ausdruck, Änderungen der Physiologie, Handlungstendenzen, sowie durch die Emotion bestimmte Wahrnehmungs- und Interpretationstendenzen.

Mimischer Ausdruck und stimmlicher Ausdruck – und zum Teil auch die wahrnehmbaren Korrelate der physiologischen Aktivierung – der entstandenen Emotion machen den emotionalen Zustand der Person für die Außenwelt zugänglich. Sie informieren den Empfänger der emotionalen Botschaft nicht nur über das subjektive Gefühl des Senders, sondern in prototypischer Weise über alle anderen Komponenten der Emotion. Wozu im Zusammenhang von Sprache und emotionalem Ausdruck vor allem der Standpunkt des Senders zu einem bestimmten Sachverhalt zu zählen sind.

Damit eignet sich der emotionale Ausdruck hervorragend zur Anreicherung sprachlicher Inhalte. Stellt man sich eine Person vor, die ohne Mimik und ohne stimmliche Qualität einen Sachverhalt vorträgt, wird deutlich, dass eine solche

---

[7] Eibl-Eibesfeldt, I. (1995), Die Biologie des menschlichen Verhaltens. Grundriß der Humanethologie, München: Piper.
[8] Ekman, P./Friesen, W.V. (1969), The repertoire of nonverbal behavior. Categories, Origins, Usage and Coding, Semiotica, 1, 49-98.

Botschaft leicht „blutleer" wirken kann. Bezüglich der Stimmqualität ist diese Funktion unmittelbar erlebbar, und wird vor allem dann bewusst, wenn Diskrepanzen zwischen der emotionalen Botschaft und der Intention des Senders vorliegen. Eine mit zitternder Stimme vorgetragene Aussage, die eigene Stärke vermitteln soll, wird nicht nach dem Inhalt der gesprochenen Worte beurteilt, sondern an Hand der wahrgenommenen emotionalen Qualität. Weniger bewusst erfolgt die Verarbeitung mimisch-emotionaler Ausdrucksweisen. Zwar sind auch hier intensive Formen mimischen Ausdrucks unmittelbar wahrnehmbar. Die meisten mimischen Verhaltensweisen erfolgen allerdings mit niedriger bis mittlerer Intensität. Sie werden deshalb von ungeschulten Personen nicht bewusst wahrgenommen, bestimmen allerdings nachgewiesenermaßen trotzdem den Urteilsprozess. Bei entsprechendem Training ist es allerdings möglich, die Wahrnehmungsfähigkeit auch für sehr kurze mimische Zeichen zu schulen. Damit wird es möglich, diese Grundlage für Entscheidungs- und Urteilsprozesse auch bewusst zu erleben und einer Reflektion zugänglich zu machen.

Soziale Aspekte der Emotion

Solidarisierung und Identifikation durch ähnliche kognitive Bewertungen

Wie kann der Ausdruck von Emotionen den Schritt vom Individuum des Barack Obama zum „we" im Slogan „Yes, we can" unterstützen?

Generell kann ein Solidarisierungs- und Identifikationseffekt dann erreicht werden, wenn die kognitiven Bewertungen von Sender und Empfänger einer Situation sich ähneln und sie demnach auch zu einer ähnlichen emotionalen Reaktion führen. Die emotionale Reaktion wird dann zum über die kognitive analytische Bewertung hinausgehenden mobilisierenden und motivierenden Bindeglied zwischen Sender und Empfänger einer Botschaft. Die damit einhergehende Handlungsbereitschaft und das „prompting" fokussieren das Verhalten und Erleben der die Emotion teilenden Personen auf die als gemeinsam erlebten Ziele.

Dieser Überzeugungsprozess kann unterstützt dadurch, dass zu den verbal geäußerten Bewertungsschritten die entsprechenden mimischen Korrelate gezeigt werden. Diese werden im „Facial Action Coding System FACS" – einem System zur detaillierten Beschreibung von Mimik – als „Action Units" beschrieben[9].

---

[9] Ekman, P./Friesen, W.V. (1978), The facial action coding system (FACS) (A technique for the measurement of facial action), Palo Alto, CA: Consulting Psychologists Press.

Action Units beschreiben die Effekte, die die Kontraktion bestimmter Gesichtsmuskel oder Muskelgruppen auf dem Gesicht erzeugen, und werden im FACS lediglich mit Nummern bezeichnet. Es ist damit möglich, den kognitiven Bewertungsschritten einzelne Action Units zuzuordnen und somit die einzelnen Bestandteile des kognitiven – an sich unbeobachtbaren – Prozess beobachtbar zu machen.

Die Bewertung der Neuheit z.B. indiziert das Augenbrauenheben (siehe oben), die Darstellung der Diskrepanz zwischen Erwartung und Wahrnehmung das Zusammenziehen der Augenbrauen (Action Unit 4, FACS). Das Fokussieren eines Verantwortlichen drückt sich im Verengen des Auges (Action Unit 7) aus. Die Demonstration der Überzeugung eigener Handlungsmacht kann dem Spannen und Pressen der Lippen und Hochschieben der Unterlippe (Action Unit 23, 24 und Action Unit 17) zugeordnet werden, um nur einige Beispiel zu nennen.

Dritte Personen(-gruppen), aber auch Sachverhalte, können insofern in den emotionalen Prozess integriert sein, als sie vom Sender der Emotion in unterschiedlichen Rollen wahrgenommen werden und diese Wahrnehmung dargestellt wird. Das Ideal eines starken Amerikas kann z.B. der Sachverhalt sein, den es zurückzugewinnen gilt. Zusätzlich können bestimmte Personen oder Umstände als Verursacher und Ursache für das Nichterreichen der angestrebten Ideale gesehen und benannt werden. Schlussendlich kann der Präsidentschaftskandidat sich als potentieller Unterstützer bei der Überwindung der Hindernisse anbieten, der über die Möglichkeiten verfügt, das verlorene Ideal wieder herzustellen.

Zentrale Emotionen, die sich für dieses Szenario eignen würden, wären Trauer, eventuell Verachtung und Ärger. Trauer drückt den Verlust, aber auch den Wunsch nach der Wiederherstellung des ursprünglichen Zustands aus. Verachtung könnte den für den Verlust verantwortlichen Personen gelten. Ärger wiederum ist eine stark mobilisierende Emotion mit hohem Motivationspotential, die dazu dient Hindernisse zu beseitigen, um angestrebte Ziele zu realisieren.

Solidarisierung und Identifikation durch Empathie

Durch den Ausdruck der Emotion vermittelt die Person ihren emotionalen und motivationalen Zustand an das soziale Umfeld. Die Empfänger dieser Botschaft verfügen über ein zum Teil evolutionär gegebenes, zum Teil kulturell erworbenes Wissen und die Fähigkeit, aus dem emotionalen Ausdruck und einer gegebenen Situation den kognitiven Prozess des Senders nachzuvollziehen. Über diese beiden Komponenten der Emotion den Ausdruck und das Nachvollziehen der kognitiven Beurteilung des Senders kommt es zu einer Reihe von sozialen Identifikationsprozessen, die von reiner Ansteckung bis hin zu differenzierter Empathie reichen können.

Im Fall der **Ansteckung** erfolgt die Identifikation mit der Emotion des Senders über basale imitatorische Prozesse, sprich der Empfänger ahmt unwillkürlich das Ausdrucksmuster nach und kann durch Feedbackprozesse[10] in einen ähnlichen, meist weniger intensiven Zustand gelangen. Beobachtet man eine Person, die die Augenbrauen zusammen zieht, ahmt man dieses Verhalten mit geringer Intensität unwillkürlich nach, presst derselbe die Lippen zusammen geschieht gleiches. Durch das Imitieren wird die Emotion gleichwohl ins „Innere" des Empfängers verlagert. Der Ausdruck ist jetzt nicht mehr nur visuell wahrgenommener Teil der Außenwelt, sondern wird durch die entsprechenden Sensoren für Muskelspannungen im eigenen Körper verortet. Durch diese Prozesse der Verinnerlichung wahrgenommener Emotionen erfahren emotionale Signale von als Führungspersonen anerkannten Sendern einen Teil ihrer Wirkung. Man spricht von Ansteckung, da diese Prozesse funktionieren, ohne dass es einer genaueren Analyse der Situation bedarf. Evolutionsbiologisch macht dies insofern Sinn, dass in z.B. in Gefahrensituationen eine längere Analyse der Situation und die Überprüfung der Angemessenheit der Emotion wenig sinnvoll, ja sogar tödlich sein können. Man folgt unwillkürlich dem durch den emotionalen Ausdruck signalisierten Handlungsimpuls und entflieht der Situation oder geht zum Angriff über. Auch abgeschwächte Formen von Ärger können zum Verlassen des sozialen Feldes führen, man spricht in diesem Fall von „cold anger", bei dem das kognitive Element der Handlungsmacht deutlich geringer ausgeprägt ist, als es in den Reden Obamas der Fall ist. Um Massen zu mobilisieren genügen diese beschriebenen Formen von Ansteckungsprozessen. Das resultierende Verhalten kann durch graduelles Einführen kognitiver Elemente kanalisiert werden. Handelt es sich z.B. um die Emotion „Ärger", muss lediglich ein „Sündenbock" benannt werden und das aggressive Handlungspotential kann zu entsprechenden Verhaltensweisen gegenüber diesem führen.

In Abbildung 2 ist eine sogenannte „Blende" aus den beiden negativen Emotionen Ärger und Verachtung zu erkennen. Die dominierende Emotion ist der Ärger, der allerdings Bestandteile von „Verachtung" enthält (einseitiges Einziehen der Mundwinkel). Die „Verachtungsmimik" ist in diesem Fall am besten als Enttäuschung über das Verhalten von Personen zu interpretieren, die dem ge-

---

[10] Izard, C. E. (1990), Facial Expressions and the Regulation of Emotions, in: Journal of Personality and Social Psychology, 58, 487- 498.

meinsam angestrebten Ziel der Wiederherstellung der Größe der Nation entgegen stehen.

Der Gesamtausdruck ist relativ komplex und umfasst eine ganze Reihe einzelner Muskelkontraktionen. Im Obergesicht sind das Zusammenziehen der Augenbrauen (Action Unit 4) und das Verengen der Augenöffnung (Action Unit 7) zu beobachten, im Untergesicht das Anheben der Oberlippe (Action Unit 10), das Spannen der Lippen (Action Unit 23) und das einseitige Einziehen der Mundwinkel (Action Unit 14).

Abbildung 2:   Ärger- und Verachtungsmimik bei Barack Obama

Das Teilen von Emotionen zwischen Sender und Empfänger wird umso differenzierter und reflektierter, je genauer und detaillierter der Empfänger die vom Sender wahrgenommene und interpretierte Situation und deren Bewertung durch den Sender erschließt. Im letzteren Fall bleibt die Identifikation mit der Handlungstendenz des Senders bei weitem länger erhalten als im Falle reiner Ansteckungsprozesse. Dem Redner muss also zum Zwecke der Identifikation daran gelegen sein, dass er beim Zuhörer ein möglichst intensives emotionales

Erleben induziert, gleichzeitig dies aber durch die Einbettung in einen Kontext einer gemeinsamen kognitiven Bewertung auch zeitlich stabilisiert.

Emotionen sind also mehr als nur persönliche, private Erlebensformen. Sie signalisieren vielmehr dem Gegenüber, welche Ziele und Motivationen der Sender verfolgt und was er von seinem Gegenüber erwartet, dass es zur Erreichung dieser Ziele zu tun oder zu lassen hat.

Einbezug der Zuhörer durch Anblicken

Zusätzlich fordert das Blickverhalten des Präsidenten die Teilnahme der Zuhörer an der Analyse ein. Er lässt immer wieder den Blick mit deutlichen Phrasierungen der Blickbewegungen über seine Zuhörer schweifen. Dadurch wird vermittelt, dass jeder einzelne im Publikum angesprochen ist, und dass er, der Präsident, jeden als Teil seiner Anstrengungen zur Lösung der Probleme ansieht[11].

In welcher Weise diese Überlegungen auf die Reden von Präsident Obama anwendbar sind, wird im Folgenden am Beispiel einer Mimikanalyse verdeutlicht. Es handelt sich dabei nicht um eine im eigentlichen Sinne wissenschaftliche Studie. Sie ist aber sehr wohl geeignet, das Gemeinte an Hand der Rede von Obama zur Amtseinführung als Präsident der USA zu illustrieren.

Solidarisierung und Handlungsmacht am Beispiel Obama

Statische physiognomische Eigenschaften im Gesicht des Präsidenten

Zu Beginn einer Mimikanalyse muss man beurteilen, ob das sogenannte Neutralgesicht Eigenschaften aufweist, die für sich genommen bereits Ausdrucksqualität haben können. Im idealen Fall des Wortes ist das Neutralgesicht dadurch gekennzeichnet, dass kein Gesichtsmuskel angespannt ist und keine andauernden Anzeichen eines mimischen Ausdrucks zu sehen sind. Interessant ist dieser Ansatz, weil bei vielen Personen habituelle Dauerkontraktionen von Muskeln vorliegen oder durch häufiges Anspannen bestimmter Muskel anhaltende Änderungen der Haut in Form von spezifischer Faltenbildung zu beobachten sind. Wichtig sind diese überdauernden Ausdrucksmuster deshalb, weil sie den Hinter-

---

[11] Kendon, A. (1967), Some functions of gaze direction in social interaction, in: Acta Psychologica, 1-47.

grund für alle anderen emotionalen Äußerungen bilden, diese verstärken und selbst eine anhaltende Ausdruckswirkung haben können[12].

Bei Präsident Obama sind dauerhaft tiefe gut sichtbare Falten zwischen den Augenbrauen zu beobachten. Diese entstehen bei der Kontraktion des Musculus corrugator supercilii, der im „Facial Action Coding System FACS" als Teil der „Action Unit 4" beschrieben wird[13].

Abbildung 3:   Augenbrauen zusammenziehen (Action Unit 4) und Anspannen des unteren Augenlids (Action Unit 7)

Die expressive Wirkung dieses mimischen Ausdrucks wird als skeptisch genaues Prüfen verstanden und ist Teil verschiedener emotionaler Ausdrucksmuster. Die zuzuordnende kognitive Bewertungsoperation ist das Erleben einer Diskrepanz zwischen etwas, das erwartet wurde, und dem faktisch wahrgenommenen Sachverhalt. Es drückt also aus, dass der von der Person wahrgenommene Sachver-

[12] Beaupré, M.G./Hess, U. (2005), Cross-cultural emotion recognition among Canadian ethnic groups, in: Journal of Cross-Cultural Psychology, 26, 355-370.
[13] Ekman, P./Friesen, W.V. (1978), The facial action coding system (FACS) (A technique for the measurment of facial action), Palo Alto, CA: Consulting Psychologists Press.

halt sich nicht mit ihren Zielvorstellungen deckt. Durch diesen habituellen Ausdruck wirkt Barack Obama also dauerhaft als eine Person, die ihr Umfeld kritisch prüft und nicht mit dem einverstanden zu sein scheint, was geschieht. Es ist das Muster eines „ernst" zu nehmenden Menschen, der sich nicht durch den schönen Schein täuschen lässt. Das durch Action Unit 7 (Abbildung 3) bedingte Verengen der Augenöffnung signalisiert, dass er entschlossen ein Ziel anvisiert und/oder die Verursacher für den ausgedrückten Ärger fest im Blick hat.

Situationsanalyse – Diskrepanzen benennen und Besorgnis zeigen

Dieses habituelle Muster passt inhaltlich hervorragend zu den ersten Minuten der Rede zur Amtseinsetzungszeremonie „Inauguration speech". Hier zählt Präsident Obama eine Reihe von Problemen der amerikanischen Nation auf, die von der Nation als diskrepant zu dem (Ideal-) Bild erlebt werden, das die Nation von sich hat. Das Benennen von Sachverhalten, mit denen der amerikanische Bürger nicht zufrieden sein kann, ist Teil des emotionalen Skripts, nach dem die Rede von Präsident Obama aufgebaut ist. Es dient dazu sicherzustellen, dass der Zuhörer erkennt, dass der Redner die gleichen Probleme sieht und sie entsprechend bewertet. Der oben beschriebene mimische Ausdruck des Zusammenziehens der Augenbrauen lässt erkennen, dass der Präsident mit diesem Sachverhalt ganz und gar nicht einverstanden ist. Dieser mimische Ausdruck lässt die Situationsanalyse authentischer wirken, indem er signalisiert, dass auch der Präsident wirklich besorgt ist.

„Change" – eine Mischung aus Trauer, Enttäuschung und Ärger

An die Situationsanalyse schließen sich Phasen des Appells an die Zuhörer an, in denen die Nation nicht nur inhaltlich, sondern flankiert durch emotionale mimische Signale zu Änderungen aufgerufen wird. Die Wirkung dieser mimischen Signale wird durch ihre Platzierung in Sprechpausen markiert und akzentuiert.

Das im Beispiel auftretende mimische Signal besteht aus einem Zusammenpressen der Lippen und dem gleichzeitigen leichten Anheben des mittleren Teils der Augenbrauen. Der Gesamteindruck wird ergänzt durch die weiterhin sichtbaren vertikalen Falten auf der Stirn. Woraus sich ein facettenreiches emotionales Ausdrucksmuster ergibt, das für kurze Zeit sichtbar ist. Dieser mimische Ausdruck entspricht einer Mischung aus den Basisemotionen Enttäuschung und Ärger. Angemerkt sei, dass diese emotionalen Labels jeweils lediglich als Bezeichnungen für den Kern einer ganzen Emotionsfamilie zu verstehen sind, die z.B. beim Ärger von unbändiger Wut bis leichter Irritation reichen kann. Die Bestandteile der mimischen Ausdrucksmuster sind aber zu großen Teilen dieselben, die in ihrer Intensität variieren können und durch den Beobachter an Hand von Kontextmerkmalen genauer interpretiert werden.

Um das angesprochene Beispiel aus „Trauer und Ärger" in seiner emotionalen Wirkung auf die Zuschauer verstehen zu können, muss Wissen über die Funktion dieser Emotionen und insbesondere das zugehörige Bewertungsprofil herangezogen werden. Die Emotion „Trauer" wird als „schwach" bezeichnet, während „Ärger" als „starke" Emotion eingeordnet wird[14]. Die Unterscheidung nach stark und schwach basiert auf der Einschätzung, ob man sich selbst als ausreichend befähigt ansieht, an dem emotionsauslösenden Sachverhalt etwas zu ändern. Im Fall von Angst und Trauer ist das nicht der Fall, man flieht, zieht sich zurück und wird inaktiv. Der Ärger drückt die Gewissheit aus, dass man aus eigener Kraft etwas an der Situation ändern kann.

Eine Führungspersönlichkeit wird suggerieren, dass sie auf die Diskrepanz mit Entschlossenheit, Gewissheit und Selbstvertrauen reagiert. Zum Ärger korreliert in diesem Fall ein assertives Verhalten, dass die adäquate und zielgerichtete Umsetzung der angestrebten Ziele in einem gegebenen sozialen Umfeld beschreibt. Im mimischen Ausdruck korreliert diese Überzeugung mit dem Zusammenpressen der Lippen und dem Hochschieben der Unterlippe (Action Unit 24 und Action Unit 17 im FACS). Ein mimischer Ausdruck, der auch häufig von Präsident Clinton gezeigt wurde und am Ende seiner Stellungnahme zum Fall „Lewinsky" prototypisch zu beobachten war. Der mimische Ausdruck wird am Ende folgenden Satzes gezeigt und unterstreicht die Entschlossenheit des Präsidenten, all seine Kräfte gegen alle Hindernisse weiter für das amerikanische Volk zu arbeiten: „These allegations are false. And I need to go back to work for the American people. Thank you".

Oben wurde bereits betont, dass Emotionen nicht nur durch ein subjektives Gefühl gekennzeichnet sind, sondern dass sie auch eine starke motivationale Komponente beinhalten, die durch den Ausdruck der Emotion auch auf die Zuschauer übertragen werden kann. Es bietet sich hier die Möglichkeit über den Ausdruck der Emotion „Ärger", die ein hohes Änderungspotential auszeichnet, den von Barack Obama angestrebten „change" emotional zu untermauern und auch den Zuschauern das Gefühl zu geben, sie seien in der Lage, die Situation

---

[14] Fischer, A. H./Manstead, A. S. R. (2000), The relation between gender and emotion in different cultures, in: Fischer, A.H. (Hrsg.), Gender and emotion. Social psychological perspectives, Cambridge: Cambridge University Press.

der Nation zu ändern. Diese Übertragungsprozesse reichen von einfacher Anstekung bis hin zu differenziertem empathischen Miterleben (Definition weiter oben).

Die Mischung aus Trauer und Ärger ist in diesem Fall „gut gewählt", da die Trauer signalisiert, dass der Verlust des Idealbilds der Nation auch den Präsidenten als Mensch emotional beeinträchtigt. Die Trauer beinhaltet aber nicht nur eine Evaluation des Verlusts, sondern signalisiert auch den Wunsch, dass der alte Zustand wieder hergestellt werden soll. Zusammen genommen kann in diesem Fall eine hohe Solidarisierung zwischen Sender und Empfänger erwartet werden, da gleiche Ziele und Erwartungen zwischen Zuhörer und Redner angenommen und der gemeinsame Wunsch dies zu verändern. Trauer ist aber hinsichtlich des erlebten Potentials zur Veränderung („coping potential") als eher niedrig einzustufen, da es sich oft um als ausweglos erlebte, nicht veränderbare Situationen handelt. Dies würde zum Neuaufbruch einer Nation schlecht passen. Passender ist die kognitiv-emotional-motivationale Struktur des ebenfalls ausgedrückten Ärgermusters. Kognitiv ist das Ziel ebenfalls die Wiederherstellung einer starken Nation. Der Unterschied besteht aber darin, dass im Fall des Ärgers auch Hindernisse und Gegner gesehen werden, die für das Nichterreichen der Ziele verantwortlich zu machen sind (im Fall der Finanzkrise z.B. verantwortungslose Banker). Der Ärger unterscheidet sich von der Trauer aber vor allem dadurch, dass er signalisiert, dass der Sender (der Präsident und die mit ihm sich identifizierenden Anhänger) über ein hohes Potentials verfügen, die als misslich erlebte Situation zu ändern und auch über die Kraft verfügen, die als hinderlich wahrgenommenen Umstände auch zu ändern.

Schlussbetrachtung

Zuhörer davon zu überzeugen, dass eine Situation in einer bestimmten Art und Weise zu bewerten ist, gehört zu einem guten argumentativen Diskurs. Im Beispiel wird deutlich, dass der mimische Ausdruck die einzelnen Bewertungsschritte wiedergibt und sich damit dem Zuhörer und Zuschauer ein geschlossenes Bild aus auditiv und visuell semantischen Informationen bietet. Das bedeutet, dass die in Worten ausgedrückte Bewertung der Situation durch entsprechende mimische Zeichen visuell unterstützt und in ihrer Glaubwürdigkeit erhöht wird. Dieser Eindruck tritt auch deshalb verstärkt ein, weil die mimischen Zeichen eher beiläufig wahrgenommen werden, sich also weitgehend einer kritischen Reflektion durch den Zuschauer entziehen und nahezu „ungefiltert" ihre Wirkung entfalten können.

Einzelne Bewertungsschritte kulminieren in einem emotionalen Ausdruck, der als Label für die gesamte Beurteilung der Situation verstanden werden kann. Darüberhinaus sind Emotionen biologisch und kulturell tief verankerte Kommunikationsmittel, die grundlegende Motivsysteme der Menschen ansprechen und aktivieren können. Gelingt es dem Redner eine Emotion kognitiv konsensuell vorzubereiten und mit einigen wenigen mimisch-emotionalen Ausdrucksmustern zu markieren, wird die Solidarisierung und Aktivierung der Zuhörer durch die der Emotion zugehörigen biologisch und kulturellen Prozesse betrieben und verstärkt.

Emotionale Marker treten während des Redens als emotionale Illustration zu erwähnten Objekten oder Sachverhalten auf und entfalten dort ihre Wirkung auf den Zuschauer. Offensichtlicher und auch planbarer werden emotionale Marker in Pausen. Die Pause als Stilmittel betont die Relevanz des gerade Gesagten. Der emotionale Marker ergänzt die Pause um eine kognitive, emotionale und motivationale Differenzierung der gesandten Botschaft, die zusammenfassend die kognitive Analyse und Bewertung der Situation, die dadurch ausgelöste Emotion und die gewählte Handlungsalternative, Handlungsbereitschaft und Handlungsmacht signalisiert. Letzteres passt nahtlos zu der als Slogan vorgetragenen Suggestion „Yes we can".

Der Slogan alleine bleibt aber saft- und kraftlos, was Nachahmer bitter erfahren mussten, die versuchten diesen quasi kontextfrei zu nutzen (Beispiel: SPD Parteitag, Hubertus Heil). Er gewinnt seine Kraft aus der Einbettung in ein kognitiv, emotional und motivational stimmiges Szenario einer ausgeklügelten Wahlkampagne, die auf eine gemeinsam getragende Analyse der Situation, eine ähnliche Reaktion darauf und den Willen zur Veränderung abstellt. Dieses Szenario lässt sich, wie oben deutlich wurde, in jeder Rede durch den passenden Einsatz mimischer Signale emotional auf verschiedenen Skalierungsebenen wirksam flankieren.

Der Glaube der Zuhörer in die Fähigkeit des Präsidenten, Dinge ändern zu können, wird allerdings auch durch den religiösen Kontext gestärkt, in dem die US-amerikanische Nation lebt und deren Ideale ein Präsidentschaftskandidat makellos verkörpern muss, um die Stimmen der Wähler zu gewinnen.

Die stimmliche Qualität des Präsidenten Obama passt ebenfalls nahtlos in dieses Szenario. Sie suggeriert die Fähigkeit zur ruhigen, kompetenten Analyse, die flankiert durch den mimischen Ausdruck nicht als kalt erlebt wird. Letzteres erleichtert die Solidarisierung und Identifizierung mit dem Präsidenten und lässt vermuten, dass der Redner auch über das Potential verfügt, Dinge gemeinsam mit dem Bürger zu ändern.

Helena Flam & Caterina Rost

Barack Obama und das Jugendbeben[1]: Die Millennial Generation, die Top-Down Obama-Kampagne und Bottom-Up Aktivismus

Einleitung

Am 18. März 2008 lag Barack Obama in den Demokratischen Vorwahlen 161 Delegierte vor Hillary Rodham Clinton.[2] Dass die Spitzenkandidatin zu diesem Zeitpunkt hinter ihrem Herausforderer liegen würde, damit hätte Monate zuvor niemand gerechnet. In einer vielzitierten, historischen Rede, die Barack Obama an diesem Tag in Philadelphia hielt, betonte der Kandidat den entscheidenden Einfluss junger Menschen auf die Wahl: Ihre Einstellungen und Überzeugungen und ihre Offenheit zur Veränderung hätten bereits zu diesem Zeitpunkt Geschichte geschrieben (Philadelphia, 18.03.2008). In seiner Rede am Wahlabend Monate später unterstrich der dann designierte Präsident Barack Obama erneut die Rolle der jungen Menschen für den Erfolg seines Wahlkampfes: „[The campaign] grew strength from the young people, who reject the myth of their generation's apathy, who left their homes and their families for jobs that offered little pay and less sleep" (Chicago, 4.11.2008). Beide Zitate verdeutlichen, die enorme Bedeutung, die Obama selbst dieser Generation junger Amerikaner beimaß. Er bezog sich vor allem, aber nicht nur auf die vielen jungen Mitarbeiter und die

---

[1] Ein Großteil des vorliegenden Textes basiert auf der Magisterarbeit von Caterina Rost. Die Arbeit mit dem Titel „Youthquake 2008: Millennials, the Internet, and Partisan Mobilization in the U.S. Presidential Election" wurde am 12. Dezember 2008 eingereicht. Die Arbeit basiert auf einer Kombination von *participatory observation*, qualitativen Interviews und einer quantitativen Erfassung (soweit möglich) der Kampagnenaktivitäten.

[2] Nach der bis zu diesem Zeitpunkt letzten Vorwahl in Mississippi am 11. März 2008, hatte Clinton 1243 Delegierte und Obama 1404 (beide exklusive der Superdelegierten). Insgesamt benötigten beide Kandidaten 2118 Delegierte (inklusive Superdelegierte), um die Nominierung der Demokratischen Partei zu bekommen.

zahlreichen jungen Freiwilligen, die ihn unterstützt und seine Kampagne zu einem großen Teil getragen hatten, indem sie Tag für Tag unterwegs waren, um Wähler zu registrieren und sie davon zu überzeugen, für Obama zu stimmen. Die jungen Helfer waren im ganzen Land unterwegs, besonders in den heiß umkämpften so genannten *Swing States*, wie u.a. in Ohio.

Um am ersten Dienstag im November jedes vierten Jahres an der Präsidentschaftswahl teilnehmen zu können, müssen sich die potentiellen Wähler vorher registrieren lassen.[3] Kurz vor dem Ende der Registrierungsfrist im heiß umkämpften Bundesstaat Ohio herrschte in dem Universitätsstädtchen Athens im Südosten Ohios ein reges Treiben. Unzählige Studenten gingen von Tür zu Tür, um Wähler zu registrieren. Außerdem hatten sie eine Registrierungsstelle nahe des offiziellen Wahlbüros (*Election Board*) aufgebaut, zu der auf den Gehweg gemalte Tatzen führten, untermalt mit den Worten „Folge der Tatze – Wähle Obama" sowie dem Logo der Obama-Kampagne. Die Aufbruchsstimmung und der Enthusiasmus waren spürbar, aber nicht überall. Auf der gleichen Straße befand sich das Hauptquartier der lokalen Republikanischen Partei. Poster zierten die Wände und das Wahlkampfmaterial lag bereit, aber es war kaum jemand da, um das Material zu verteilen. Zwei Freiwillige waren im Keller und telefonierten mit potentiellen Wählern, ein weiterer füllte Briefumschläge mit Wahlkampfmaterial. Der junge Mann sprach offenherzig über den Wahlkampf und die Schwierigkeiten der Republikaner zu punkten. Auf die Frage nach den jungen Wählern, entgegnete er ohne zu zögern, dass wer sich für junge Wähler interessiere doch besser bei den Demokraten aufgehoben wäre.

Dieses Beispiel illustriert einen Gegensatz, der schon früh in der Kampagne ersichtlich war: Die Demokraten, allen voran Barack Obama, hatten die große Mehrheit der jungen Wähler auf ihrer Seite, so sehr, dass die Republikaner keinen Sinn darin sahen sich überhaupt um deren Stimmen zu bemühen. Im Folgenden werden wir zeigen, wie die Demokraten, Barack Obama und sein Wahlkampfteam die jungen Wähler – mittels Internet und Musik – für sich gewonnen haben. Nach einer kurzen Charakterisierung der gegenwärtigen Generation junger Wähler gehen wir auf die Struktur, die Strategie, die Rhetorik und die Musik der Obama-Kampagne ein, um danach zu zeigen wie sie Basisaktivismus inspirierte und eine Mehrheit der jungen Wähler davon überzeugte, den Senator aus Illinois zu wählen. Die zentrale Unterscheidung dabei ist die zwischen top-down und

---

[3] Die Frist ist von Bundesstaat zu Bundesstaat unterschiedlich, allerdings endet sie in den meisten Bundesstaaten 30 Tage vor der Wahl. In sieben Bundesstaaten gibt es *Election Day Registration*, d. h. man kann sich am Wahltag registrieren.

bottom-up Wahlkampf – wobei wir unter top-down Wahlkampf, den offiziellen Obama Wahlkampf meinen, der zentral vom Obama Team in Chicago gesteuert wurde, teilweise in Kooperation mit der Demokratischen Partei; als bottom-up Wahlkampf definieren wir Aktionismus und Initiativen, die nicht von der offiziellen Obama-Kampagne gesteuert wurden und auch nicht in Kooperation mit dieser entstanden.

Millennial Generation: Die jungen amerikanischen Wähler

Im Präsidentschaftswahlkampf Barack Obamas im Jahre 2008 standen die Jungwähler wie nie zuvor im Zentrum der Aufmerksamkeit. Obama setzte viele Ressourcen ein, um diese traditionell schwer zu mobilisierende Wählergruppe zu erreichen und als Wahlhelfer und Wähler zu rekrutieren. Um diese Fokussierung zu erklären, hilft es, sich die gegenwärtige Generation junger Wähler etwas genauer anzusehen.

Wenn Soziologen von Generationen sprechen, gehen sie davon aus, dass Individuen, die zu ungefähr derselben Zeit geboren worden sind, sich nach dem Spezifischen, von ihnen Erlebten in Gruppen einteilen lassen. Jede Generation wird durch spezifische Ereignisse, Erkenntnisse, Institutionen und Strukturen während ihres Heranwachsens geprägt. Die Frage der Bezeichnung und Größe einer Generation ist im Allgemeinen in der Retrospektive leichter zu beantworten. Die genaue zeitliche Grenzziehung zwischen den einzelnen Generationen ist zumeist strittig. Oft versuchen Wissenschaftler und Kommentatoren die Grenze an spezifischen, besonders prägenden Ereignissen festzumachen, wie zum Beispiel dem Vietnam Krieg, dem 11. September 2001 oder jüngst der Wahl von Barack Obama. Unter welchen Umständen die Mitglieder einer Generation aufwuchsen und welche Ereignisse sie prägten, hat einen entscheidenden Einfluss darauf, ob, wie und von wem eine Generation politisch mobilisiert werden kann.[4] Das Wissen darüber welche Kommunikationstechnologien Generationen nutzen, hilft effektivere Mobilisierungsstrategien zu entwickeln.

Die Generation, die für die Etablierung einer stabilen und zukunftsfähigen parteipolitischen Wählerkoalition eine entscheidende Rolle spielen könnte, ist die

---

[4] Die so genannte *Generational Effects Theory* hebt hervor, dass die zeitabhängigen Prägungen einen Einfluss auf die Intensität und Richtung der politischen Partizipation der jeweiligen Generation haben. Siehe z.B. Putnam, R. (2000), Bowling Alone, New York: Simon & Schuster Paperbacks; Patterson, T. (2002), The Vanishing Voter, New York: Vintage Books.

so genannte *Millennial Generation*.[5] Es gibt aber zahlreiche andere Begriffe, die Experten benutzen, um sich auf diese Generation zu beziehen, zum Beispiel *Generation Next* (*Pew Research Center*), *Generation Y* und neuerdings auch *Obama Generation*. Allerdings scheint sich der Begriff *Millennials* durchzusetzen. Zudem gibt es in der Literatur Unstimmigkeiten in Bezug auf die Geburtenjahrgänge, die dieser Generation zuzuordnen sind. Grob zusammengefasst gehören die Jahrgänge 1980 bis 2000 zur *Millennial Generation* – damit ist sie mit etwa 83 Millionen größer als die *Baby Boomer Generation*, die etwa 74 Millionen stark ist.[6] Abgesehen von der Begriffsfindung und der genauen zeitlichen Abgrenzung, können sich die Generationen-Analysten[7] jedoch auf viele Charakteristika einigen, die diese Generation zusammen halten und als solche kennzeichnen.

Die *Millennial Generation* ist politisch involviert, aktiv im Internet und ethnisch so facettenreich wie keine Generation vor ihr. Die *Millennials* sind also nicht nur zahlreicher als ihre Vorgängergenerationen, gleichzeitig sind sie politisch aktiver und interessierter.[8] Das birgt Potential und macht sie zu einer Generation, die bei der Wahl das Zünglein an der Waage sein kann. Vor allem für die Demokraten schien es vielversprechend die *Millennials* zu mobilisieren, da zahlreiche Studien vor der Präsidentschaftswahl zeigten, dass die *Millennial Generation* überwiegend zu den Demokraten tendiert, anders als ihre direkte Vorgängergeneration die *Generation X*, die überwiegend Republikanisch wählte.[9] Zahlreiche

---

[5] Dieser Begriff wurde geprägt von den Gründern der Marketing Firma *LifeCourse Associates* Neil Howe und William Strauss, die u.a. das Buch *Millennials Rising* (2000) geschrieben haben.

[6] Leyden, P. (22. März 2006), The Greatest Generation Yet: Preparing for the Millennial Generation's Impact on Politics, New Politics Institute Report; Leyden, P./Teixeira, R./Greenberg, E. (20. Juni 2007), The Progressive Politics of the Millennial Generation, New Politics Institute Report.

[7] Zum Beispiel die halbjährlich durchgeführte Befragung durch das *Harvard Institute of Politics* („Youth Survey on Politics and Public Service"), die Analysten von Peter Leyden (*New Politics Institute*) sowie die Studien des *Center for Information & Research on Civic Learning and Engagement* (*CIRCLE*).

[8] Pew Research Center (9. Januar 2007), How Young People View Their Lives, Futures, and Politics: A Portrait, Pew Research Center Survey Report (besonders die Grafik „Youth Interest in Politics: Then & Now").

[9] Das *Pew Research Center* untersuchte in einer Studie die Parteiidentifikation der 18 bis 29 Jährigen im Jahr 2008 und kam zu dem Ergebnis, dass 58% Demokraten sind bzw. zu den Demokraten tendieren, während sich nur 33% mit den Republikanern identifizieren (Keeter, S/Menasce Horowitz, J./Tyson, A. (28. April 2008), Gen Dems: The Party's Advantage Among Young Voters Widens, Pew Research Center Report).

Studien weisen außerdem darauf hin, dass das Internet, vor allem die sozialen Netzwerke wie *Facebook* und *MySpace*, ein geeignetes Instrument sind, um die Jungwähler mit politischen Botschaften zu erreichen und zu mobilisieren.[10] Obwohl nicht alle jungen Wähler politisiert und via Internet erreichbar sind, bot das Internet den beiden Präsidentschaftskampagnen zahlreiche Möglichkeiten, um diese Wählergruppe zu erreichen. Es war vor allem der Präsidentschaftskandidat Obama, der sich – dank einer frühzeitig geplanten, innovativen und optimal umgesetzten online Kampagne – mit besonderem Augenmerk an diese Wähler wandte. Gleichzeitig verzichtete er aber nicht auf die eher traditionellen Wahlkampfinstrumente, um junge Wähler zu mobilisieren.

Die Top-Down Obama-Kampagne: Struktur und Rhetorik

Struktur und Aufbau der Kampagne: Online & Jugendwahlkampf

Im politischen System der USA kann man nicht von parteipolitischem Wahlkampf im deutschen Sinne sprechen. Die amerikanischen Parteien sind nicht mit den deutschen Parteien vergleichbar. Sie lassen sich als eher lose Verbände charakterisieren, in denen es keinen Fraktionszwang gibt. Im Vergleich zu deutschen Abgeordneten und Kandidaten sind ihre amerikanischen Kollegen unabhängiger von ihrer jeweiligen Partei. Dieses Faktum allein hat einen massiven Einfluss auf die Struktur des Wahlkampfapparates. Die Kandidaten führen relativ unabhängig von ihrer Partei Wahlkampf, sie stampfen ihre Wahlkampfmaschine selbst aus dem Boden und erst in den letzten Monaten des Wahlkampfes, nach der offiziellen Nominierung der Kandidaten durch die Parteitage, werden sie durch die Parteizentrale unterstützt. Im Bereich der Jugendmobilisierung kommen dann auch die Jugendorganisationen der Parteien zum Tragen, aber zu diesem Zeitpunkt bilden sie nur noch eine Ergänzung zur individuellen Wahlkampfmaschinerie der Kandidaten. Daher muss der individuelle Wahlkampfapparat der Kandidaten bei einer Analyse der Mobilisierung junger Wähler für einen bestimmten Kandidaten im Mittelpunkt stehen.[11]

---

[10] Pew Research Center (9. Januar 2007), How Young People View Their Lives, Futures, and Politics: A Portrait, Pew Research Center Survey Report (besonders die Grafiken „Email and Beyond" und „Connecting Socially Through Technology").

[11] Die Strukturen der Parteizentralen, die vergleichbare Funktionen aufweisen, dürfen deshalb nur ergänzend Erwähnung finden, vor allem im Kontext von allgemeinen Pro-

Ein zentraler Teil der Wahlkampfmaschinerie in den USA sind die Mitarbeiter und freiwilligen Helfer. Anfang 2006 hat Barack Obama offiziell begonnen sein Wahlkampfteam zusammenzustellen. Schon die Zusammensetzung dieses Teams zeigt, wie viel Bedeutung er den jungen Wählern und der Online-Kommunikation beigemessen hat. Viele der angestellten Wahlkämpfer in den einzelnen Bundesstaaten und im Hauptquartier in Chicago waren unter 35 Jahre alt. Besonders interessant ist die Zusammenstellung und die Größe des Online-wahlkampfteams: Zu Beginn der Kampagne zählte das Onlineteam ca. 13 Mitarbeiter, unter denen sich der Kampagnenveteran Joe Rospers[12], die ehemalige CNN-Produzentin und Emmy Gewinnerin Kate Albright-Hanna und der Facebook-Veteran Chris Hughes befanden. Wie viele Mitarbeiter im Laufe der Kampagne noch dazu gekommen sind, blieb geheim. Zusätzlich zum Online-Outreach, setzte die Kampagne auf traditionelle Mobilisierungstechniken. Als nationale Youth Vote Directors organisierten Hans Riemer und Lee Arsenault junge Wähler im ganzen Land. Henry Kramer arbeitete als Verbindungsmann zu den Campusmedien und nach der offiziellen Nominierung Obamas als Präsidentschaftskandidat beim nationalen Parteitag entsendeten die College-Demokraten ihre geschäftsführende Direktorin Tamia Booker in Obamas Wahlkampfzentrale, um die Jugendmobilisierung auch mit der Parteijugend zu koordinieren. Auch für den offiziellen Studentenzweig der Kampagne *Students for Barack Obama* arbeiteten eine ganze Reihe von Mitarbeitern in der Wahlkampfzentrale und in den einzelnen Bundesstaaten.

Nicht nur die bezahlten Mitarbeiter, sondern auch die freiwilligen Helfer spielten eine entscheidende Rolle in der Obama-Kampagne. Frühzeitig etablierte das Hauptquartier in Chicago Strukturen, um den Zuspruch und Enthusiasmus, vor allem von jungen Amerikanern, für die Kampagne nutzbar zu machen. Im so genannten *Camp Obama* wurden Freiwillige geschult, um Obama so effektiv wie möglich zu unterstützen. Obwohl es keine offiziellen Zahlen gibt, ist schwer von der Hand zu weisen, dass ein Großteil der Teilnehmer von *Camp Obama* junge Leute waren. Interessierte mussten sich auf der Kampagnenwebseite für die Teilnahme an den Camps bewerben, inklusive Referenzen und Begründung warum man Obama unterstützt. Kurz vor der Wahl fanden vor allem in den entscheidenden *Swing States* unzählige Schulungen statt, für die Freiwillige aus anderen

---

grammen zur Mobilisierung junger Wähler, die nicht auf einen bestimmten Kandidaten zugeschnitten sind und langfristiger geplant und umgesetzt werden.

[12] Rospers hatte schon für Howard Dean gearbeitet. Dean war Kandidat der Demokraten in den Vorwahlen 2004, wurde aber von John Kerry geschlagen. Von 2005 bis zur Amtseinführung von Barack Obama war Dean außerdem der Vorsitzende der Demokratischen Partei.

Bundesstaaten anreisten, um dann im jeweiligen *Swing State* die Wähler zu mobilisieren (so genannte *Turn out the vote* Programme). Ein junger College-Demokrat aus Chicago betonte, wie wichtig es gewesen sei, dass die Obama-Kampagne alle Partizipationsmöglichkeiten als Praktika wertete und den Freiwilligen dafür Zeugnisse ausstellte. Ohne die Vielzahl junger Freiwilliger hätte die Obama-Kampagne vor allem in den Vorwahlen nicht so erfolgreich die Wähler und *Caucus*-Teilnehmer für sich mobilisieren können.

Neben der traditionellen Kampagne spielte der Onlinewahlkampf eine nicht zu unterschätzende Rolle, besonders im Kontext der Jugendmobilisierung. Der Unterschied zwischen dem massiven Onlinewahlkampf von Barack Obama und dem im Vergleich so gut wie nichtexistenten von John McCain war enorm. Obamas Onlinewahlkampf war breit angelegt, begann frühzeitig und stieß auf jede Menge Gegenliebe von Seiten der Online-Aktivisten. Die Webseite der Wahlkampagne fungierte im Prinzip als online Wahlkampfhauptquartier, darin eingebunden war auch das kampagneneigene, digitale soziale Netzwerk *mybarackobama.com*. Das Netzwerk war direkt angepasst an die Bedürfnisse einer politischen Kampagne: Die Mitglieder konnten Wahlkampfveranstaltungen in ihrer Nähe finden, ihr eigenes Fundraising-Barometer erstellen und Anleitungen zum Mitarbeiten in der Kampagne herunterladen. Besonders im Bereich Wahlkampfspenden hat das Internet den Wahlkampf revolutioniert. Von den $639 Millionen, die Obama an Spenden eingenommen hat, wurden $500 Millionen online gespendet.[13] Auch die Aktivitäten in zahlreichen anderen sozialen Netzwerken im Internet können als erfolgreich gewertet werden, obwohl der Erfolg im Vergleich zu den Onlinespenden um ein Vielfaches schwerer messbar ist. Unter der Überschrift „Obama Überall" auf der Kampagnenwebseite, waren alle Links zu Obama Profilen auf über fünfzehn sozialen Netzwerk Webseiten aufgeführt. Zu den wohl am einflussreichsten zählten Facebook, YouTube und Flickr. Facebook war der Entstehungsort von *Students for Barack Obama*, einer Organisation, die als Facebook Gruppe auf Basisebene begann und später ein offizieller Teil der Obama Kampagne wurde. Über die Online-Videoplattform YouTube haben etliche Millionen die 1824 Videos angesehen, die von der Obama Kampagne bis zum Wahltag hochgeladen wurden. Der offizielle Obama YouTube Kanal wurde bis zum 4. November knapp 20 Millionen Mal angeklickt. Laut einer im Oktober 2008 durchgeführten Analyse von David Burch von der Webseite *tubemogul.com* wurden über die Obama YouTube Präsenz ca. 14.5 Millionen Stunden Wahl-

---

[13] Vargas, J. S. (20. November 2008), Obama Raised Half a Billion Online, in: Washington Post.

kampfvideos angeschaut, während der McCain YouTube Kanal nur knapp 0.5 Millionen Stunden gesehen wurde. Der Demokratische Berater Joe Trippi schätze, dass diese Sendezeit auf einem Medienmarkt wie dem von Denver ca. $50 Millionen gekostet hätte.[14] Für die Bedeutung des Fotonetzwerkes Flickr spricht vor allem ein Beispiel, das zwar nach der Wahl stattfand, aber sehr gut verdeutlicht, wie stark dieses Netzwerk die Berichterstattung prägte: Die Kampagne veröffentlichte über Flickr Backstagefotos der Obamas, die zeigten wie sie mit dem Vizepräsidentschaftskandidat Joe Biden und seiner Familie gemeinsam die Berichterstattung und Hochrechnungen am Wahlabend verfolgten. Diese Fotos wurden wenig später von zahlreichen Fernsehsendern benutzt. Auf ähnliche Weise hatte die Obama Kampagne über die Internetseite Flickr auch die Berichterstattung vor dem Wahltag beeinflusst.

Bei den nationalen Parteitagen der Republikaner und Demokraten war der Unterschied in ihrem Umgang mit jungen Wählern ebenfalls offensichtlich. Während die College-Demokraten parallel zum nationalen Parteitag ihren eigenen Parteitag organisierten und das *Youth Council* der Demokratischen Partei ein substantielles und individuelles Programm nur für junge Demokraten und Delegierte anbot, konnte man beim Republikanischen Parteitag junge Republikaner nur vereinzelt ausmachen. Neben den College-Demokraten war auch die Obama-Kampagne in Denver aktiv und bot Wahlkampf-Workshops für die Parteijugend an, um diese effektiv in die Kampagne einzubinden. In Kooperation mit den *Students for Barack Obama* sowie der Youth Outreach Koordinatorin der Obama Kampagne, Lee Arsenault, hielten die College-Demokraten bspw. die Strategie Session „Moving Forward in 08" für die Delegierten der College-Demokraten ab. Zusätzlich zur Mobilisierung der eigenen Unterstützer für die Obama Kampagne beinhaltete das Programm für die jungen Demokraten auch zahlreiche Programmpunkte, die sie dazu motivieren sollten, selbst für politische Ämter zu kandidieren. Voller Stolz präsentierten die Demokraten außerdem detaillierte Statistiken über ihre Delegierten, die offenlegten, dass 16% der insgesamt 4419 demokratischen Delegierten unter 35 Jahren alt waren. Beim Republikanischem Parteitag war die Partizipation der Jugend weniger offensichtlich: Es gab kein auf sie zugeschnittenes Programm, sondern nur vereinzelte Veranstaltungen, und

---

[14] Sifry, M. L. (24. Oktober 2008), How Much is YouTube Worth to Obama and McCain?, auf: techpresident.com.

auch die Statistiken, wie viele der Republikanischen Delegierten unter 35 Jahren waren, wurden nicht veröffentlicht.[15]

Nach dem nationalen Parteitag konnten die Jugendorganisationen der Demokraten die Kampagne von Barack Obama offiziell unterstützen. Strukturell und auf lange Sicht gesehen haben sich die Demokraten im Vergleich zu den Republikanern aktiver bemüht die Jugend in die Parteistruktur einzubinden. Auf beiden Seiten gibt es jeweils zwei vergleichbare Jugendorganisationen, eine für junge Amerikaner allgemein, die *Young Democrats of America* und die *Young Republican Federation*, sowie eine Organisation spezifisch für Studierende, die *College Democrats of America* und die *National Federation of College Republicans*. Die Unterschiede der parteilichen Jugendeinbindung, -organisation und -mobilisierung liegen im Detail. So hat die Demokratische Partei bspw. im Jahr 2005 das *DNC Youth Council* gegründet, um die Einbindung der Jugendorganisationen in das *Democratic National Committee (DNC)* zu verbessern. Beim *Republican National Committee (RNC)* gibt es keine vergleichbare Institution. Auf direkte Nachfrage beim RNC stellte sich auch heraus, dass zumindest zu diesem Zeitpunkt (Oktober 2008) kein Mitarbeiter im republikanischen Hauptquartier hauptamtlich für die Jugend zuständig war. Diese strukturellen Gegebenheiten sind nicht nur für die langfristige Ausrichtung der Partei von Bedeutung, sondern sie spielen auch für individuelle Kampagnen eine Rolle. Wenn bereits ausgeprägte Strukturen vorhanden sind, ist es einfacher für einzelne Kandidaten, diese auch für ihren Wahlkampf zu nutzen.

---

[15] Die College-Republikaner sponserten außerdem die Teilnahme am Parteitag für 40 College-Republikaner. Um unter die Ausgewählten vierzig zu kommen, konnten die College-Republikaner Punkte sammeln, indem sie aktiv das eigene soziale Netzwerk der Parteijugend, genannt *Storm*, auf der Webseite der Nationalen Föderation der College-Republikaner benutzten. Es spricht Bände, dass unter den Gewinnern der progressive Blogger und Demokrat Michael Connery war. Connery ist außerdem Autor des 2008 erschienen Buches *Youth to Power: How today's young voters are building tomorrow's progressive majority*.

Obamas Reden[16]: Die Botschaft der Kampagne

Nicht nur via Internet, direkter Rekrutierung für seine Kampagne oder über die Jugendorganisationen versuchte Obama die Jugend für sich zu gewinnen und zur Teilnahme am Wahlkampf und an den Wahlen zu mobilisieren. Auch in seinen Reden wandte er sich – manchmal sogar direkt – an die jungen Wähler, die er von ihrer Einmaligkeit als Generation und von ihrer historischen Rolle als Retter Amerikas zu überzeugen versuchte:

> This union may never be perfect, but this generation has shown that it can always be perfected, and today whenever I find myself being doubtful or cynical about this possibility, what gives me the most hope is the next generation. The young people whose attitudes and beliefs and openness to change have already made history in this election. (Philadelphia, 18.03.2008)

Egal woher sie kämen oder wozu sie sich bekennen, sie seien Amerikaner und stünden vor einer äußerst schwierigen, aber glorreichen Herausforderung, bei einer längst überfälligen gesamtgesellschaftlichen Wende mitzuwirken und dadurch Amerikas weiteren Zerfall zu verhindern. Sollten sie ihre Opferbereitschaft unter Beweis stellen und sich aus Anstand, Barmherzigkeit, und Großzügigkeit zusammentun, würden sie als Träger der glanzvollen amerikanischen Werte eine Brücke zwischen der Gründergeneration und den Zukunftsgenerationen schlagen und den amerikanischen Traum, das amerikanische Versprechen – das Recht eines Jeden auf ein anständiges, freies, sicheres, erfolgreiches, mit Freude erfülltes Leben – retten. Nichts weniger als der Einsatz für Freiheit, Demokratie und ökonomischen Wohlstand sei gefragt. Nichts weniger als ein schwieriger Kampf, aber desto glorreicher sei der in Aussicht gestellte Sieg. In praktisch jeder Rede forderte Obama die „gegenwärtige Generation", die Amerikaner, die Wähler

---

[16] Diese Zusammenfassung basiert auf der Analyse von den folgenden 8 Obama-Reden: Boston, 27. Juli 2004; Springfield, 10. Februar 2007; Nashua, 8. Januar 2008; Washington D.C., 18. Januar 2008; Philadelphia, 18. März 2008; Denver, 18. August 2008; Chicago, 4. November 2008; Washington D.C., 20. Januar 2009.
Normalerweise wird der Bostoner sowie der Chicagoer Rede große Resonanz zugeschrieben. Unser Text zeigt, dass auch die New Hampshire-Rede vom 8.Januar 2008 sehr wichtig war, da gerade diese den Rapper Will.I.Am so beeindruckt hat, dass er ihr ganzes Ende vertonte und als Videoclip herausbrachte, womit er Millionen von Rappern, Hip-Hoppern und anderen Jugendlichen für Obama begeisterte und auf diese Weise zu seinem Wahlerfolg beigetragen hatte. Siehe weiter unten.

usw. auf, den Zynismus, die Apathie, die Zweifel und die Ängste hinter sich zu lassen, um mit neuer Hoffnung der Zukunft entgegen zu blicken. Dieses Mal sollte es anders werden – die Versprechen der Wahlkampagne gehalten, Hoffnungen erweckt und nicht enttäuscht werden.

Hoffnung war das Leitgefühl der Obama Kampagne, Einheit („one united nation") bzw. Perfektionierung („a more perfect union") sein Leitmotiv. Wiederholt forderte Obama die Wähler auf, sich wie eine vereinte, große Nation zu benehmen, den Egoismus, sowie Ressentiments und Rassenhass hinter sich zu lassen. Mit ihren Stimmen sollten die (jungen) Wähler zeigen, dass es nur eine einzige US-amerikanische Nation gibt, in der es keine „jungen und alten, reiche und arme, Demokratische und Republikanische, schwarze und weiße, hispanische, asiatische und indianische, schwule und heterosexuelle, behinderte und nicht behinderte…" Individuen gibt, keine roten oder blauen Staaten, sondern nur die Vereinten Staaten von Amerika (Chicago, 4.11.2008).

Für ihn als Präsidenten zu stimmen, sollte heißen sich gegen den Zynismus, die Menschenverachtung, die Korruption und die Verantwortungslosigkeit der Washingtoner Politik der Reichen und Lobbyisten zu engagieren. In jeder Rede stellte Obama seine Vision des großen, mächtigen, weltweit respektierten Amerika vor, in dem Anstand, Großzügigkeit und ein Gefühl der Sicherheit wieder herrschen, alle wieder ihre Träume verwirklichen können und eine Chance auf Erfolg haben sollten.[17]

Obama appellierte an die (nicht nur jungen) Wähler, sich auf die amerikanischen Werte wie harte Arbeit, Unternehmergeist, Beharrlichkeit, Aufopferungsbereitschaft, Anstand, Freiheit, Vielfalt, Toleranz oder Glauben an die Kraft einfacher Träume zu besinnen. Dabei stützte er sich auf die amerikanische Populärkultur. Seine Reden folgen dem Grundmuster moralischer Erneuerungsreden, in denen er sich im klassischen Einwanderungsland USA als patriotisches, Amerikabegeistertes Migratenkind und Erbe der Gründungsväter zu legitimieren sucht. Sie lassen sich gleichzeitig als Exzerpte aus Mission Impossible[18], Superman oder

---

[17] In diesem Amerika würde die Wirtschaft wieder gesund, die Arbeitslosigkeit reduziert und Konzerne, die ins Ausland zögen, bekämen keine Steuerentlastungen mehr. Harte Arbeit würde mit Erfolg und sozialem Aufstieg gekrönt; jedes Kind bekäme eine gute Ausbildung, die Eltern müssten nicht um ihre Jobs, Schulden, Häuser und die Ausbildung ihrer Kinder bangen; die Öl-Abhängigkeit würde reduziert und durch erneuerbare Energiequellen ersetzt; die amerikanischen Soldaten würden nicht durch ihre Regierung im Stich gelassen, sondern mit mehr Soldaten unterstützt und ein sinnloser Krieg würde beendet.

[18] Unterstützer haben sogar T-Shirts entworfen, auf denen neben dem Bild eines lässigen, coolen Obama die Aufschrift „Mission Possible" stand.

Batman lesen. In einer Rede spricht er vom „improbable quest" (Springfield, 10.02.2007) – dank des äußerst populären Liedes, das mit den Worten „[t]o dream the impossible dream"[19] beginnt, wird dieser Ausdruck nicht nur mit verfilmten kosmischen Rettungsaktionen, sondern auch mit dem unbesiegbaren Idealismus Don Quijotes assoziiert. Gleichzeitig lässt sich die Assoziation mit Martin Luther Kings „I have a dream" nicht vermeiden.

Seine Reden bestechen durch das mühelose, kreative Zusammenfügen von unterschiedlichsten Quellen und Frames. Seine New Hampshire-Rede zum Beispiel endet mit „we are one people; we are one nation; and together, we will begin the next great chapter in the American story with three words that will ring from coast to coast; from sea to shining sea – Yes. We. Can." (Nashua, 8. Januar 2008). Mit Hilfe von bloß drei Zeilen gelingt es ihm zahlreiche Gefühle, Ideen, Werte und Erwartungen zu vermitteln sowie die unterschiedlichsten Publikumsteile anzusprechen: Sein Glaube an und zugleich (s)ein Ruf nach der vereinten Nation; die Herausforderung und (s)ein Versprechen der glorreichen Erneuerung; romantischer Patriotismus, der mit Hilfe eines Zitates aus dem beliebten Nationallied „America the Beautiful"[20] an den gemeinsamen Stolz und die Ehrfurcht vor seiner Schönheit „from coast to coast: from sea to shining sea" erinnert, sowie Solidarität mit der amerikanischen Landarbeiterbewegung schafft, die seit 1972 den Kampfruf „Yes, we can" / „Si se puede" verwendet – ein Kampfruf der übrigens auch allgemein enorme Popularität genießt.

Seine Reden porträtieren die Lage Amerikas als eine dramatische Notlage, die nach einer Mission, inklusive ihrer Helden und deren beeindruckende Heldentaten, ruft. Obama zu wählen, sich vor Ort zu engagieren, Großzügigkeit und Anstand zu zeigen, sich mit anderen zusammen zu tun, kommt einer Heldentat gleich. Sich für das Land – Jobs, Schulen, nationale Krankenversicherung – mit ihm als Präsidentschaftskandidaten und als Präsidenten einzusetzen, wird zu einer kosmischen Odyssee. Ohne Zweifel lässt sich sagen, dass dieses Versprechen des Heldentums für seine Wähler genauso attraktiv ist wie das der nationalen Einheit.

Wie einst die Gründungsväter der amerikanischen Nation, so verfolgt heute auch Obama die Vision der perfekten Einheit. Dezidiert lehnt er angesichts der dramatischen Lage Amerikas – innen- und außenpolitisch – das Betonen der

---

[19] Siehe Ende des Artikels für den Text.

[20] Dieses mehr als hundert Jahre alte Lied wurde bereits von vielen prominenten Sängern an den wichtigsten Feiertagen zusammen mit oder anstelle der Nationalhymne gesungen. Es wurde auch mehrmals als neue Nationalhymne vorgeschlagen. 2001 und danach war es auch in den Charts zu finden.

Konfliktlinien ab. Damit möchte er sie nicht verleugnen, sondern, statt sie nur für kurzfristige, zynisch-politische Zwecke, zum Beispiel Rassismus, schwarze Wut oder weiße Ressentiments zu instrumentalisieren, lieber ernsthaft ihre wahre Ursachen diskutieren. Aber v.a. geht es ihm darum, dass diese Konflikte dem Ziel der nationalen Einheit und Erneuerung nicht im Wege stehen: „[…] I believe deeply that we cannot solve the challenges of our time unless we solve them together, unless we perfect our union by understanding that we may have different stories, but we hold common hopes […] this nation is more than the sum of its parts – […] out of many, we are truly one." (Philadelphia, 18.03.2008).

So wie die Gründer- und darauf folgende Generationen, sieht er sich als Immigrant, der das unglaubliche Glück hat(te) den amerikanischen Traum zu leben. Es ist sein innigster Wunsch, dass alle Immigranten die USA als ihr Land und alle Staatsbürger die USA als das gemeinsame, vereinte „Land der unbegrenzten Möglichkeiten" sehen und an dieses Land und ihn als Präsidentschaftskandidaten fest glauben. Unermüdlich spricht er von seiner Vision, der Möglichkeit der „one united nation", der „more perfect union" oder der „perfected union". Diese Vision möchte er mit dem amerikanischen Volk an seiner Seite verwirklichen – das ist *sein* amerikanischer Traum.

Wie wir im Folgenden zeigen werden, war es v.a. die Vision der nationalen Einheit und der politischen Wende die bei Jugendlichen aller Art, aber v.a. bei Rappern und Hip-Hoppern auf Zuspruch stieß. In Songs, Gedichten und Videoclips haben sie ihre Zustimmung und Hoffnung geäußert. Die berühmtesten Videoclips haben die Botschaft des Präsidentschaftskandidaten bei Millionen von Zuschauern bekannt gemacht und zu seinem Wahlerfolg beigetragen.

Bottom-Up Aktivismus: *Yes We Can* Have a *Crush on Obama*

Einflussreiche Wahlkampfaktivitäten, die zwar von der Obama-Kampagne inspiriert waren, aber weder von ihr gesteuert wurden, noch in Kooperation mit ihr entstanden, begleiteten und verstärkten seine Kampagne. Der so genannte bottom-up Aktivismus nutzte vor allem das Instrument Internet und die Medien Musik und Video. Die Aktivisten kann man keiner einzelnen Gruppe zuordnen – sie waren Künstler, Komiker, Studenten, Hausfrauen und vieles mehr.

Obwohl es zahlreiche andere Beispiele für die bottom-up[21] Mobilisierung der *Obama for President*-Kampagne gibt, können hier nur einige wenige Beispiele

---

[21] Obwohl weder top-down noch bottom-up, muss „Homer Simpson Votes for Obama" als Beitrag zu Obamas Popularität mit erwähnt werden! In diesem Video versucht Homer sich

detailliert dargestellt werden. Die Bespiele zeigen, wie sich die junge Generation in die Obama-Kampagne eingebracht hat: Obama Girl steht für eine Kampagne, die wahrscheinlich vorwiegend „barely political" bzw. überwiegend unpolitisch über die Existenz Obamas informierte, aber dadurch eben auch politisch weniger interessierte Jugendliche auf eine unterhaltsame Art und Weise und unter der Verwendung von Elementen der amerikanischen Populärkultur über die Kampagne Obamas auf dem Laufenden hielt. Das zweite Beispiel stellt u.a. einen durch den Emmy Award preisgekrönten Song dar, der aus einer Rede Obamas lange Ausschnitte zitiert und der von dem Rapper Will.I.Am komponiert wurde. Der schwarz-weiß Clip, der die multikulturelle amerikanische Gesellschaft im Hip-Hop- und call-and-response-Stil bejubelt und von über 30 Musikern, Sängern und Schauspielern unterschiedlichster Hautfarbe gesungen wird, wurde auf *dipdive.com* und YouTube veröffentlicht. Später haben die puertorikanisch-amerikanischen Mitglieder der Band *Black Eyed Peas*, bei der Will.I.Am Frontmann ist, den Text auch ins Spanische übersetzt – dieser wurde dann online sowohl auf Englisch als auch auf Spanisch viral verbreitet. Aufgrund der weitreichenden viralen Verbreitung lässt sich schlussfolgern, dass der Song nicht nur Rapper und Hip-Hopper, sondern auch Mitglieder der 68-Generation, Feministinnen sowie viele spanischsprachige Jugendliche und mexikanische Feldarbeiter erreicht hat. Es bleibt festzuhalten, dass Obama der jungen amerikanischen Landarbeiterbewegung zwar den Slogan „Yes we can" / „Sí se puede" gestohlen, ihnen aber dafür Hoffnung zurückgegeben hat.

---

für die Wende mit seiner Stimme einzusetzen, dies misslingt aber, da die Wahl (*so wie die vorigen*) durch den high-tech Wahlautomaten gefälscht wurde (deebold08 (29. September 2008), Homer Simpson tries to vote for Obama, auf: youtube.com). Als ein weiteres sehr witziges bottom-up Beispiel lässt sich auch der Obama Lama Song erwähnen: „One Obama, two Obama, three Obama, four Obama, hot Obama, vote Barrack Obama, wish him luck, hang with Ludacris Obama, Jewish yarmulkah Obama, he'll be our next president, Obama, llama, duck, we're tired of our president, everyone hates him, he put us in sour fruit and Cheney shot his friend, but now that guy is leaving town, and life will have less suck, time for him to retire now and become a duck, did you ever see Obama, kiss Obama, on Obama, mama of Obama, wish Barack Obama luck, power man of steel Obama, young Obama, hip Obama, fun-time at the beach, Barack Obama, llama, duck I'm scared of Republicans, they say they want change, but then they say they want to stay the same and then it hurts my brain, I'll crash into a voting booth, I proudly proclaim, I will not go left or right I will vote for change." (vlogbrothers (26. September 2008), Obama Llama Song, auf: youtube.com)

Obama Girl: Die Designstudentin wird zur wahlkämpfenden Popkultur-Ikone

Obama Girl wurde mit dem Musik-Video „Crush on Obama"[22] bekannt, welches im Juni 2007 im Internet, speziell auf YouTube, veröffentlicht wurde. Bald danach hatten fünf Millionen Menschen den Clip angeklickt, bis zu den Wahlen waren es dann fast elf Millionen.[23] In späteren Interviews mit der Darstellerin behaupteten die Journalisten, dass Obama Girl Obamas Kampagne mit eröffnet und zu seinem Erfolg entscheidend beigetragen habe.[24] Ihre Clips wurden nicht nur von Millionen gesehen, sondern haben auch Tausende dazu bewegt, ihre eigenen Obama-Clips zu produzieren und online zu stellen.

In „Crush on Obama" wird gezeigt, wie eine junge, sehr attraktive Frau (Obama Girl), sich in den gut aussehenden Obama verguckt und sich aus diesem Grund für ihn als Präsidentschaftskandidaten entscheidet. Wie Obama Girl selbst mit Hilfe eines melodischen Pop-Ohrwurms erzählt, wurde sie durch die Wahlniederlage Kerrys 2004 enttäuscht, doch hat sie in Obama nun wieder Hoffnung gefunden. Obama-Bilder, Szenen der Wahlkampagne im Hintergrund und der häufige Hinweis auf Hoffnung, eine Emotion die Obamas Wahlkampagne umhüllte, sind das Einzige, dass dieses sonst völlig apolitische Video, das in New Yorks Straßen, der Metro, dem Park, sowie dem Büro und der Wohnung Obama Girls gedreht wurde, mit Obamas Kampagne verbindet. In einer Szene tanzt Obama Girl im Bikini neben einem lebensgroßen Foto von Obama, auf welchem er in Badeshorts die Brandung entlang läuft und sein Six-Pack zur Schau stellt. Wenn sie in Teenager-Manier Obama-Wandposter küsst, sieht man v.a. ihre „red hot pants", auf deren Rückseite „OBAMA" steht. Der Bikini und das Höschen sind nicht die einzigen knappen Kleidungsstücke, welche in dem Video getragen werden – sie zeigt sich zum Beispiel auch in High-Heels und einem sehr engen T-Shirt, das mit Obamas Gesicht, einem Herz und der Aufschrift „I got a crush on Obama" bedruckt ist. Wiederholt singt sie lobend „baby, you are the best candidate" und – träumend, witzig, aber dezidiert – bietet sich an: „you can love and you can fight, you can barack me tonight".

Der Sexappeal von Obama Girl wird in jeder Szene des Videos betont. Das Ganze ist im Stil eines kommerziell erfolgreichen R&B Videos gehalten. Von der

---

[22] barelypolitical (13. Juni 2007), Crush on Obama, auf: youtube.com.

[23] barelypolitical (11. Februar 2008), Obama Girl on MSNBC, auf: youtube.com.

[24] mak/AFP (5. November 2008), YouTube-Wahlhelferin: Obama Girl will Dankeschön, auf: spiegel.de.

Ästhetik und Inszenierung her erinnert es an echte Musikvideos, was den Eindruck kreiert, dass es sich tatsächlich um eine MTV- oder ähnliche Sendung handelt, die an die Jugendlichen adressiert ist, die sich bloß für Musik, Sex bzw. Liebe interessieren. Abweichend von dem üblichen Muster ist allerdings, dass es sich um Musik, Sex und Liebe im Einsatz für Politik handelt. In einer Werbung für Obama Girl heißt es: „Findest Du Zeitungen verwirrend? Fernseher zu kompliziert? Dann brauchst Du *barelypolitical.com* […] es ist (gebühren)frei […] und wirft Politik, Mädchen und Witze zusammen."[25]

Während des Präsidentschaftswahlkampfes wurden nach dem sofortigen Erfolg von „Crush on Obama" ca. 100 weitere Episoden[26] von Obama Girl produziert, in denen sie den Wahlkampf begleitet und auf bestimmte Wendungen im Wahlkampf eingeht. Im Video „Obama Girl Returns for Iowa (Why Obama Won)"[27], wird Obama Girl gerufen, um etwas gegen den Vorsprung von Hillary Clinton in den Vorwahlen zu unternehmen. Obama Girl wird von Truman Girl aufgefordert, ihr Versteck zu verlassen, und Obama zu unterstützen. Dafür trainiert sie unter den wachsamen Augen ihrer Managerin Truman Girl in einer Boxhalle und als sie soweit ist, läuft sie mühelos eine Treppe hinab, wie einst Rocky, um anschließend, trotz der Entführung von Truman Girl und zahlreicher Agenten, die sie beseitigen muss, Obama zum Sieg zu verhelfen. In diesem Video werden Anleihen vor allem aus Kino-Filmen à la Rocky, Superman, Matrix und Bruce Lee genommen, in anderen zum Beispiel aus der Fernsehserie Hulk. In „Super Obama Girl: The End"[28] ist sie Superwoman, die zu Beginn auf ihre Superkräfte verzichtet (und in einer Bar von einer älteren gegnerischen Frau, die über Obama bzw. Demokraten schimpft, geschlagen wird), aber dann, um Obama zu helfen, diese zurückfordert. Superman-ähnlich fliegt sie allein oder mit Obama durch die Luft, und besiegt (nicht nur dieselbe gegnerische Frau, sondern auch) das Böse in Form der anderen Kandidaten und Republikanischer Politiker. In noch einem Clip hat sie ein Song- und Danceoff, sowie eine Kissenschlacht mit Giuliani Girl. In weiteren Clips parodiert sie Sarah Palin. Außerdem ist Obama Girl wiederum mit anderen Präsidentschaftskandidaten zu sehen, die sie für die Obama Kampagne gewinnen will, oder umgekehrt, in denen sie von den Kandidaten Mike Gravel und Ralph Nader hofiert wird, damit sie die Seite wechselt

---

[25] barelypolitical (2. Februar 2008), Girls! Politics! Wow! That's Amazing, auf: youtube.com
[26] Laut den E-Mails des Produzenten selbst (17. und 18.02.2010). Vgl. barelypolitical (10. Juni 2007), Playlist Obama Girl, auf: youtube.com.
[27] barelypolitical (2. Januar 2008), Obama Girl Returns for Iowa (Why Obama Won), auf: youtube.com.
[28] barelypolitical (26. Februar 2008), Super Obama Girl: The End, auf: youtube.com.

und für sie statt für Obama Wahlkampf macht.[29] Doch bleibt sie Obama stets treu und durch ihre Superheldenkraft „Hope" verhilft sie Obama letztlich zur Präsidentschaft.

Obama Girl nimmt nicht nur vielfach Anleihen aus amerikanischen Filmen, viele ihrer Songs wurden auch von bekannten Musikern geschrieben oder (mit)gesungen. Patriotismus[30] wird betont – die amerikanische Flagge und andere bekannte Nationalsymbole kommen sehr oft vor und sogar das Logo des Produzenten von *barelypolitical.com* ist an die amerikanische Flagge angelehnt. An das politische Programm Obamas wird grundsätzlich nicht angeknüpft. Eine Ausnahme scheint das Video mit dem Refrain „You wanna be with me? Save your energy" zu sein.[31] Allgemeinen politischen Themen wendet sich Obama Girl eher selten zu. Hierbei zu nennen sind 6 lustige „Obama Girl vs. McCain Girl Olympics" Episoden in denen politische Themen oder Wahlkampfziele innerhalb verschiedener (oft an Kinderspiele erinnernden) Wettkämpfe thematisiert werden: Die Frage ist zum Beispiel, ob Obama Girl oder ihre Gegnerin bei „Shotput: Tossing Illegal Immigrants", „Summit Negotiation: Foreign Relations", „Tug of War: Swaying Undecided Voter" und – hier besonders relevant – „Try[ing] to Catch Youth Vote: Catching a Difficult Demographic" gewinnt.[32] In diesen Episoden werden u.a. die Doppelmoral bzw. das Taktieren der politischen Parteien und die Feigheit der Journalisten, welche die politischen Täuschungsmanöver der Parteien unkritisch hinnehmen, ausgelacht. Ansonsten beschränkt sich die Botschaft

---

[29] Ibidem: Debate '08: Obama Girl vs. Giuliani Girl (16. Juli 2007), The REAL Sarah Palin (30. September 2008), Senator Gravel Lobbies Obama Girl! The music video! (7. May 2008), Obama Girl Calls Barack with Ralph Nader (8. Oktober 2008), The OBAMA GIRL and RALPH NADER Show! (25. September 2008).

[30] Im Video „I like a Boy" vergöttert sie zusammen mit anderen Girlies zunächst am Pool liegend den amerikanischen Soldaten im Auslandsdienst – den „boy who rocks a doggy tag holdin' it down for the US flag […] doin' us proud when […] overseas", während sie – sogar die reichen – „hommies" ablehnt. Dieses Video – obwohl die Mitwirkenden ziemlich oft aus der Rolle fallen – hatte eine enorme Resonanz, da es die jungen Soldaten geehrt und viele Frauen, deren (Ehe)Männer oder Lieblinge an der Front sind, nicht nur angesprochen, sondern auch als Mitwirkende einbezogen hat. Dies hat dann die Popularität von Obama Girl zusätzlich steigen lassen. Im selben Clip wird auch eine Soldatin „a real life trooper", die Lastwagen fahren und Helikopter fliegen kann, von einem Hip-Hopper bejubelt (barelypolitical (18. September 2007), „I like a Boy" feat. Leah, Mims, Obama Girl..., auf: youtube.com).

[31] barelypolitical (31. März 2009), Want Obama Girl? Save your energy!, auf: youtube.com.

[32] e.g. barelypolitical (7. August 2008), Obama Girl vs McCain Girl Olympia Part 1, auf: youtube.com.

hauptsächlich auf weniger konkrete Slogans, wie „This country needs change" im
„‚Hillary! Stop the Attacks!' Love Obama Girl"-Video, oder wie in den Folgen mit
„Super Obama Girl" auf eine Reduzierung auf „Gut und Böse", wobei Obama
immer als der „Ehrliche und Gute" dargestellt wird.[33] Auf jeden Fall machten die
Videos die Zuschauer mit den Gesichtern amerikanischer Politiker sehr vertraut.

Bald nach dem ersten Video „Crush On Obama" erreichte Obama Girl eine
solche Popularität, dass sie bei vielen TV Shows – sogar der *Bill O'Reilly Show*
oder *Saturday Night Live* – auftrat und dort interviewt wurde.[34] Zweifelsohne hat
sie zum Erfolg des Präsidentschaftskandidaten Barack Obama beigetragen. Obama Girl wurde von Amber Lee Ettinger – einer Studentin für Modedesign in New
York, geboren in Pennsylvania[35] – dargestellt. Ettinger selbst hat Vorfahren aus
Italien, Irland, Deutschland und Schweden, aber gehört selbst zu den *Millenials*,
die für „ethnische" und „Rassenunterschiede" nicht viel übrig haben. Ihre Popularität zeigt sich auch dadurch, dass sie, nach den Präsidentschaftswahlen, für
barelypolitical.com in der Rolle einer Gast-Journalistin – eine Art Auszeichnung an
sich – die Moderationen bei der bunten Geburtstagsfeier von YouTube Live
übernehmen durfte. Das Letztere deutet darauf hin, dass sie als Obama Girl einen
allgemeinen Zuspruch unter den bunten *Millennials* – und nicht nur den Weißen
– fand.[36]

Ettinger übernahm die Rolle von Obama Girl für die damals völlig neue
Internetseite, *barelypolitical.com,* welche seitdem erfolgreich politische Satire
macht. Der Erfinder von Obama Girl und der Gründer der Internetseite, die zur
Firma *Next New Networks Inc.* gehört, ist Ben Relles – ein politischer Kommenta-
tor, der zum Satirischen tendiert. Aus seiner Sicht[37], wurde die ursprünglich als
Satire der gesamten amerikanischen Politik gemeinte Seite, aufgrund des enormen Zuspruches zu einem Selbstläufer für Obamas Wahlkampf. Relles selbst war
anfangs völlig vom Mainstream-Erfolg der Obama Girl Clips überrascht.

---

[33] ibidem: Hillary! Stop the Attacks! Love Obama Girl (25. März 2009), Super Obama Girl!
(31. Januar 2008)

[34] barelypolitical (20. November 2008), Obama Girl on Bill O'Reilly Show, auf: youtube.com;
tvguide (5. März 2008), „Obama Girl" Amber Lee Ettinger Interview, auf: youtube.com;
skyyjohn (11. Juli 2009), Amber Lee Ettinger aka OBAMA GIRL Interview, auf: you-
tube.com.

[35] amberleeonline.com, About me, auf: http://www.amberleeonline.com/index.php?
option=com_content&view=article&id=47&Itemid=53.

[36] barelypolitical (26. November 2008), Obama Girl Hot For YouTube Live, auf: you-
tube.com.

[37] Laut den E-Mails von Relles vom 17. und 18.02.2010.

Will.I.Am: Der Musiker wird zum politischen Aktivist

Während der heiß umkämpften Vorwahlen der demokratischen Partei blieb Obama Girl nicht das einzige Internetphänomen, das dem Senator aus Illinois Auftrieb gab. Der bereits vorher sehr bekannte Hip-Hop Künstler Will.I.Am, Mitglied der erfolgreichen Gruppe *Black Eyed Peas*, initiierte die Hymne „Yes We Can". Inspiriert von der Rede[38], die Obama im Anschluss an seine Wahlniederlage bei den Demokratischen Vorwahlen in New Hampshire am 8. Januar 2008 gehalten hatte, besteht der Song ausschließlich aus dem letzten Abschnitt dieser Rede (Nashua, 8.01.2008).

Für „Yes We Can" tat sich Will.I.Am unter anderem mit dem Regisseur Jesse Dylan, dem Sohn der politisch engagierten Musiker-Legende Bob Dylan, zusammen. In kürzester Zeit brachten sie ungefähr dreißig Stars für das schwarz-weiß Video im Collagen-Stil zusammen, darunter die Schauspielerin Scarlett Johansson, der ehemaligen Basketball Spieler Kareem Abdul-Jabbar, der Rapper Common und die Jazz-Legende Herbie Hancock. Am 1. Februar 2008, kurz vor dem *Super Dienstag* an dem Demokratische Vorwahlen in 23 Bundesstaaten stattfanden, erschien das Video zum ersten Mal in den nationalen Medien bei ABC News.[39] Daraufhin wurde es bei YouTube[40] und *dipdive.com* hochgeladen. Das Projekt war weder Teil der offiziellen Obama Kampagne, noch wurden Obama und sein Team diesbezüglich konsultiert.

Nach der Veröffentlichung des Songs erläuterte Will.I.Am in einem Blogpost auf dem progressiven Blog *huffingtonpost.com*, was ihn zu diesem politischen Aktionismus getrieben hatte. Er schrieb, dass er eine Woche nach der Rede die Idee hatte, daraus einen Song zu machen, weil die Rede ihn wie lange Zeit nichts anderes berührt habe, weil sie zu ihm gesprochen habe, und weil Worte und Ideen machtvoll seien.[41] Auf seine eigene Art und Weise wollte er damit seine neu gefundene Inspiration teilen. Immer wieder – auch in späteren Interviews – unterstrich er, wie sehr die Rede ihn emotional berührt hatte. Seine eigenen Emotionen verband er mit der Hoffnung, dass diejenigen, die den Song hören, glei-

---

[38] Der Songtext befindet sich am Ende dieses Textes.

[39] Supafly2380 (2. Februar 2008), Interview with Will.i.am about celeb-filled music Yes We Can, auf: youtube.com.

[40] Unter dem Benutzernamen *WeCan08* (2. Februar 2008), und später von weiteren Nutzern verbreitet.

[41] Will.I.Am (3. Februar 2008), Why I recorded Yes We Can, auf: www.huffingtonpost.com/william//why-i-recorded-yes-we-can_b__84655.html.

chermaßen berührt würden und dass er sie dazu bewegen könnte zu fühlen, zu lieben und zu denken.

Der Text greift das Ende der Obama Rede auf. Durch die Verbindung zahlreicher historischer Referenzen – zu den Gründervätern, den Sklaven und Sklavereigegnern, den Immigranten und Pionieren, Präsident Kennedy und der Mondlandung, Martin Luther King und seinen Traum, den Arbeitern und Gewerkschaften, sowie der Emanzipation der Frau – mit dem amerikanischen Optimismus und „can do spirit", in der Form des Slogans „Yes We Can", bezieht er sich auf die Beständigkeit und Stärke der amerikanische Grundwerte – Gerechtigkeit und Gleichheit. Die Rede und der Song schließen mit der Einigkeits- und Einheitsbotschaft („we are one people, we are one nation"), die schon seine Rede vorm Demokratischen Parteitag 2004 prägte. Der Fokus auf diese positive Botschaft, vor allem im Angesicht der Niederlage, verlieh dem Kandidaten Authentizität und Glaubwürdigkeit, und hob ihn heraus aus der Reihe der Politiker, die „politics as usual" betreiben. Mit der Zurückstellung des „ich" zugunsten des „wir" bezog Obama alle die sich mit seiner Botschaft identifizierten mit ein und kreierte dadurch eine Bewegung.

Schnell erkannte die Obama Kampagne das Potential des Will.I.Am Songs, wie weiter unten gezeigt wird. Auch die Medien aller Couleur berichteten über das Musikvideo und erhöhten dadurch die Reichweite der Botschaft.[42] Allein in der ersten Woche wurde das Video vier Millionen mal angeklickt, in den ersten drei Wochen dann insgesamt ungefähr 25 Millionen Mal. Im Juni 2008 gewann Will.I.Am für „Yes We Can" einen Emmy Award in der Kategorie „Best New Approaches to Daytime Entertainment", der dazumal erstmalig vergeben wurde. Durch den Song und seinen breiten Erfolg wurde der Slogan „Yes We Can" praktisch zum inoffiziellen Obama Wahlkampfslogan.

Das Video und der Song wurden nicht nur für und von der Obama Kampagne genutzt und von Millionen von Wählern gesehen bzw. gehört, es hat außerdem zahlreiche online Video-Reaktionen von Dritten und weitere politische Aktionen von Will.I.Am selbst inspiriert. Als Parodie auf „Yes We Can" entstan-

---

[42] Beispielsweise: Alexovich, A. (4. Februar 2008), Obama Supporters Sing, 'Yes We Can', auf: New York Times Caucus Blog; Stelter, B. (27. März 2008), Finding Political News Online, the Young Pass It On, auf: newyorktimes.com; Interview mit Will.I.Am (18. Januar 2008), Beyond Words: Note by Note, Inspiring a Nation, auf: newsweek.com; Market Wire (16. Juni 2008), Will.I.Am's 'Yes We Can Song' Video Awarded Emmy(R) for New Approaches in Daytime Entertainment, auf: reuters.com.

den bspw. die Clips „No You Can't" und „John.he.is".[43] Beide wurden am 11. Februar 2008, kurz nach der Veröffentlichung von „Yes We Can", auf YouTube hochgeladen. Der erste Clip ist von *barelypolitical.com* und der zweite erschien auf dem YouTube Kanal *election08*, welcher das Sprachrohr einer Reihe von Komikern und Schauspielern aus Los Angeles war. Die Videos kommen in der gleichen Aufmachung wie das Will.I.Am Video daher, beide zeigen den Republikanischen Präsidentschaftskandidaten John McCain und eine Reihe von Personen, die seine Worte mitsingen und auf den Kandidaten und seine Zitate negativ reagieren. „No You Can't" spielt direkt auf ein Zitat von McCain an („You can't do it my friend"), womit er den Wählern unterstellte, dass sie es nicht schaffen würden für $50 pro Stunde eine Saison Salat in Yuma (Arizona) zu ernten. In beiden Clips kommen außerdem zwei kontroverse außenpolitische Zitate von McCain vor, die im Wahlkampf hohe Wellen geschlagen haben, zum einen die Anspielung und Ummünzung des Beach Boys Song „Barbara Ann" auf „Bomb, Bomb, Bomb Iran", zum anderen das Statement, dass es für ihn in Ordnung wäre, wenn die USA noch hundert Jahre im Irak bleiben würden. Der „John.he.is" Clip endet mit dem Einblenden des Slogans „McCain08. Wie Hoffnung, nur anders".

Wie Obama Girl und *barelypolitical.com* scheint auch Will.I.Am nach „Yes We Can" Gefallen daran zu haben seine politischen Ansichten über das Medium Musik/Video zu verbreiten. Ende Februar 2008, kurz nach „Yes We Can", veröffentlichte der Hip-Hop Künstler ein sehr ähnliche Video mit dem Titel „We are the ones"[44] in dem wieder zahlreiche Stars erscheinen und sagen warum sie Obama unterstützen. Nach dem Wahlerfolg von Obama brachte Will.I.Am im November 2008 den Clip „It's a New Day" heraus, der außerdem auf dem offiziellen Victory Soundtrack der Obama Kampagne erschien.[45] Mit diesem Clip fing er die Stimmung der Wahlnacht ein, deren Ergebnis zahlreiche vor allem junge Leute zur Feier von Obamas Wahlsieg auf die Straßen trieb. Das Video zeigt Ausschnitte der Siegesfeier in Chicago – Obama Unterstützter, die ausgelassen feiern sowie die Zeitungsüberschriften vom Tag nach der Wahl.[46]

---

[43] barelypolitical (11. Februar 2008), John McCain: No, You Can't, auf: youtube.com; Election08 (11. Februar 2008), John.he.is, auf: youtube.com.

[44] Der Song befindet sich am Ende dieses Textes. Illwilly (29. Februar 2008), We Are The Ones by will.i.am - Obama, auf: youtube.com.

[45] Pe11201 (7. November 2008), Will.I.Am: It's a New Day, auf: youtube.com; McKeever, S./Burdick, M./ Alfred, K. (2009), Change Is Now: Renewing America's Promise - The Official Music & Video Collection, Santa Monica, CA: Hidden Beach Recordings.

[46] Der jüngste politische Will.I.Am Song „The Jackass Song" illustriert die Enttäuschung des einst so enthusiastischen Obama Unterstützers. Der Song greift Obamas private, aber an die

Obama Soundtracks: Synergieeffekte zwischen bottom-up Aktivismus und top-down Wahlkampf

Musik spielt in jedem Wahlkampf eine Rolle. Grundsätzlich wird sie in Wahlwerbespots, bei Wahlkampfveranstaltungen und neuerdings auch zum Fundraising eingesetzt.[47] In und um die Obama Kampagne herum war Musik so präsent wie bei keiner Präsidentschaftskampagne zuvor. Im September 2008 wurde der erste Obama Soundtrack veröffentlicht, dessen Titel an den Will.I.Am Song „Yes We Can" angelehnt war. Mehrere Monate zuvor, schon am 2. Februar, erschien der Link zum Video auf dem Blog der Obama Kampagne[48] und am 3. Februar wurde der Song auf einer Obama Rally mit Caroline Kennedy, Maria Shriver und Oprah Winfrey in Los Angeles gespielt. Außerdem versendete die Kampagne zahlreiche E-Mails, die das Video präsentierten und die Rezipienten dazu animierten, das Video an ihre Freunde und Bekannten weiter zu leiten. Und schließlich verbreitete die Kampagne den Link zum Video über ihre Profile bei den sozialen Netzwerken im Internet. Bei zahlreichen Obama Wahlkampfveranstaltungen riefen seine Unterstützer in Sprechchören wieder und wieder „Yes We Can". Beim Parteitag der Demokraten im August 2008 trat Will.I.Am mit dem Song vor den 80 000 Delegierten und Zuschauern im *Invesco Field Stadion* auf. All dies illustriert den enormen Einfluss dieser bottom-up Initiative auf den Wahlkampf sowie die potentiellen Synergieeffekte zwischen bottom-up und top-down Wahlkampf.

Um die Botschaft emotionaler zu verpacken, die Jugend, aber auch u.a. die 68-er Studentengeneration, die Bürgerrechtler, die Afro-Amerikaner, die Frauen usw. anzusprechen und gleichzeitig Geld einzunehmen, war die Obama Kam-

---

Öffentlichkeit gelangte Äußerung auf Kanye Wests peinlichen Auftritt bei den MTV Music Awards 2009 auf („He's a Jackass"). Im Text kritisiert Will.I.Am die Fokussierung der öffentlichen Debatte auf solche Nebensächlichkeiten und drängt alle sich auf die wirklich wichtigen Dinge zu konzentrieren, die wesentlichen Probleme anzugehen und keine Esel zu seien. (Will.I.Am (17. September 2009), The Jackass Song, auf: dipdive.com; Ibidem (17. September 2009), Divided We Fall, auf: dipdive.com).

[47] Musik beeinflusst nicht nur die Stimmung einer Wahlkampfrally oder eines Wahlwerbespots, sie kann auch die Botschaft der jeweiligen Kampagne emotional unterstreichen und verstärken. Mit der Auswahl der Musikstücke und Künstler können die Kandidaten eine ganz private Seite ihrer Persönlichkeit in den Wahlkampf einbringen, mit der potentielle Wähler sich leicht identifizieren können.

[48] Graham-Felsen, Sam (2. Februar 2008), The 'Yes We Can' Song, auf: my.barack obama.com.

pagne sogar bereit Neuland zu betreten. Im September 2008 brachte Hidden Beach Records[49] in Zusammenarbeit mit der *Obama for America* Kampagne den ersten Soundtrack zu einer Präsidentschaftskampagne heraus: „Yes We Can: Voices of a Grassroots Movement" in Anlehnung an Will.I.Am's erfolgreichen Titel „Yes We Can".[50] Das Album setzt sich zusammen aus achtzehn Songs, einem Mix von altem und neuen Material, sowie Songs aus unterschiedlichen Genres wie Rock, Gospel, R&B, Country und Pop. In der Hälfte der Songs sind Auszüge aus verschiedenen Obama Reden[51] enthalten. Die am meisten verwendete Obama Rede war die bereits mehrmals erwähnte New Hampshire-Rede, die er nach der verlorenen Vorwahl gegen Hillary Clinton hielt; dicht gefolgt von der Philadelphia-Rede „A More Perfect Union", die er am 18. März 2008 als Reaktion auf die Reverend Jeremiah Wright Kontroverse gehalten hatte.

Durch die Auswahl der Obama Zitate finden nicht nur die zentralen Motive der Kampagne – Hoffnung und Wende – Widerhall. Gleichzeitig wird der Charakter der Kampagne unterstrichen: In den Zitaten kommt das Pronomen „wir" siebenundzwanzig mal vor, während „ich" insgesamt nur sechsmal auftaucht. Damit wird deutlich wie sehr der Kandidat versucht den Fokus weg von sich selbst und hin zu seinen Unterstützern zu lenken, um aus seiner Kampagne eine Bewegung zu machen, wie auch der Titel des Soundtracks offensichtlich macht. Hinzu kommt die kontinuierliche Bezugnahme auf Martin Luther King, Jr., die zeigen soll um welch historisches Unterfangen es sich bei dieser Kampagne bzw. Bewegung tatsächlich handelt. In zwei Songs werden Zitate von King verwendet und in einem weiteren Song ein Auszug aus Obamas Rede „Remembering Dr. Martin Luther King, Jr.".

Der Soundtrack wurde über die Webseite der Kampagne für knapp $25 verkauft und der Erlös ging in die Wahlkampfkasse. Nach dem Wahlsieg Obamas wurde dann ein weiterer Soundtrack veröffentlicht, der unter anderem bei verschiedenen Veranstaltungen zur Amtseinführung Obamas verkauft wurde. Fünf der achtzehn Songs auf dem Album „Change is Now: Renewing America's Promise" beinhalten wieder Auszüge aus Obama-Reden, dazu gab es außerdem eine

---

[49] Der Gründer und CEO von Hidden Beach Records, Steve McKeever, ist ein langjähriger Unterstützter von Obama, und wie der Kandidat, so ist auch er aus Chicago und hat seinen Abschluss an der *Harvard Law School* gemacht.
[50] McKeever, S. (2008), Yes We Can: Voices of a Grassroots Movement - Limited Edition, Santa Monica, CA: Hidden Beach Recordings.
[51] Es werden Auszüge aus folgenden Reden verwendet: Philadelphia (18.03.2008), Nashua (8.01.2008), Fort Wayne (4.04.2008), Manchester (3.09.2007), Boston (27.07.2004), Columbia (9.12.2007), Des Moines (3.01.2008), Berlin (24.07.2008).

DVD mit acht seiner Reden.[52] Die Kampagnen-Soundtracks zeigen, wie innovativ und interaktiv Obama und sein Team Wahlkampf geführt haben.[53] Gleichzeitig wäre diese musikalische Kampagne natürlich ohne die Unterstützung zahlreicher Künstler, wie Stevie Wonder und John Legend, nicht umsetzbar gewesen.

Schlussbetrachtung und Ausblick

Ohne junge Menschen hätte Obama die Wahl nicht gewinnen können. Das unterstrich der amerikanische Hip-Hopper Dawah als er sagte: „Obama is the president of this generation".[54] Nicht nur als Wähler, auch als freiwillige Wahlkampfhelfer haben sie der Kampagne von Beginn an An- und Auftrieb gegeben. Ohne sie wäre es weitaus schwieriger gewesen die *Caucuses*[55] in Iowa gegen die scheinbar schon feststehende Präsidentschaftskandidatin der Demokratischen Partei, Hillary Rodham Clinton, und den in Iowa überaus starken John Ed-

---

[52] McKeever, S./Burdick, M./Alfred, K. (2009), Change Is Now: Renewing America's Promise – The Official Music & Video Collection, Santa Monica, CA: Hidden Beach Recordings. Es werden Auszüge aus folgenden Reden verwendet: Springfield (10.02.2007), Des Moines (10.11.2007), Des Moines (3.01.2008), Nashua (8.01.2008), Philadelphia (18.03.2008), Berlin (24.07.2008), Denver (28.08.2008), Chicago (4.11.2008).

[53] Obwohl das Herausbringen eines Soundtracks auch eine gewisse Gefahr barg. Schließlich bedient dieser die Republikanische Argumentationslinie, dass der Demokrat von der liberalen Hollywood Elite unterstützt wird und dass Obama selbst ein „Celebrity" ist (vgl. McCain Wahlwerbespot „Celeb" - JohnMcCaindotcom (30. Juli 2008), Celeb, auf: youtube.com).

[54] Amer Ahmed a.k.a. Dawah (Michigan) und Alex Schein (NY), während der mit Musik, Gesang und Gedichten unterlegten Veranstaltung zur Hip-Hop-Bewegung und Obama, Universität Leipzig, am 19. Juni 2009. In der Hip-Hop-Community wurde oft diskutiert, ob Obama der erste Hip-Hop Präsident ist. Viele Hip-Hopper haben andere mobilisiert und sie dazu gebracht für Obama zu stimmen. Obama kennt die Sprache, die Gestik, die Ikonen und die Technologie dieser Community. Er hat in die Hip-Hop-Community investiert, obwohl dies risikobehaftet war. Zu seinen Rallys hatte er viele bekannte Hip-Hopper eingeladen und in einem TV-Interview hat er sie sowohl gelobt als auch kritisiert. Obama wurde von den Hip-Hoppern dafür gelobt, dass er sie als eine bedeutende und einflussreiche Gruppe wahr und ernst genommen hat und sie außerdem zur Zusammenarbeit bewegt hat.

[55] Dabei handelt es sich um „parteiinterne Versammlungen auf Bundesstaatsebene" [...] bei denen „Kandidatenlisten (in der Regel dienen diese zur Unterstützung bestimmter Kandidaten) gewählt" werden, „um den Bundesstaat bei nationalen Parteitagen zu vertreten" (http://usa.usembassy.de/regierung-wahlen.htm).

wards,[56] zu gewinnen und damit eine Trendwende zu erzwingen. In Iowa stieg der Anteil der junge Wähler an den *Caucuses* der Demokraten um 5% gegenüber 2004, vergleichbar mit den Statistiken der darauf folgenden Vorwahlen.[57]

Peter Levine von der Tufts University in Massachusetts ist überzeugt, dass junge Wähler auch am 4. November 2008 das Zünglein an der Waage waren, gerade in den Bundesstaaten, in denen die Entscheidung besonders knapp ausfiel.[58] Landesweit haben 66% der 18 bis 29 jährigen Wähler für Obama gestimmt, während nur 32% bei John McCain ihr Kreuz machten.[59] Bei der vorhergehenden Präsidentschaftswahl im Jahr 2004 konnte der Demokrat John Kerry gerade einmal 54% eben jener Altersgruppe für sich gewinnen. Dieser Unterschied wird auch deutlich, wenn man die Anzahl der Bundesstaaten betrachtet, in denen die einzelnen Kandidaten die 18 bis 29 jährigen Wähler gewinnen konnten: 2008 gingen nur 8 Bundesstaaten an die Republikaner und dafür 39 an den Demokraten[60]; 2004 stimmten die jungen Wähler noch in 20 Bundesstaaten für den Republikaner und in 30 für den Demokraten.[61]

Zahlreiche Faktoren haben es der Obama-Kampagne ermöglicht, die absolute Mehrheit der jungen Wähler hinter sich zu vereinen: (1) Die Konzentration auf junge Wähler als entscheidende Wählergruppe, (2) die direkte und respektvolle Ansprache junger Wähler, (3) die breite und innovative Online Kampagne, (4) die Struktur sowie (5) die positive Botschaft der Kampagne, mit der die jungen Wähler direkt in das Projekt bzw. die Bewegung Obama sich selbst eingebracht haben bzw. einbezogen wurden. Aber natürlich ist ein solcher Erfolg nur bedingt planbar. Eine Kampagne kann zwar die nötige Infrastruktur bereitstellen und junge Menschen direkt ansprechen, aber sie kann basisdemokratischen Aktivismus

---

[56] John Edwards, der schon 2004 kandidierte und dazumal in den Demokratischen *Caucuses* in Iowa einen überraschenden zweiten Platz hinter John Kerry belegte, wohnte teilweise sogar in Iowa (siehe Halperin, M./Heilemann, J. (2010) Game Change: Obama and the Clintons, McCain and Palin, and the Race of a Lifetime, New York: Harper Collins Publishing).

[57] Rock the Vote (4. Juni 2008), Young Voter Turnout 2008 - Primaries and Caucuses, auf: rochthevote.com.

[58] CIRCLE Conference Call-in Press Briefing with Peter Levine to Discuss 2008 Youth Vote, 2 PM ET, 5. November 2008.

[59] CNN (2008), Election Center: Exit Polls 2008, auf: cnn.com.

[60] Für zwei Bundesstaaten sind keine Daten vorhanden (Washington und Colorado) und in einem waren die beiden Kandidaten gleich auf (Arkansas).

[61] Siehe Daten bei: CNN (2008), Election Center: Exit Polls 2008, auf: cnn.com; Future Majority (November 2008), Youthmap 2004 & Youthmap 2008, auf: futuremajority.com & flick.com/photos/futuremajority.

nicht forcieren. Die so entscheidende Eigendynamik kann also lediglich angestoßen und nicht von oben herab kreiert werden.

Parteipolitisch unabhängig als positiv zu bewerten ist, dass die Zahl der jungen Wähler insgesamt anstieg.[62] Der Anteil, den die 18 bis 29 jährigen Wähler an der gesamten Wählerschaft ausmachten, stieg von 16% (2004) auf 17.1%. In diesem Bevölkerungssegment war bei Weitem der stärkste Zuwachs an Wählern zu verzeichnen: Im Vergleich zu 2004 gingen 2008 über zwei Millionen mehr junge Menschen zur Wahl und steigerten den Prozentanteil der wählenden jungen Menschen um zwei Prozent auf 51 Prozent.[63]

Trotz des Erfolges muss man festhalten, dass eine Wahlbeteiligung von nur 51% bei den 18 bis 29 jährigen Wahlberechtigten nach Reflexion ruft. Die Wahlbeteiligung junger Wähler in Deutschland, zum Vergleich, bewegt sich bei über 65%.[64] Auf die Frage, warum die Wahlbeteiligung der Jugend in den USA trotz der Steigerung immer noch vergleichsweise gering ist, lassen sich zahlreiche potentielle Erklärungen finden: So ist beispielsweise das „the winner takes all"-System, das dem so genannten *Electoral College*[65] zu Grunde liegt, problematisch, da alle Stimmen der Wahlmänner eines Bundesstaates an den Kandidaten gehen, der die Mehrheit der Stimmen bekommen hat. Die Konsequenz ist, dass die Motivation eines Demokraten in Oklahoma bzw. eines Republikaners in Vermont wählen zu gehen äußerst gering ist, da im Prinzip vorher klar ist, dass der Republikaner respektive der Demokrat alle Wahlmännerstimmen in diesem Bundes-

---

[62] CNN (2008), Election Center: Exit Polls 2008, auf: cnn.com; Hoban Kirby, E./Kawashima-Ginsberg, K. (17. August 2009), The Youth Vote in 2008, Center for Information & Research on Civic Learning & Engagement (CIRCLE), auf: civicyouth.org.

[63] Hoban Kirby, E./Kawashima-Ginsberg, K. (17. August 2009), The Youth Vote in 2008, Center for Information & Research on Civic Learning & Engagement (CIRCLE), auf: civicyouth.org.

[64] Schilling, T. (2009), Wahlen in Deutschland, Bonn: Bundeszentrale für Politische Bildung.

[65] Das Wahlmännerkollegium: In jedem Bundesstaat übergeben die politischen Parteien (oder unabhängige Kandidaten) dem Wahlleiter eine Liste von Wahlmännern, die ihrem Präsidentschaftskandidaten verpflichtet sind und deren Zahl der dem Bundesstaat zur Verfügung stehenden Wahlmännerstimmen entspricht. Die Zahl der Wahlmänner in jedem Bundesstaat richtet sich nach der entsprechenden Anzahl von Senatoren (immer zwei) und Repräsentanten des Bundesstaates im Kongress. Nach dem Wahltag treffen sich diese Wahlmänner am ersten Montag nach dem zweiten Mittwoch im Dezember in den Hauptstädten ihrer Bundesstaaten zur Stimmabgabe und wählen offiziell den nächsten Präsidenten. In der Regel gewinnt der Kandidat, der die meisten Wählerstimmen in einem Staat auf sich vereinigten kann, alle Wahlmänner des Bundesstaats (ausgenommen in Maine und Nebraska). (http://usa.usembassy.de/regierung-wahlen.htm)

staat bekommen wird. Erklärungen, die sich spezifischer auf die besonders niedrige Beteiligung unter jungen Wählern beziehen, führen oft die höhere Mobilität junger Amerikaner an, die u.a. den Registrierungsprozess erschwert. Viele Faktoren kann eine Kampagne nur geringfügig beeinflussen, daher ist es unrealistisch von einer Kampagne Wunder zu erwarten. Selbst Super-Obama-Girl schien nicht die Macht zu haben dies zu ändern.

Danksagung: *Wir möchten Christof Bock für seine Hilfe bezüglich der Recherchen zu Obama Girl und sowohl ihm als auch Kimey Pflücke für die Sprachkorrekturen danken.*

Liedtexte:

**Frank Sinatra: „The Impossible Dream" from Man of La Mancha, 1972
music by Mitch Leigh and lyrics by Joe Darion**

> To dream the impossible dream
> To fight the unbeatable foe
> To bear with unbearable sorrow
> To run where the brave dare not go
> To right the unrightable wrong
> To love pure and chaste from afar
> To try when your arms are too weary
> To reach the unreachable star
> This is my quest
> To follow that star
> No matter how hopeless
> No matter how far
> To fight for the right
> Without question or pause
> To be willing to march into Hell
> For a heavenly cause
> And I know if I'll only be true
> To this glorious quest
> That my heart will lie peaceful and calm
> When I'm laid to my rest
> And the world will be better for this
> That one man, scorned and covered with scars
> Still strove with his last ounce of courage
> To reach the unreachable star
> To dream the impossible dream

Will.I.Am: „Yes, We Can"

It was a creed written into the founding documents that declared the
destiny of a nation.
Yes we can.

It was whispered by slaves and abolitionists as they blazed a trail
towards freedom through the darkest of nights.
Yes we can.
It was sung by immigrants as they struck out from distant shores and
pioneers who pushed westward against an unforgiving wilderness.
Yes we can.

It was the call of workers who organized; women who reached for the
ballot; a President who chose the moon as our new frontier; and a King
who took us to the mountaintop and pointed the way to the Promised Land.
Yes we can to justice and equality. Yes we can to opportunity and
prosperity. Yes we can heal this nation. Yes we can repair this world.
Yes we can.

And so tomorrow, as we take the campaign South and West; as we learn
that the struggles of the textile workers in Spartanburg are not so
different than the plight of the dishwasher in Las Vegas; that the
hopes of the little girl who goes to a crumbling school in Dillon are
the same as the dreams of the boy who learns on the streets of L.A.;
we will remember that there is something happening in America; that we
are not as divided as our politics suggests; that we are one people;
we are one nation; and together, we will begin the next great chapter
in the American story with three words that will ring from coast to
coast; from sea to shining sea ? Yes. We. Can.

Quelle:
http://www.youtube.com/watch?v=jjXyqcx-mYY (Will.I.Am's VideoClip)
http://en.wikisource.org/wiki/Remarks_of_Senator_Barack_Obama_on_New_Ha
mpshire_Primary_Night (13.02.2010)

Will.I.Am: „We Are the Ones"

(Obama, Obama)
We can change the world, na, na, na
We can change the world

I would like to see a cleaner earth for my child that I am bringing
into the world very soon
Yo si creo lo que este pais puede ser

(Obama, Obama)
I think that it's time for change
I want a better future for my children

(Obama, Obama)
I would like out environment to be safe
Necesitamos respetar nuestro planeta
Este es nuestro America
Mi America
Tu America
This is our America
My America
Tu Americauiuu kuykii
Your America
America Nosotros

(Obama, Obama)
Cuz I want to actually make a difference in my generation
(Obama, Obama, Obama, Obama, Obama, Obama)
I would like to see us in a world without fear
Basically, I would just like the war to end
I would like the rest of the world to think
highly of our wonderful country yii y

Quelle:
http://www.sweetslyrics.com/574127.WILL.I.AM%20-
%20We%20Are%20The%20Ones.html
(13.02.2010)

Jürgen Weibler

Das Obama-Projekt – Nachbetrachtung

Reden können heute immer noch Entscheidungen für eine Person und ihre Sache maßgeblich beeinflussen. Die Auseinandersetzung mit den Reden von Barack Obama hat allerdings gezeigt, dass ein durchschlagender Erfolg verschiedenster Voraussetzungen bedarf. Eine von der Zuhörerschaft wie natürlich angenommene Wegweisung, also Führerschaft, ist deshalb kein Zufallsprodukt. Es ist das Ergebnis einer Passung von Zeit, Person und Anlass, die dann aber aktiv von der Person gestaltet werden kann und muss.

Drei Auffälligkeiten stechen dabei auf Seiten der Person ins Auge, denen man über den Fall Obama hinausgehende Bedeutung zuzusprechen hat.

Der erste Schlüssel ist die vorangegangene Lebensgeschichte. In ihr sind markante Erlebnisse und Ereignisse auszumachen, die die Persönlichkeit formen. Solche Begebenheiten sind beispielsweise für sich selbst erkannte, notwendige Wendepunkte in der Lebensführung, die den eigenen Lebensplan verändern und dazu führen, eine neue Richtung entschlossen zu verfolgen. Bei Barack Obama ist es zum Beispiel die Erkenntnis, benachteiligten Personen nur helfen zu können, wenn Erfahrung und Einfluss größer werden. Aus dieser Erkenntnis heraus studierte er bewusst Rechtwissenschaft und setzte sein erworbenes Wissen im Sinne seiner Ziele um. Oder es sind prägende Ereignisse, die einem schlagartig Einsicht in die Welt, in eine Beziehung oder in die eigene Person vermitteln, wie beispielsweise bei Barack Obama die Erkenntnis, dass die Hautfarbe eines Menschen eine eigene Bedeutung im Leben haben kann. Aus der Tiefe solcher Einsichten speist sich der Wille, eine bestimmte Absicht zäh zu verfolgen. Je mehr die eigene Biographie die Vielfalt der Lebensgeschichten der Zuhörer kondensiert, desto vertrauter und vertrauenswürdiger wird sie ihnen erscheinen.

Der zweite Schlüssel ist das Vermögen, das eigene Anliegen authentisch und attraktiv präsentieren zu können. Beides fußt bei Barack Obama auf seiner Lebensgeschichte, die aber ebenso wie seine Überzeugungen im Hier und Jetzt vermittelt werden müssen. Die Vermittlung, die nach dem schwer fassbaren Evidenzerlebnis der Selbstverständlichkeit einer positiv einnehmenden Präsenz des Vortragenden verlangt, erfolgt zunächst über Inhalte, also wertgeladene Bekenntnisse oder faktenorientierte Informationen, oftmals in Geschichten klug verpackt. Diese, wie seine Reden allgemein, folgen einer technisch überzeugenden, geschickt inszenierten Darbietung. Insgesamt bedarf es dabei einer Präsentation, die im Einklang mit der körperlichen Erscheinung des Redners steht. Diese Körperlichkeit ist einerseits mit der Botschaft wechselseitig verwoben, andererseits aber, gerade auch über den Teilbereich der Mimik, selbst eine eigene Wahrnehmungskategorie. Die Stimmigkeit aller Komponenten erweckt bei Barack Obama den Anschein einer in sich ruhenden, aber durchaus tatkräftigen Person. Der entscheidende Punkt ist, was die Wirkung angeht, dass in der Folge Emotionen bei der Zuhörerschaft entstehen, die eine eigene positive Spannung, die mit dem Redner und seinem Anliegen verbunden wird, erzeugen und das eigene Selbstbild und Wohlbefinden (perspektivisch) stützen, gar erhöhen. Dies fördert Zustimmung zur Person wie Botschaft.

Damit ist der Übergang zum dritten Schlüssel bereits gelegt. Führung durch Reden gelingt dann, wenn die Zuhörer ihre eigenen Anliegen und Geschichten in die Botschaft des Redners integrieren können. Dadurch entsteht eine nicht vom eigenen Erfahrungshorizont losgelöste Einsicht in die Alltagswelt und Handlungsmut wird erzeugt. Barack Obama liefert dabei mit seiner Interpretation der Wirklichkeit kein ideologisch geschlossenes System, sondern beschränkt sich auf für ihn wichtige historische Entwicklungslinien und aktuelle Vorkommnisse, oft in einen Zusammenhang mit der Gerechtigkeitsfrage gebracht. Der Einzelne ist dann im Sinne einer aufgeklärten Führung aufgerufen, seinen Weg eigenverantwortlich weiterzugehen. Barack Obama motiviert zur selbst zu gestaltenden Tat, die allerdings Basiswerte der Gemeinschaft zu respektieren hat.

Eine Passung von Zeit, Person und Anlass, wie eingangs bemerkt, ist für den großen rednerischen Erfolg unverzichtbar. Heute gehört auch eine dynamische Internetpräsenz dazu, die Person wie Botschaft virtuell begleitet, aufnimmt und kreativ fortentwickelt. Dies heißt umgekehrt aber auch, dass andere Zeiten und andere Anlässe das Vermögen anderer Personen vielleicht besser tragen und dass es auch Zeiten und Anlässe gibt, wo Reden selbst kein (alleiniger oder ausschlaggebender) Erfolg für eine erfolgreiche Führung mehr sind. Ja, man wird sagen dürfen, dass Reden zur Bewerbung um Führerschaft, wie beispielsweise bei Barack Obama um das Präsidentschaftsamt, dann eine nennenswerte Bedeutung besitzen, wenn die zur Diskussion stehende Führungsposition noch nicht sichtbar ausgefüllt wurde. Dann wirken Überzeugungen als Grundlage für die Gefolgschaft besonders stark – und Reden nehmen Einfluss auf die Herausbildung dieser Überzeugungen. Ist eine herausragende Führungsposition einmal eingenommen, müssen zwar immer noch Erfolge herausgestellt und Misserfolge rednerisch interpretiert werden, doch kommt beim Zuhörer nun die subjektiv wahrgenommene Leistung des Führenden und die Art und Weise der Ausübung seiner Position bei der Beurteilung über die Zukunftsfähigkeit der betreffenden Person mit ins Spiel. Zwischen einzelnen Reden muss also vom Führenden permanent um Problemlösungen im Interesse der Gefolgschaft gerungen werden. Dies bedarf zusätzlicher Fähigkeiten und günstiger Konstellationen. Nur wenn dies glückt, hört man einem Redner wie Barack Obama auch zukünftig gerne zu und lässt sich von einer seiner Reden erneut mitnehmen.

Redenverzeichnis

27.07.04	Boston, MA	Democratic National Convention Keynote Address
10.02.07	Springfield, IL	Official Announcement of Candidacy for the United States Presidency
04.03.07	Selma, AL	Selma Voting Rights March Commemoration
10.11.07	Des Moines, Iowa	Iowa Jefferson Jackson Dinner
03.01.08	Des Moines, IA	Iowa Caucus Victory Speech
08.01.08	Nashua, NH	New Hampshire Primary Speech (Yes We Can)
18.01.08	Washington, DC	Pre-Inauguration Address at the Lincoln Memorial
20.01.08	Atlanta, GA	Address at Ebenezer Baptist Church
18.03.08	Philadelphia, PA	A More Perfect Union
24.07.08	Berlin, Deutschland	Address to the People of Berlin
28.08.08	Denver, CO	Democratic Convention Presidential Nomination Acceptance Address
17.09.08	Elko, NV	The Change We Need
04.11.08	Chicago, IL	President-Elect Victory Speech
20.01.09	Washington, DC	Presidential Inaugural Address
04.06.09	Kairo, Ägypten	Remarks by the President on a New Beginning
16.07.09	New York, NY	Remarks by the President to the NAACP Centennial Convention
27.01.10	Washington, DC	State of the Union Address

Zu den Autorinnen und Autoren

Prof. P. Dr. Thomas Dienberg, Professor für Theologie der Spiritualität an der Philosophisch-Theologischen Hochschule Münster (PTH) und Rektor der PTH, Gastprofessor an der Päpstlichen Hochschule Antonianum in Rom, Begründer und Vorsitzender des Instituts für Kirche, Management und Spiritualität in Münster.
http://www.pth-muenster.de

Prof. Dr. Helena Flam, Professorin, Institut für Soziologie, Universität Leipzig; Mitbegründerin und seit 2007 Convenor des Emotions Network beim Europäischen Verband für Soziologie (ESA).
http://www.uni-leipzig.de/~sozio/content/site/index.php

Prof. Dr. Joachim Knape, Direktor des Seminars für Allgemeine Rhetorik der Universität Tübingen. Nach dem Studium in Göttingen, Regensburg und Bamberg Promotion in Göttingen 1982 und Habilitation in Bamberg1988. Seit 1991 Professor für Allgemeine Rhetorik in Tübingen. 2004-2009 Dekan der Neuphilologischen Fakultät Tübingen. Forschungsschwerpunkte: Theorie und Geschichte der Rhetorik, Redekultur, deutsche Sprache und Literatur, Renaissanceforschung, Poetik und Ästhetik.
http://www.uni-tuebingen.de/uni/nas/

Prof. Dr. Jörg Merten, Leiter des Instituts für Mimik und Verhaltensforschung „Gnosis Facialis". Apl. Professor an der Universität des Saarlandes.
http://www.gnosisfacialis.de/

Univ.-Prof. Mag. Dr. Dr. Bernd Rieken, Leiter der Abteilung Doktoratsstudium der Psychotherapiewissenschaft an der Sigmund-Freud-Privatuniversität Wien, Privatdozent für Europäische Ethnologie an der Universität Wien, freiberuflicher Psychoanalytiker und Lehranalytiker für Individualpsychologie.
http://www.sfu.ac.at/index.php?page=6&article=65

Caterina Rost, M.A., Doktorandin am Institut für Amerikanistik, Universität Leipzig/Political Science Department, University of Washington Seattle (Schwerpunktbereiche: Amerikanische Politik & Politische Kommunikation) & Stipendiatin der Studienstiftung des Deutschen Volkes (ERP-Programm); 2009 hat sie im Kommunal-, Landes- und Bundestagswahlkampf online Wahlkampf gemacht.
http://americanstudies.uni-leipzig.de/users/caterina-rost

Prof. Dr. Georg Schild, Historiker mit Schwerpunkt Nordamerikanische Geschichte an der Universität Tübingen.
http://www.uni-tuebingen.de/zeitgeschichte/

Prof. Dr. Hans Bernhard Schmid, SNF-Förderungsprofessor für Philosophie an der Universität Basel.
http://cipp.unibas.ch

PD Dr. habil. Martin Thunert, Politikwissenschaftler und University Lecturer am Heidelberg Center for American Studies der Ruprecht-Karls-Universität Heidelberg. Zuvor Gastprofessor am Department of Political Science der University of Michigan, Ann Arbor. Mitherausgeber der Zeitschrift für Politikberatung (ZPB).
http://www.hca.uni-heidelberg.de/ueberuns/thunert.html

Prof. Dr. Matthias Warstat, ist Inhaber des Lehrstuhls für Theater- und Medienwissenschaft der Friedrich-Alexander-Universität Erlangen-Nürnberg und Mitglied der Jungen Akademie bei der Berlin-Brandenburgischen Akademie der Wissenschaften. Forschungsschwerpunkte: Theater- und Kulturgeschichte der Moderne (19./20. Jh.), Theatralität des Politischen, Theorien des Ästhetischen/ Wirkungsästhetiken, Theaterpädagogik und Theatertherapie.
http://www.theater-medien.de/

Univ.-Prof. Dr. Jürgen Weibler ist Inhaber des Lehrstuhls für Betriebswirtschaftslehre, insbesondere Personalführung und Organisation an der FernUniversität in Hagen. Davor Senior Consultant in einer internationalen Unternehmensberatung, mehrjähriger Forschungsleiter des Instituts für Führung und Personalmanagement (IFPM) an der Universität St. Gallen (HSG) und Professor für Betriebswirtschaftslehre der öffentlichen Verwaltung/Managementlehre an der Universität Konstanz. Daneben u.a. Gastprofessor an der Macquaire Gradua-

te School of Management (MGSM), Sydney und Gründungssenator der Deutschen Hochschule der Polizei, Münster.
http://www.fernuni-hagen.de/bwlpfo/

Neu im Programm
Politikwissenschaft

Wolfgang Merkel

Systemtransformation

Eine Einführung in die Theorie und
Empirie der Transformationsforschung
2., überarb. u. erw. Aufl. 2010. 561 S.
mit 26 Abb. u. 51 Tab. Br. EUR 24,90
ISBN 978-3-531-14559-4

Das Buch ist die erste systematische Einführung in die politikwissenschaftliche
Transformationsforschung und bietet
zweitens umfassende empirische Analysen der Demokratisierung nach 1945 und
der Systemwechsel in Südeuropa, Latein-
amerika, Ostasien und Osteuropa. Für die
2. Auflage wurde das Buch umfassend
aktualisiert und erweitert.

Klaus von Beyme

**Geschichte der politischen
Theorien in Deutschland
1300-2000**

2009. 609 S. Geb. EUR 49,90
ISBN 978-3-531-16806-7

Mit diesem Band wird erstmals eine
umfassende Geschichte und Analyse der
politischen Theorie in Deutschland vorge-
legt, die den Zeitraum vom Mittelalter bis
zur Gegenwart behandelt.

Arthur Benz

Politik in Mehrebenensystemen

2009. 257 S. mit 19 Abb. (Governance
Bd. 5) Br. EUR 24,90
ISBN 978-3-531-14530-3

Ausgehend von der Tatsache, dass Politik
in zunehmendem Maße die Grenzen von
lokalen, regionalen oder nationalen
Gebietskörperschaften überschreitet und
zwischen Ebenen koordiniert werden
muss, behandelt das Buch Möglichkeiten
und Grenzen einer demokratischen Politik
in Mehrebenensystemen. Vorgestellt werden relevante Theorien und Begriffe der
Politikwissenschaft, aus denen ein differenzierter Analyseansatz abgeleitet wird.
Grundlegend ist dabei die Überlegung,
dass die komplexen Strukturen der Mehr-
ebenenpolitik die Akteure häufig vor
widersprüchliche Anforderungen zwischen
unterschiedlichen Regelsystemen stellen,
die Entscheidungen erschweren oder
Demokratiedefizite verursachen.
Die Akteure entwickeln aber Strategien,
um diese Schwierigkeiten zu bewältigen.
Erst bei Berücksichtigung strategischer
Interaktionen lässt sich bewerten, ob die
Praxis des Regierens im Mehrebenensys-
tem Anforderungen an eine demokratische Politik genügt. Am Beispiel der Mehr-
ebenenpolitik im deutschen Bundesstaat
sowie in der Europäischen Union werden
diese theoretischen Überlegungen und
die Anwendung der Analysekategorien
für unterschiedliche Formen von Mehrebenensystemen illustriert.

Erhältlich im Buchhandel oder beim Verlag.
Änderungen vorbehalten. Stand: Januar 2010.

www.vs-verlag.de

VS VERLAG FÜR SOZIALWISSENSCHAFTEN

Abraham-Lincoln-Straße 46
65189 Wiesbaden
Tel. 0611.7878 - 722
Fax 0611.7878 - 400

Neu im Programm
Politikwissenschaft

Holger Backhaus-Maul / Christiane
Biedermann / Stefan Nährlich /
Judith Polterauer (Hrsg.)
**Corporate Citizenship
in Deutschland**
Gesellschaftliches Engagement von
Unternehmen. Bilanz und Perspektiven
2., akt. u. erw. Aufl. 2010. 747 S. mit
39 Abb. u. 5 Tab. (Bürgergesellschaft und
Demokratie 27) Br. EUR 59,90
ISBN 978-3-531-17136-4

Timm Beichelt
Deutschland und Europa
Die Europäisierung des politischen
Systems
2009. 364 S. mit 11 Abb. u. 32 Tab. Br.
EUR 29,90
ISBN 978-3-531-15141-0

Stephan Braun / Alexander Geisler /
Martin Gerster (Hrsg.)
**Strategien der extremen
Rechten**
Hintergründe – Analysen – Antworten
2009. 667 S. mit 21 Abb. u. 3 Tab. Br.
EUR 39,90
ISBN 978-3-531-15911-9

Irene Gerlach
Bundesrepublik Deutschland
Entwicklung, Strukturen und Akteure
eines politischen Systems
3., akt. u. überarb. Aufl. 2010. 400 S. Br.
EUR 19,95
ISBN 978-3-531-16265-2

Franz-Xaver Kaufmann
**Sozialpolitik und Sozialstaat:
Soziologische Analysen**
3., erw. Aufl. 2009. 470 S. (Sozialpolitik
und Sozialstaat) Br. EUR 49,90
ISBN 978-3-531-16477-9

Uwe Kranenpohl
**Hinter dem Schleier
des Beratungsgeheimnisses**
Der Willensbildungs- und Entscheidungs-
prozess des Bundesverfassungsgerichts
2010. 556 S. mit 1 Abb. u. 31 Tab. Br.
EUR 49,95
ISBN 978-3-531-16871-5

Martin Sebaldt / Henrik Gast (Hrsg.)
**Politische Führung in westlichen
Regierungssystemen**
Theorie und Praxis im internationalen
Vergleich
2010. 382 S. mit 4 Abb. u. 8 Tab. Br.
EUR 49,90
ISBN 978-3-531-17068-8

Erhältlich im Buchhandel oder beim Verlag.
Änderungen vorbehalten. Stand: Januar 2010.

www.vs-verlag.de

VS VERLAG FÜR SOZIALWISSENSCHAFTEN

Abraham-Lincoln-Straße 46
65189 Wiesbaden
Tel. 0611.7878 - 722
Fax 0611.7878 - 400

	MIX
	Papier aus verantwortungsvollen Quellen
	Paper from responsible sources
FSC	FSC® C105338
www.fsc.org	

If you have any concerns about our products,
you can contact us on
ProductSafety@springernature.com

In case Publisher is established outside the EU,
the EU authorized representative is:
Springer Nature Customer Service Center GmbH
Europaplatz 3, 69115 Heidelberg, Germany

Printed by Libri Plureos GmbH
in Hamburg, Germany